红色教育家王季愚
教育思想研究论文集

王永清　付宏刚　主　编

黑龍江大學出版社
HEILONGJIANG UNIVERSITY PRESS
哈尔滨

图书在版编目（CIP）数据

红色教育家王季愚教育思想研究论文集 / 王永清，付宏刚主编. -- 哈尔滨 : 黑龙江大学出版社，2021.9
ISBN 978-7-5686-0671-4

Ⅰ. ①红… Ⅱ. ①王… ②付… Ⅲ. ①王季愚－教育思想－思想评论－文集 Ⅳ. ①G40-092.76

中国版本图书馆 CIP 数据核字（2021）第 148865 号

红色教育家王季愚教育思想研究论文集
HONGSE JIAOYUJIA WANG JIYU JIAOYU SIXIANG YANJIU LUNWEN JI
王永清　付宏刚　主编

责任编辑　宋丽丽　姜雪南
出版发行　黑龙江大学出版社
地　　址　哈尔滨市南岗区学府三道街 36 号
印　　刷　哈尔滨市石桥印务有限公司
开　　本　720 毫米 ×1000 毫米　1/16
印　　张　20.5
字　　数　304 千
版　　次　2021 年 9 月第 1 版
印　　次　2021 年 9 月第 1 次印刷
书　　号　ISBN 978-7-5686-0671-4
定　　价　80.00 元

前　言

自1941年中国人民抗日军政大学第三分校俄文队成立至今，黑龙江大学已经走过80个春秋，经历了风雨如磐的战争洗礼、激情燃烧的建设岁月、改革开放的大潮洪流。如今的黑龙江大学已经成为一所省部共建的综合性大学，在地方经济建设和社会发展中担当重任，发挥举足轻重的作用。黑龙江大学拥有国内领先的科研团队，汇聚各领域的学术人才。黑龙江大学风华正茂，正以高昂的姿态矗立于北国松花江畔的黑土地上，为国家和人民的教育事业贡献着自己的力量。从当年的延安到哈尔滨，在80年的历史长河中，参与建设黑龙江大学的人有很多。有一个人的名字永远铭刻在黑龙江大学的史册上，这个人就是王季愚。

回首往昔，人民教育家王季愚早在1946年12月就出任东北民主联军总司令部附设外国语学校的代理副校长，主持学校的全面工作。1958年，黑龙江大学在哈尔滨外国语学院的基础上正式成立，王季愚任黑龙江大学党委书记、副校长。王季愚将在延安办学时所积累的经验融入黑龙江大学的办学治校实践中。在《回顾与展望——为中国外语教学研究会成立大会准备的发言稿》中，她深情地说："办学主要依靠三条：一是党的领导，二是政治思想工作，三是学生的学习热情。"王季愚既是我国著名的人民教育家，又是我国现代教育改革的杰出先驱，还是一位质朴、恬淡的学者。平凡生活中的王季愚自始至终两袖清风、一身正气，三尺讲台上的王季愚学而不厌、诲人不倦。王季愚深谙育人之道，不断探索高等教育全方位的人才培养路径。在十分艰苦的条件下，王季愚带领学校师生努力办学，为新中国的教育事业做出了杰出的贡献，为国家培养了许多优秀的外语人才，为后人留下了宝贵的办学治校经验。这主要表现在以下四个方面。

一、始终把学生的思想政治教育放在首位，把转变学生思想、确立革命理想信念作为学校的使命和责任

重点解决政治思想问题是王季愚办学治校思想的鲜明特征。早在延安时期，王季愚就多次接受周恩来的接见，在办学思想方面进行了认真交流，聆听过周恩来的教诲和建议。在整个教育生涯中，王季愚始终坚持党的领导，全面贯彻党的教育方针，严格落实为党和国家培养人才的目标，注重培养人才。她认为，合格的翻译人才既要有过硬的语言本领，又要有坚定的理想信念。因此，在她的教育思想中，最重要的一条经验就是，一手抓业务和教学，一手抓政治思想教育。她将大学视为学生新旧世界观、人生观的转折点，将大学视为学生踏上革命之路的启程点。她认为，学校犹如一座革命大熔炉，学生在学习科学文化知识的同时，也学习革命理论，学生的政治思想逐渐成熟。

王季愚是哈尔滨外国语专门学校思想政治教育的奠基人。在分析了东北学生在思想方面存在的“三大问题”后，她提出了大力改进思想政治教育工作的具体措施。

一是重视机构建设。哈尔滨外国语专门学校在当时率先成立了政治处和马列主义教研室，成为全国率先开设思想政治理论课的学校之一。在王季愚的倡导下，学校开设了正规的马列主义理论基础课程，如社会发展史、新民主主义论、中共党史、政治经济学和社会科学概论等课程，并根据教育部颁布的课程大纲进行统一规划。

二是高度重视思想政治理论课的师资队伍建设。在当时思想政治理论课教师严重短缺的情况下，王季愚亲自兼任思想政治理论课教师，为学生讲授社会发展史、马克思主义哲学和政治经济学等课程。为了提高教学效果，她废寝忘食地备课，钻研相关的马列主义经典著作，扩充教学内容。她所教授的课程深受学生喜欢，对学生塑造全新的世界观、人生观和价值观发挥了重要作用。

三是倡导教书育人,构建系统的思想政治教育体系。从哈尔滨外国语专门学校到早期的黑龙江大学,思想政治教育几乎融入所有的课程中,时刻发挥着塑造学生灵魂的作用。在思想政治教育工作中,学校设立了专职政治教员,专职政治教员大致相当于现在的专职辅导员。学校还经常邀请党政负责人,以及理论界、新闻界、艺术界的知名专家和学者来做报告,拓展学生的视野,增加学生接受思想政治教育的机会。此外,学校还开展天天读报活动和每周政治学习日活动,使政治学习经常化和制度化。学校的党组织在思想政治教育工作中发挥了重要作用,党组织要求学生党员发挥先锋模范作用,时时刻刻体现党员的先进性。在几十年的教育实践中,王季愚始终坚持贯彻党的教育方针,将"又红又专"作为人才培养目标,将教书育人作为自己的崇高使命。

二、贯彻为革命战争和新中国建设事业服务的办学方针

王季愚是外语教育的先行者。随着辽沈战役的结束,东北全境获得解放,我军在全国战场上取得节节胜利。在经济恢复和经济建设工作刚刚开展时,新中国就投入到保家卫国的抗美援朝战争中。在这样的历史背景下,国家对俄语人才的需求量日益增多,哈尔滨外国语专门学校成为全国主要的俄语教学基地,学生数量从三百多一下子猛增到两千多。王季愚把国家需要放在优先位置,为了满足抗美援朝战争和国家经济建设的需要,积极调整办学模式和人才培养规划,积极开展短期俄语人才培训工作。有的学生刚刚认全俄语字母,刚刚学会查阅俄语词典,就匆匆忙忙地奔赴前线,担任各作战部队的俄语翻译。这成为哈尔滨外国语专门学校和黑龙江大学在中国革命和建设的历史上永恒的骄傲和光荣。

三、为兴办正规化高等教育、创办高水平大学进行积极探索

抗美援朝战争胜利以后，学校逐步向开展正规化外语教育过渡，学校名称也改为哈尔滨外国语学院，最后于1958年更名为黑龙江大学。从1946年到1958年，学校为国家培养了六千多名俄语人才。随着学校的发展和壮大，王季愚的办学经验逐渐成熟。这主要表现在以下三个方面。

一是重视实践教学，努力营造外语学习氛围，对学生进行全方位培养。王季愚认为，语言是交际的工具，具有很强的实践性，应在语言教学中营造“用俄语教俄语”“随时随地学俄语”的环境。除了聘请外籍教师以外，学校还聘请苏侨担任实践教师、助教、打字员、舞蹈教师、画工等。墙上张贴的海报都是用俄语写成的。后勤员工和食堂员工都用一口流利的俄语与学生交流，为学生服务。同时，学校在俄语专业课程的基础上开设了大型工程技术方面的专业课程，培养俄语和工程技术方面的复合型人才，满足国家大规模工业建设的需要。

二是开展丰富多彩的文娱体育活动，激发学生学习语言的热情。学校每周安排固定的时间来组织学生演唱俄语歌曲，放映苏联原版电影，组织学生自编、自演俄语话剧，并定期举办翻译大赛、俄语作文比赛等。

三是加强师资队伍建设。学校确立了以自己培养为主、派出去与请进来相结合的教师培养模式。根据教师不同的教学水平，学校成立了教师业余理论班、教师高级学习班，在中年教师中培养学术骨干和学术带头人，形成结构合理的教师梯队，破格晋升青年教师，激发青年教师的热情，鼓励在职教师分期进修研究生课程。

四、高瞻远瞩，呕心沥血地为学校的发展绘就蓝图

王季愚至今仍然受到学者的肯定与尊重。在绘就大学蓝图时，她不仅思考当时大学建设的需要，而且思考大学未来的发展。王季愚的办学理念

对深化高等教育改革、推进高等教育发展、提升黑龙江大学的办学水平都具有重要意义。王季愚的高等教育办学理念和实践探索，使得黑龙江大学成为新中国培养俄语人才的摇篮与人才辈出的高等学府。她在教育实践的基础上形成的办学理念反映了教育发展的客观规律，值得我们认真研究。

一是贯彻“学术建校”的方针，大力开展学术活动。她多次筹备召开全国性的学术研讨会，鼓励各教研室推出高水平的科研成果，组织编纂《俄汉详解大词典》，创办学术期刊《俄语教学与研究》，有力地推动了学校教学和科研水平的提高。

二是面向未来，关注对外汉语教学问题。她说：“汉语也要‘出口’，不仅要有机构和人员向来华的外国人传授汉语，而且也要有机构和人才从事对世界各地传授汉语的工作。”王季愚当年播下的这颗种子，如今已经在全世界遍地开花、结果。对外汉语教学成为我国对外开放和构建人类命运共同体的重要途径。

三是加强图书资料建设，大力兴建图书馆。虽然当时场地和资金都十分有限，但是在王季愚的努力下，学校还是兴建起一座馆藏丰富的图书馆。哈尔滨外国语学院的图书馆曾是国内各大学中俄文图书藏书最丰富的图书馆，俄文资料室是全国俄罗斯语言文学学科教学和科研的最大后勤基地。

四是推进后勤保障工作，大力提倡勤俭建校。学校多方筹措资金，建立了我国最早的语音实验室。学校在哈尔滨市南岗区修建了八千多平方米的教学楼，该教学楼能容纳七百多名学生。该教学楼至今仍然屹立在美丽的黑龙江大学校园里，是黑龙江大学校园里美丽的建筑景观。

王季愚经历了抗日战争、解放战争、新中国诞生、新中国建设、改革开放等历史阶段，见证了我国高等教育的发展历程。她在办学治校过程中形成的教育思想是我国高等教育思想的重要组成部分。毛泽东曾说过，我们是马克思主义的历史主义者，我们不应当割断历史。对这样一位在我国教育史上做出过重要贡献、产生过深远影响的教育家进行深入研究，具有重要的学术价值和实践意义，有助于推动我国高等教育的发展，也有助于为我国高等教育的发展提供有益的借鉴。

黑龙江大学的每一段历史、每一次进步、每一次发展都凝结着无数人的心血和智慧。如今,校园里的一草一木、一砖一瓦都记录着一代又一代教育家为学校建设和发展付出的艰苦卓绝的努力和做出的呕心沥血的奉献。在本书付梓之际,由衷地向老校长王季愚致以崇高的敬意,满怀深情地纪念为新中国外语教育事业、为黑龙江大学的发展做出过重要贡献的人民教育家王季愚。王季愚的教育思想是值得继续深入探讨的重要课题。限于作者水平,本书难免会有舛误和疏漏,恳切欢迎读者惠予指正。

黑龙江大学必将世代铭记为它的建设和发展做出过贡献的每一个人!

目　　录

第一编　思想政治教育

第二编　办学治校

第三编　教育教学

第四编　教育撷英

第一编 思想政治教育

王季愚政治思想教育理论与实践的当代审视

黑龙江大学马克思主义学院　王秋[①]

王季愚在办学治校的过程中经历了中国革命时期、建设时期、曲折发展时期、改革开放初期等历史阶段，先后在东北民主联军总司令部附设外国语学校、哈尔滨外国语专门学校、哈尔滨外国语学院、黑龙江大学、上海外国语学院从事教育工作。在办学治校的过程中，王季愚始终重视政治思想教育工作。王季愚较好地处理了政治思想教育与专业教育的关系、政治思想教育与时政教育的关系，以及新的指导理论与我国优秀传统文化的关系。

一、优先而不极端：政治思想教育与专业教育之辩证

政治思想教育属于价值观教育，直接关系到"为谁培养人"这一问题。专业教育主要属于知识技能教育，直接关系到"培养什么样的人"这一问题。处理好二者之间的关系直接影响到办学治校和人才培养。在处理政治思想教育与专业教育的关系方面，王季愚既坚持一贯的原则，又富有辩证的智慧。

① 王秋（1979—　），男，黑龙江双鸭山人，黑龙江大学马克思主义学院副院长，教授，哲学博士，从事马克思主义中国化、中国现代哲学研究。本文为黑龙江省教育科学规划课题"王季愚办学治校思想研究"（GBC1317114）、2019 年度高等教育教学改革研究项目"综合性大学通识教育体系构建研究与实践"（SJGY20190516）的阶段性成果。

(一)坚持党的领导,克服“专而不红”

从哈尔滨外国语专门学校到上海外国语学院,王季愚始终强调,坚持党的领导是办学治校的成功经验,要将其落实到人才培养环节,则必须加强政治思想教育。明确“为谁培养人”这一问题具有重要意义。王季愚认为,“必须坚持党的领导,加强政治思想工作,充分发挥学生的学习热情,调动他们的主动性和积极性”①。

在东北民主联军总司令部附设外国语学校时期,王季愚曾明确指出,所有学院必须进行政治思想教育。她始终坚持党的领导,落实为党和国家培养人才的目标,引导学生树立正确的世界观、人生观和价值观。在师资短缺的情况下,王季愚始终对苏侨教师的政治思想教育进行严格把关。在军政翻译人才培养任务极度紧急的情况下,王季愚始终对学生加强政治思想教育。王季愚强调政治思想教育的优先性。这是人才培养的方向问题,也是在办学治校实践中坚持党的领导最基本的要求。

(二)重视业务能力,克服“红而不专”

在加强政治思想教育的前提下,王季愚高度重视对学生能力的培养。她始终重视专业教育在学校教育中的基础地位,深知革命战争和社会建设需要全面发展的人才。从改善学生的学习条件和生活条件到探索教学方法和学习方法,王季愚都亲力亲为。她善于改革创新,注重业务能力的培养。

在专业教育方面,王季愚对学生需要掌握的技能进行了总结。在教学方法方面,王季愚将直接教学法发展为听说领先法。她注重提高师资水平,改进教学方法,大力建设宿舍、运动场,开展文体活动,不断提高学生的业务能力和综合素质。可以说,在坚持党的领导和加强政治思想教育的前提下,王季愚将业务能力培养作为办学治校的基础工作和中心工作。

① 付克:《忠诚教育事业的楷模》,见戴炜栋主编:《爱心的回响——缅怀人民教育家王季愚》,上海外语教育出版社 1997 年版,第 302 页。

（三）坚持相互融通，实现“又红又专”

王季愚既强调政治思想教育的优先性，又重视业务教育的基础地位。这实际上是力求实现政治思想教育与专业教育的辩证统一，达成“又红又专”的人才培养目标。“在王季愚同志几十年的教育实践中，她始终坚持贯彻党的教育方针，并具体化为德才兼备，全面发展。既反对单纯的业务观点，又反对搞空头政治。”[①]在推进外语教育和政治思想教育的过程中，王季愚坚持相互融通的原则。

为了强化外语教学，王季愚引导学生阅读俄文版的马克思主义经典著作，在加强语言教育的同时，也加强政治思想教育。发挥专业课程的思想政治教育功能，是课程思政建设的核心内容。从本质上来说，王季愚设计的这种外语学习方式就是课程思政建设的具体方式。无论是从建设理念方面来看，还是从具体措施方面来看，王季愚的做法都具有理论意义和实践价值。

二、统一而不互替：思想问题与政治问题善别之重要

王季愚在处理政治思想教育与专业教育的关系方面富有辩证的智慧。而王季愚对思想问题与政治问题的认识，则进一步彰显了她对政治思想教育的深刻理解。

（一）思想问题与政治问题之统一性

思想问题属于对世界的认识问题，政治问题属于基于思想认识和利益考量的立场问题。二者具有内在统一性。王季愚在办学治校的过程中始终重视政治思想教育，并率先示范讲授政治思想教育课程。

政治立场错误往往是因为思想认识不清。思想教育和政治教育具有统一性。她高度重视思想教育和政治教育的统一性。王季愚曾亲自讲授哲

① 姜君正、刘敏：《呕心沥血育人才》，见戴炜栋主编：《爱心的回响——缅怀人民教育家王季愚》，上海外语教育出版社1997年版，第173页。

学、政治经济学、社会发展史、新民主主义等课程,并且组建教研室,撰写讲稿,组织编写教材。她始终对思想问题与政治问题的统一性有清醒的认识。

(二)思想问题与政治问题混同之弊

在王季愚办学治校的过程中,政治领域的斗争哲学日渐盛行,这对学校教育产生了不利影响。但是,王季愚始终认为,不能将思想问题和政治问题混为一谈,不能在思想问题和政治问题之间简单地画等号。思想问题可以通过说服教育来解决。而如果问题被错误地定性为政治问题,就往往会断送一个人的职业生涯和政治生命。

王季愚从其革命生涯中汲取经验,自觉地克服"左"倾路线的影响。对于在校学生偷东西等错误行为,王季愚总是积极了解情况,注重从学生的心理和思想认识方面去教育学生,而不是直接将问题定性为政治问题进行批判。对于教师,王季愚也是妥善处理教师在工作中出现的问题,帮助教师提高思想认识水平。

(三)思想问题与政治问题善别之益

王季愚认为,要分清思想问题与实际困难的界限,要分清政治问题与思想问题的界限,要分清是非与敌我的界限。这种善于区分思想问题和政治问题的做法,既是王季愚坚持实事求是工作原则的反映,也是王季愚克服"左"倾路线弊病的关键所在。在办学治校的实践中,王季愚始终能够遵循教育规律,并在实践中将错误和损失减到最少,为教育发展提供极大的支持。

善于区分思想问题与政治问题,有助于科学合理地推进工作,有助于顺利开展人才培养工作。任何事物的发展都不是一帆风顺的,正确处理在实践中遇到的问题,是办学治校工作的重要内容。王季愚强调政治思想教育的重要性,善于区分和正确处理思想问题和政治问题,但是反对以政治教育代替思想教育和专业教育。

三、承前而善创新:政治思想教育与优秀传统之联动

在办学治校层面,王季愚高度重视政治思想教育。引导学生树立共产主义理想、践行马克思主义理论,是其推进政治思想教育工作的关键。在教学层面,王季愚是政治思想教育课程的先行者和探索者。王季愚以身作则,知行合一,坚持古为今用、活学活用的原则,发扬批判现实主义的革命传统。

(一)旧学新知:古为今用与活学活用

如何把党和国家坚持的指导理论转化为学生的世界观、人生观和价值观?政治思想教育作为学校教育的重要环节,是重要途径。王季愚在少年时代接受过比较系统的传统教育,在青年时代接受过新式教育,而自觉选择共产主义信仰。

在政治思想教育的过程中,王季愚注重发挥其对中国优秀传统文化知之甚深的优势。这是王季愚政治思想教育的重要特色。"她把马克思主义同中华民族优秀文化传统结合在一起,具有很强的吸引力和感染力。"[①]五四运动之后,批判往往是确立新思想指导地位的方式。在政治思想教育课程中,有的教师对传统文化采取简单否定的方式,这往往导致教育效果不佳。王季愚在政治思想教育实践中克服了这个不足,能够对中国优秀传统文化有深入的了解。王季愚在政治思想教育实践中注重发挥中国优秀传统文化的优势,这是马克思主义中国化的科学尝试。

(二)知行合一:人格魅力与爱的教育

王季愚重视政治思想教育还体现在为人处世方面。政治思想教育涉及价值观和人生观,因此,教师的身教胜于言传。听其言观其行,观其行而信

① 赵劭坚:《王季愚——新中国外语教育奠基人之一——陈泉璧同志访谈录》,见戴炜栋主编:《爱心的回响——缅怀人民教育家王季愚》,上海外语教育出版社1997年版,第134页。

其言，这是政治思想教育能够深入人心的关键所在。王季愚凭借知行合一的人格魅力对学生进行政治思想教育。

王季愚真诚地了解学生，关爱学生。可以说，对学生无私、真诚的爱是其政治思想教育获得成功的重要因素。“她深知学生之所想所做以及他们遇到的问题和困难，包括他们个人的生活、家庭、恋爱婚姻、入团入党以及对未来工作的打算等等。正是因为她和学生广交朋友，他们才愿意和她倾心交谈。这种接触不是校长、院长对学生，而是以真诚的师生关系相对待。这就是为什么她能够了解到学生的真实思想，并以此为依据进行政治思想工作——包括马列主义课程。”[①]教师不仅要传道、授业、解惑，也要知行合一、关爱学生。

（三）革命传统：批判现实主义传统

王季愚是较早投身革命的实践家，革命经历丰富。她所教授的政治思想教育课程深入浅出，具有针对性，对学生确立新的世界观起到了启蒙作用。她引导学生走上革命的道路，并引导学生在逆境中坚守共产主义信念，坚持做人的基本原则。应当说，这与她重视革命文学和革命传统具有密切的关系。

王季愚是鲁迅研究专家，曾翻译了高尔基的《在人间》，创作并发表了许多批判现实主义文学作品。她对革命文学和批判现实主义有深刻的认识，在课堂上常常结合鲁迅的《阿Q正传》、茅盾的《春蚕》等来引导学生了解阶级社会的严酷现实。这种教学方法取得了非常好的育人效果。[②]

四、理论联系实际：政治思想教育与时政教育之结合

马克思主义是中国共产党的指导理论，也是国家建设发展的指导理论。

① 付克：《忠诚教育事业的楷模》，见戴炜栋主编：《爱心的回响——缅怀人民教育家王季愚》，上海外语教育出版社1997年版，第305页。

② 王超尘：《卓越的教育家》，见戴炜栋主编：《爱心的回响——缅怀人民教育家王季愚》，上海外语教育出版社1997年版，第356页。

在中国共产党领导下的办学治校实践也必须坚持以马克思主义理论为指导。王季愚深刻地认识到,政治思想教育必须与时政教育结合起来,这样才能不断地验证马克思主义理论的普遍有效性,才能使教育深入人心。

(一)集中政治学习与每天读报相结合

王季愚高度重视政治思想教育,但是反对其过度占用教学时间,主张合理地分配教学时间。“首先是政治与业务教育的关系处理得很成功,既坚持了思想政治教育的首要地位,又不占用很多学时,六分之五时间能用于业务教育。在业务教育中课程精简,讲求实效,突出重点,使宝贵的学时得到充分利用。当时哈外的全部生活,可以说每分钟都渗透着潜移默化的思想教育,又每分钟都渗透着俄语专业教学。”①为了合理地分配外语学习与政治理论学习的时间,并达到相应的教学目的,王季愚在政治思想教育方面采用了集中政治学习和每天读报相结合的方式。

集中政治学习以教师讲解和学生讨论、分享为主要形式。每天读报主要是联系正在发生的重大事件进行政治思想教育,旨在培养学生关心时事、了解时事的能力,进而培养学生的历史使命感和社会责任感。王季愚还组织学生举办每周一次的生活会,通过开展批评和自我批评,认真剖析思想问题,达到互助提高的目的。

(二)邀请历史亲历者进行分享

有些学生在思想上存在对革命形势认识不清、立场不坚定、理论素养不高等问题。王季愚邀请革命亲历者、革命战争参与者、国内外专家为学生做报告。他们将革命历程、革命战争形势、学习马克思主义理论的过程分享给学生。这取得了常规课堂教学无法取得的教育效果。王季愚的学生们在回忆中提到,通过聆听报告,他们既了解了党的发展历史,又了解了革命者的初心和艰难探索之路。

---

① 左毅、冯彬彬:《对季愚校长教育思想和实践的片断回忆》,见戴炜栋主编:《爱心的回响——缅怀人民教育家王季愚》,上海外语教育出版社 1997 年版,第 317 页。

（三）统一性教育与针对性教育相结合

1952年，按照正规化办学的要求，政治思想教育课程要统一教材、统一教学大纲、统一教学内容。王季愚提出，教师按照要求进行集体备课，编写统一的教学方案。这是统一性教育的体现。同时，王季愚强调，教师要有针对性地进行教学。这就将统一性教育与针对性教育有机地结合起来，有利于学生实现个性化学习的目标。“王季愚校长的理论教学是密切联系学生思想实际的。在政治理论课的安排上，要考虑到学生的思想和文化水平，要考虑到所处的历史阶段和国内外的形势等；即使安排同一课程，在教学大纲上也要反映不同的针对性。”①

这种做法克服了“一刀切”的弊端。在推进政治思想教育工作的过程中，王季愚还结合课程内容鼓励青年教师深入研究具体问题。著名经济学家熊映梧走上经济学研究道路就是王季愚重视青年人才从事专业研究的力证。应当说，在政治思想课程建设过程中，教师能够生发出科研突破点，是王季愚坚持统一性教育与针对性教育相结合的应然结果。

王季愚在讲解马克思主义理论时强调，要根据时代发展的要求认识科学理论的有效性，不能脱离实际认为真理是永恒不变的。这种辩证的态度在当时是难能可贵的。王季愚强调，教师应当从实际出发，不能罔顾事实。这反映了她坚持理论联系实际的教育原则。

通过探究王季愚政治思想教育的相关理论与实践历程，我们能够对解放战争时期至改革开放初期的政治思想教育有比较透彻的认识。这对于推动当下政治思想教育工作的顺利开展具有借鉴意义。王季愚认识到，坚持党的领导是办学治校最大的政治优势，政治思想教育必须得到高度重视。新时代高校的政治思想教育工作亦是重大时代课题。我们需要回顾王季愚等老一辈人民教育家的艰难探索历程。这有利于我们在前人的基础上锐意前行。

---

① 缪品端：《回忆哈外院时期的思想政治工作》，见戴炜栋主编：《爱心的回响——缅怀人民教育家王季愚》，上海外语教育出版社1997年版，第332页。

参考文献

[1] 付克.忠诚教育事业的楷模[M]//戴炜栋.爱心的回响——缅怀人民教育家王季愚.上海:上海外语教育出版社,1997.

[2] 姜君正,刘敏.呕心沥血育人才[M]//戴炜栋.爱心的回响——缅怀人民教育家王季愚.上海:上海外语教育出版社,1997.

[3] 缪品端.回忆哈外院时期的思想政治工作[M]//戴炜栋.爱心的回响——缅怀人民教育家王季愚.上海:上海外语教育出版社,1997.

[4] 赵劭坚.王季愚——新中国外语教育奠基人之一——陈泉璧同志访谈录[M]//戴炜栋.爱心的回响——缅怀人民教育家王季愚.上海:上海外语教育出版社,1997.

[5] 王超尘.卓越的教育家[M]//戴炜栋.爱心的回响——缅怀人民教育家王季愚.上海:上海外语教育出版社,1997.

[6] 左毅,冯彬彬.对季愚校长教育思想和实践的片断回忆[M]//戴炜栋.爱心的回响——缅怀人民教育家王季愚.上海:上海外语教育出版社,1997.

人民教育家王季愚德育教育思想研究

黑龙江大学教务处　王迎[1]

王季愚是中国共产党培养的为数不多的女教育家，是我国首批带有红色革命印记的人民教育家，是新中国外语教育事业的奠基人和开拓者之一，是在外语教育岗位上为党的教育事业一直战斗到生命最后时刻的一位高校校长。她从事教育工作50多年，为国家培养了大批外语人才。她坚持“为党育人、为国育才”的德育优先原则，为新中国培养出大批卓越的建设者和合格的接班人。她在高等教育领域倡导的以德才兼备为核心的育人理念，以及以为国为民为核心的办学理念，对于在新时代拓宽德育理论研究视野、促进德育理论创新仍然具有重要价值。

一、王季愚德育思想的实践基础

王季愚的德育思想之所以具有独特的魅力，是因为她具有为党为国的政治操守、德育至上的价值理念和艰苦奋斗的创业追求。王季愚的教育思想和办学理念都来源于她投身于新中国革命和建设事业的实践。她始终秉持毛泽东的教育观点，即“没有正确的政治观点，就等于没有灵魂”。1946年，她带领中国人民抗日军政大学第三分校俄文队从革命圣地延安迁至哈

---

① 王迎（1980—　），女，吉林图们人，就职于黑龙江大学教务处，副研究员，从事高校教学管理、教师培训研究。本文为王季愚教育思想研究专项项目“人民教育家王季愚德育教育思想研究”（HDWJY2017）、2021年黑龙江省教育规划重点课题“专业发展视域下高校教师职业倦怠及其干预机制探索”（GJB1421026）的阶段性成果。

尔滨。在兴办东北民主联军总司令部附设外国语学校的整个历程中,她始终把树立社会主义理想信念作为教育青年学生的首要任务,培养出了大批优秀人才。早在 20 世纪 50 年代的哈外专时期,她就开办研究生班,开创了新中国研究生教育的历史先河。她主张“学术建校”,认为哈外专不仅要向国家输送俄语人才,还要承担起新中国俄语科学研究的重任。她的学识和教育思想经得起历史的考验,她的光辉业绩永远铭刻在史册中。

王季愚具有马克思主义的历史情怀。她对学生进行政治引导,相信他们是追求进步的。这些学生放下了思想包袱,满腔热情地走上中国共产党指引的革命道路。这展现了王季愚等老一辈马克思主义者的历史胸怀和政治魅力。王季愚在历次政治运动中始终坚定辩证唯物主义和历史唯物主义的立场。正是因为具有勇于担当的马克思主义历史情怀,她保护和挽救了大批同志和他们的家庭。这种“宁折不弯”的精神,正是王季愚政治魅力的体现。

王季愚具有极高的党性修养和高尚的人格,一直是青年学生学习的榜样。王季愚虽然对教师和学生严格要求,但是具有仁爱之心,关心他们是否吃饱穿暖、是否需要帮助。她一生艰苦朴素,却对周围有困难的同事慷慨解囊。王季愚是一个无比坚强的人,是一个宽容的人,是一个胸襟开阔的人,是一个光明磊落、淡泊名利的人,是一个具有崇高思想境界的人。我们可以说,王季愚的德育思想来源于她对新中国高等教育的实践和探索。

从 1946 年开始,王季愚主持东北民主联军总司令部附设外国语学校、哈尔滨外国语专门学校、哈尔滨外国语专科学校、哈尔滨外国语学院、黑龙江大学的工作。1964 年,她到上海外国语学院任职。王季愚培养出大批优秀的学生,这些学生遍布国防、外交、经济、教育、文化等各个领域。他们具有顾全大局、锲而不舍的高贵品质。他们是有社会良知和社会责任感的人,是有理想抱负的人,是不负党和人民重托的人,是国家的栋梁和行业的精英,是党和人民的好儿女。王季愚不仅是教育家,也是革命家、政治家。她的个人魅力时刻影响着她的学生们,哈外专这块土壤同时催生着革命信念之花和知识之花。

二、王季愚德育思想的丰富内涵

王季愚重视政治思想教育和品德教育，这是贯穿其办学治校过程始终的工作原则。相对于德、智、体全面发展的教育方针和俄语专业教育而言，政治思想教育和品德教育处于优先地位。引导学生树立共产主义理想，以及学习和践行马克思主义理论，是王季愚推进政治思想教育和品德教育的目的。黑龙江大学档案馆珍藏着王季愚于 1949 年 12 月所做的工作总结报告的手迹稿。其中有这样的两句话：学政治课的目的，是在毕业后能有正确的、远大的政治目光，能以马列主义观点分析世界的一切大事，能以新民主主义的观点为人民服务；如果同学对我们的教育目的认识不够，将来对事情的看法不够正确，我们的目的便要落空，这是人民很大的损失，故同学都应该重视它，如同重视俄文学习一样。笔者在黑龙江大学档案馆查阅到的王季愚亲笔撰写的党课手稿共有 29 页，政治课讲义共有 82 页。

王季愚在哈外专、哈外院所进行的德育教育概括起来就是体系化的思想理论教育、结合形势的政策教育和潜移默化的思想品德教育。

（一）体系化的思想理论教育

作为高校的领导，王季愚认真贯彻党的教育方针，反对搞空头政治，要求教师树立正确的人生观。晚年的王季愚回忆在哈外专的工作经历时说道，哈外专以培养全心全意为人民服务的军政翻译人才为目标。王季愚是政治思想教育的先行探索者，重视对学生进行思想理论教育。一方面，她认为，马克思主义理论能够有效地帮助广大青年树立为人民服务的信念，这是政治思想教育的根本任务。另一方面，作为校长，她在学校成立了马列主义教研室，开设系统的政治思想理论课，组织编写公用教材，并以身作则，率先讲授政治思想教育课程，比如马克思主义哲学、社会发展史等课程。王季愚将理论学习和理论教育结合起来，认真备课，在上课时不讲大道理，不提政治口号。有的学生对政治理论学习不感兴趣，王季愚耐心地与他们交流，帮助他们树立正确的学习目标。王季愚还采用期末开卷考试的形式，让学生结合社会现状和个人的思想动态来论述自己对政治理论的认识和理解。王季愚积极培养青年教师,探索新的教学方法,对课堂上出现的问题进行认真研究。她强调,教师一定要认真阅读马克思主义原著,掌握其精神实质,要了解学生的思想动态,根据实际情况有针对性地进行政治思想教育。曾有校友回忆道,王季愚校长亲自给全校师生做报告,讲授社会发展史,报告现场总是座无虚席,掌声不断。到 1950 年,哈外专已经在全校范围内开设了四门理论教育课,在全国高等院校中是首屈一指的。王季愚还制定了每周一天政治学习日制度、政治助理员制度、汇报思想制度,各项工作顺利地开展,激发了全校师生的积极性。王季愚帮助学生树立坚定的共产主义理想信念和革命人生观。王季愚言传身教,具有知行合一的人格魅力,将政治思想教育和品德教育植入学生的心中。这为培养高素质的人才奠定了坚实的思想基础。

李祖培校友于 1949 年进入哈外专学习,在毕业后选择了留校,曾任黑龙江大学副校长、党委副书记。据李祖培校友回忆,王季愚亲自抓学生的政治思想工作,她那带有四川乡音的话语仍然那么清晰和有力,如"要了解这一代青年的特点","要理解青年学生,耐心地启发他们,引导他们前进,同时让青年学生也理解我们,从而信任我们,信任党","要善于区分青年的主流与支流"。王季愚在讲授马列主义理论课时善于突出重点,善于应用古今中外具有代表性的事实来论证,语言简练、生动。李祖培校友说:"每当她讲课时,整个上午白楼小礼堂总是被挤得满满的。我听完她的每一次讲课,都有一种思想豁然开朗之感,好像步入了一个过去不曾认识的新的广阔天地。"①王季愚提倡,让学生生动活泼地学习,在学习中进行理解和运用。她把学习作为培养学生能力的一个重要方面。

(二)结合形势的政策教育

1948 年 8 月,《关于整顿高校教育的决定》出台,提出要加强思想政治教

① 李祖培:《留取丹心照汗青》,见戴炜栋主编:《爱心的回响——缅怀人民教育家王季愚》,上海外语教育出版社 1997 年版,第 323 页。

育，必须学习马克思列宁主义、毛泽东思想，并加强国际主义思想教育。王季愚亲自为学生拟定政治学习计划，根据中央的指示和教学性质，把现实状况与党的理论路线紧密结合起来，将当时的新民主主义革命的相关知识作为主要的教学内容，对学生进行政治教育。王季愚在政治理论学习和政治理论教育方面具有很强的前瞻性和实践性。她认为，马克思主义是一种科学理论，是发展的科学，我们必须用科学的态度来对待它。具体来说，一是要联系历史的、现实的革命与建设的实际，阐明依据和现实意义；二是联系党的方针、政策，加深对党的方针、政策的认识；三是联系学生的思想实际，帮助学生树立科学的世界观。她结合中华民族优秀传统文化和杰出的文学作品进行授课。比如，她结合鲁迅的《阿 Q 正传》讲授中国民族资产阶级的软弱和革命的不彻底性；她结合茅盾的《春蚕》讲授民族资本主义在旧中国不能得到发展的原因；她从文化的起源讲到社会意识形态。此外，一些重要的文件或文献，如《论人民民主专政》《中苏友好同盟条约》《论马克思主义与语言学问题》等，都被用作政治思想理论课的学习内容。这使得德育教育方法更加具有针对性和实效性，使得教育内容更加具有吸引力和说服力。

左毅于 1929 年生于四川成都，在哈外专毕业后留校，曾任哈尔滨外国语学院党委副书记，后调任四川省科技情报所所长。冯彬彬于 1931 年生于天津，在哈外专毕业后留校，曾任研究生部党总支书记，后调任四川省科学技术协会副主席。据两位校友回忆，他们在实际工作中深深感到，王季愚十分重视政治思想教育，并且形成了一整套经验和方法，取得了成功。“我们当学生时，听王校长讲《社会发展史》，现在还记得对我们讲‘生产三要素’时，她提了个问题：‘牛是劳动对象还是劳动工具？’”“王校长讲授《政治经济学》资本主义部分时，她先请一位女同学上台朗诵她事先选定的斯坦培克著《愤怒的葡萄》里一段生动贴切的片断作为引言。在她整个讲授过程中，学生们都聚精会神，鸦雀无声。当时学校所开的几门政治理论课是青年教师撰写的讲稿，讨论会常常开一整天到两天，每次王校长从头至尾主持，提出详尽的意见。特别是不回避尖锐敏感的理论问题。如像‘价值规律在社会主义条件下的作用’，‘社会主义时期阶级斗争’，‘个人迷信及后果’等，该怎么讲法，都有明确的意见，使青年教师有所适从。”①

“她特别强调系统的理论课是培养学生马列主义世界观的根本方法，这也是思想教育的根本任务。所以，她要求理论课必须针对每一批学生根本的思想实际，也就是基本政治立场和世界观、人生观、道德观这些方面的实际，密切联系共产主义运动和中国革命与建设事业各个时期的重大问题的实际。不断地调查分析师生思想实际，以加强思想政治教育的针对性，是王校长始终坚持的做法……”②她还长期坚持亲自审阅个人档案，事隔多年，还能清楚地记得许多同志的家庭状况。我们从这些事实中可以看到王季愚对政治思想教育工作所下的苦功。“有一分耕耘，便有一分收获。当年的哈外，向各条战线输送外语人才的任务之繁重，学生在校期之短，学生来源之多样，文化程度、历史背景和地区分布差异之大，是现在办正规教育的同志们难以想象的。学校的教师干部也全靠自己培养补充。”③

（三）潜移默化的思想品德教育

王季愚通过开展政治主题活动和各种社会活动来使学生坚定理想信念、树立正确的革命人生观。王季愚对学生进行思想品德教育的方式多种多样，比如针对学生的思想情况进行工作总结，每周末举办生活会，举办政治思想工作会议等。会议由她亲自主持，会议内容主要是汇报全校学生的思想状况，讨论政治思想工作的方针和任务。王季愚十分重视教育民主化，鼓励学生独立思考，倡导民主讨论与服从真理相结合的学习方式。

校友陈隆增于 1950 年到哈外专学习，他原本一心一意想学外语专业。但是，他做梦也没想到，哈外专是一个革命的大熔炉，是影响他一生的转折点。据陈隆增回忆，王季愚见到他后用纯正而亲切的四川话说：“到我们学

---

① 左毅、冯彬彬：《对季愚校长教育思想和实践的片断回忆》，见戴炜栋主编：《爱心的回响——缅怀人民教育家王季愚》，上海外语教育出版社 1997 年版，第 314—315 页。

② 左毅、冯彬彬：《对季愚校长教育思想和实践的片断回忆》，见戴炜栋主编：《爱心的回响——缅怀人民教育家王季愚》，上海外语教育出版社 1997 年版，第 315 页。

③ 左毅、冯彬彬：《对季愚校长教育思想和实践的片断回忆》，见戴炜栋主编：《爱心的回响——缅怀人民教育家王季愚》，上海外语教育出版社 1997 年版，第 315 页。

校来,不单纯是学俄语,首先是要改造思想,建立革命的人生观。"陈隆增当时好奇而又有点不好意思地问王季愚:"什么才是革命的人生观? 我不太懂得。"王季愚听后笑了笑,慢慢说道:"你坐过汽车吧,汽车的方向盘就好像一个人的人生观,是勇往直前,或是右转左转,就靠这个方向盘;简单来说,人生观就是一个人对周围世界的看法和立场。人生观也叫世界观,革命的人生观就是要下定决心干一辈子革命,在任何情况下都不动摇,就像赵一曼、刘胡兰烈士那样,为了革命事业,临死都不动摇,视死如归!"①陈隆增理解了革命人生观的重要性,并且始终没有忘记王季愚的重要嘱托。"从王校长、陈泉璧老师讲授《社会发展史》开始,学习了一些马列和毛主席著作,参观东北烈士纪念馆,参加不少体力劳动(如修飞机场、防洪抢险等),联系到中国革命实际,联系自己的思想和参加政治运动,使我初步懂得了什么叫革命的人生观。这时,艰苦的生活关闯过了,学习的劲头也大了,学习成绩从一般、比较好到优秀,是班上第一批发展的团员。学习的生活是严肃、紧张、活泼和艰苦的。毕业时,走上工作岗位的前夕,王校长找我谈话,她说有三句话作为临别赠言,即:第一,在政治上永远跟着共产党和毛主席干革命,在任何情况下都不动摇;第二,经济上公私分明,不贪污公家一分钱;第三,生活作风正派。"②王季愚这三句话成为陈隆增一生的座右铭。王季愚的思想、言行潜移默化地影响着哈外专的学生。

三、王季愚德育思想的当代价值

人民教育家王季愚的德育思想对于丰富中国近现代教育史、教育思想发展史,以及探索中国现代外语教育的发展历程、黑龙江省外语教育的发展历程,具有重要价值。同时,王季愚对现代教育工作者发挥着示范作用和楷

① 陈隆增:《无声的怀念》,见戴炜栋主编:《爱心的回响——缅怀人民教育家王季愚》,上海外语教育出版社 1997 年版,第 214—215 页。

② 陈隆增:《无声的怀念》,见戴炜栋主编:《爱心的回响——缅怀人民教育家王季愚》,上海外语教育出版社 1997 年版,第 215 页。

模作用。

(一)传承学统

王季愚秉持延安时期的办学方针,注重学生的政治思想工作,以为人民服务为原则,把政治思想教育和品德教育放在首位。1949 年,她提出,“培养什么人的问题”是教育的根本问题,共产党人就是要培养有理想的人、有道德的人、有知识的人、有文化的人、为人民服务的人。王季愚始终坚信,一个国家一定要有民族精神,一个人一定要有理想信念。王季愚始终坚持正确的政治方向,牢记使命,加强对学生世界观、人生观、价值观的教育。王季愚的德育思想有助于当代大学深刻理解党的教育方针、继承延安精神和优良传统,具有鉴往知来的现实意义。

(二)垂范后学

作为哈外专的校长,王季愚的办学理念、治校方略具有前瞻性和先进性。作为教师,王季愚具有执着的信念、崇高的品德和无私的奉献精神,是当代大学教师学习的楷模。作为教育工作者,王季愚刻苦钻研,不断提高业务水平,积极进行教学改革。她艰苦奋斗的精神感染了学生,她高尚的品德激励了学生,她追求真理的信心鼓舞了学生。她坚持育人为本、德育为先,严于律己,关爱他人,用人格魅力影响着学生。“学为人师,行为世范”,王季愚把这种精神内化到学生的思想和行动中,取得了以理服人、以情感人、立德树人的效果。这对于当代教育工作者提高师德修养、端正工作态度、关爱学生具有示范意义。

(三)充实史料

王季愚本人并未将自己的教育文章整理成集。很多关于王季愚德育思想的资料散佚了,其教育思想在很大程度上需要靠她的亲友、学生回忆。目前,由于年代久远,对王季愚教育思想的研究也逐渐减少。如果不进行抢救性的整理,她的很多教育思想也会被遗忘。因此,研究王季愚的德育思想是必要而紧迫的,对于研究我国教育思想发展史、黑龙江省高等教育发展史、外语教育史具有重要意义。

2020年,教育部印发了《高等学校课程思政建设指导纲要》。《高等学校课程思政建设指导纲要》提出,为深入贯彻落实习近平总书记关于教育的重要论述和全国教育大会精神,贯彻落实中共中央办公厅、国务院办公厅《关于深化新时代学校思想政治理论课改革创新的若干意见》,把思想政治教育贯穿人才培养体系,全面推进高校课程思政建设,发挥好每门课程的育人作用,提高高校人才培养质量。纵观王季愚的教育实践历程,她始终坚持将政治思想教育和外语专业教育结合起来,在高度重视学生外语能力培养的同时,不断加强政治思想教育。王季愚这一举措是对当代课程思政建设的完美诠释。王季愚的德育理念、德育原则体现了其德育思想。王季愚主张全方位育人,把思想价值引领贯穿到教育教学的全过程和各环节。王季愚深刻理解了教育的根本问题,准确把握住高校政治思想教育工作的目标与方向。这为推进我国高校课程思政工作的开展提供了理论依据。

在办学的过程中,王季愚具有坚定的政治立场和敏锐的眼光,遵循办学规律,贯彻党的教育方针,提出了一系列具有开创意义的教育教学思想,并付诸实践,展现出教育战略家的风范,对新中国教育事业的蓬勃发展做出了重要贡献。

王季愚体育教育的思想与实践

黑龙江大学体育教研部　刘刚①

从1946年至1981年，王季愚先后在东北民主联军总司令部附设外国语学校、哈尔滨外国语专门学校、哈尔滨外国语专科学校、哈尔滨外国语学院、黑龙江大学、上海外国语学院担任主要领导，具有教育家的眼光和改革家的魄力，对不同历史时期的教育发展进行了探索。作为外语教育家，王季愚在学界受到广泛关注。然而，对于王季愚的体育教育思想，学者鲜有专论。实际上，王季愚不但在理论上重视体育教育，而且在实践中注重开展体育教育活动。其思想和做法对于我们今天推进高等教育的全面发展依然具有启示意义。

一、王季愚体育教育思想概述

王季愚的教育思想中蕴含着丰富而深刻的体育教育思想。王季愚倡导德、智、体全面发展的育人理念，将体育视为培养健全人格的重要途径，注重开展全民性的体育活动，因地制宜地制定人才培养方案，将外语教育与体育教育深度融合起来。这些具有前瞻性的体育教育思想，对当下体育教学改革具有一定的启示意义。

---

① 刘刚（1978—　），男，吉林扶余人，黑龙江大学体育教研部副教授，法学硕士，从事体育教育与体育经济研究。本文为黑龙江大学王季愚教育思想研究专项课题“王季愚体育教育思想与实践及当代研究”、黑龙江省教育科学规划重点项目“后疫情时期高校体育教学与思政教育融合研究”（GJB1421012）的阶段性成果。

二、王季愚体育教育思想的基本内涵

(一)德、智、体全面发展的健全人格教育观

重视体育教育是王季愚办学治校的显著特点,也是王季愚注重全面发展的教育理念的根本体现。这主要表现在以下三个方面。

第一,注重德、智、体全面发展。在主持哈外专工作期间,王季愚就提出,培养外语人才,必须注重德、智、体全面发展。她认为,"搞好俄语就是一切是片面的"①。在人才培养方针上,王季愚始终把体育教育作为重要的一环。"她重视体育,认为这是一个必须认真加强的环节。开始,我们全体学生每天二十多分钟的早操是必须参加的,后来成立体育教研组,体育就正式列为一门必修课了。"②王季愚明确指出,"加强和改善党的领导,首先要全面贯彻党的教育方针,一定要关心和重视学生德智体全面发展"③。

第二,注重开展体育活动。王季愚高度重视体育活动,除了开设体育课程之外,还在全校开展常规性的早操和跑步等活动,并经常组织各种体育比赛,激发学生参加体育活动的积极性。当时哈外专学生见证了王季愚高度重视体育教育的办学实践。"校领导不只关心俄语教学和政治学习,还非常注意组织丰富多彩的文娱体育活动,保证同学们的身心健康。这对提高大家的体质和文化素养,保证学习任务的完成起到了不可替代的作用。每天坚持早操和跑步,经常组织各种球类比赛,冬季自浇冰场,进行冰上运动。"④

---

① 戴炜栋主编:《爱心的回响——缅怀人民教育家王季愚》,上海外语教育出版社1997年版,第302页。

② 戴炜栋主编:《爱心的回响——缅怀人民教育家王季愚》,上海外语教育出版社1997年版,第323页。

③ 戴炜栋主编:《爱心的回响——缅怀人民教育家王季愚》,上海外语教育出版社1997年版,第441页。

④ 戴炜栋主编:《爱心的回响——缅怀人民教育家王季愚》,上海外语教育出版社1997年版,第165页。

第三，注重体育道德和体育精神。王季愚对体育的重视不但体现在运动场、游泳馆等基础设施的建设上，还体现在对体育教育重要价值的认识上。“为了贯彻全面发展的教育方针，王季愚同志十分重视学生的健康和体育工作，认为要使学生健康成长，必须抓紧体育锻炼，加强文娱活动。”①王季愚明确提出，没有强健的体魄，没有高尚的情操，就不能顺利地完成学业。健康的身体是从事革命工作的基础。通过体育教育，学生不但能提高身体素质，还能锤炼品格。这反映了王季愚对体育教育的作用与价值的深刻认识。王季愚立足于德、智、体全面发展，既高度重视体育教育在体格和人格塑造上的直接作用，又认识到体育教育对专业教育的基础作用和支持作用。

（二）长远和现实并重的体育场地器材发展观和师资培养观

注重“三材”（人才、教材、器材）建设是王季愚办学治校思想的重要内容。王季愚着眼于学校的长远发展，重视体育场地和器材的建设，注重培养体育教师。这主要表现在以下三个方面。

第一，立足于长远目标，注重体育场地和器材的建设。王季愚着眼于学校的长远发展，认识到系统的体育教育是正规化办学的重要组成部分。从学校发展的大局出发，王季愚认为，体育基础设施建设势在必行，需要提前规划。早在20世纪50年代，王季愚就认识到：“学校要发展，学生要有活动的场地、绿色的校园、运动场、图书馆、俱乐部、游泳池等等，虽然不能一下子办到，但现在就要看见将来。”②如果只是从教育理念上提倡体育教育，不在实践中加强体育基础设施建设，那么加强体育教育就是一句空话，德、智、体全面发展也难以实现。在办学治校的过程中，王季愚既从学校发展的高度重视体育教育，又加强体育基础设施建设，保障体育教育顺利进行。这对于当代高校体育教育的发展也是具有启示意义的。

---

① 戴炜栋主编：《爱心的回响——缅怀人民教育家王季愚》，上海外语教育出版社1997年版，第304页。

② 戴炜栋主编：《爱心的回响——缅怀人民教育家王季愚》，上海外语教育出版社1997年版，第54页。

第二,立足于现实,贯彻落实国家体育教育方针。重视体育教育是中国共产党的教育传统和教育方针之一。毛泽东、朱德、周恩来等党和国家的领导人都高度重视体育教育。王季愚对体育教育的重视,既是其教育理念的题中应有之义,又是其贯彻落实党的教育方针的体现。王季愚在回忆 1949 年周恩来的关心和指示时说道:“在五个小时的接见过程中,总理大至方针、政策,小到学生的日常生活,都一一作了具体的、明确的指示。我还记得他曾问我:学生每天吃多少油、多少菜? 学校有没有操场? 学生打不打球? 住的宿舍怎么样? 你们当领导的只管教学,不管生活?”①周恩来强调,学校领导不能“只管教学,不管生活”。这对于推进王季愚办学治校实践活动的开展具有重要的指导意义。

第三,因地制宜,加强体育师资力量的培养。在办学条件极其艰苦的时期,学校缺乏专门的体育教师,王季愚则创造性地开展工作,抽调具有体育特长的学生担任体育教师。在当时的历史条件下,这是解决体育师资力量不足这一问题的灵活办法。“哈外专办学条件困难,王校长从学生中选调几位担任体育教师,给学生上体育课,帮助学生开展体育活动,如早操、课间操及各种球类比赛等,引导学生积极锻炼身体。同学们为了以后出去工作好,能够受各种环境的考验,一面学好业务,一面坚持参加各种体育活动,收到较好效果。”②这一创造性举措在今天仍然具有启发意义。随着体育教育的发展,把体育从一种课程教育方式转变为一种生活方式,是体育教育的重要职责。如何发挥学生在组织体育活动方面的重要作用,是亟待探究的问题。学校应基于兴趣爱好和体育专长引导学生组成专项体育活动小组,在课程化体育活动的基础上开展生活化体育活动。这是提高学生身体素质的根本办法,也是改进体育教育方式的重要途径。

---

① 戴炜栋主编:《爱心的回响——缅怀人民教育家王季愚》,上海外语教育出版社 1997 年版,第 431 页。

② 戴炜栋主编:《爱心的回响——缅怀人民教育家王季愚》,上海外语教育出版社 1997 年版,第 349 页。

(三)智育与体育互融互促的体育文化活动开展观

重视体育文化活动的开展是王季愚教学理念的重要组成部分。王季愚因地制宜地构建了课内外一体化的锻炼模式。

第一,营造“体育+外语”的专业化的体育文化活动氛围。王季愚始终认为,外语人才培养是办学治校的中心任务。在此基础上,王季愚注重将体育教育与外语专业教育结合起来,这是其办学治校思想的特点之一。赵洵在回忆哈外专的办学经验时提到:“教学大纲少而精,应分配单位的要求,还教一些与专业有关的知识和单词。进度是快的,学生课外文体活动都与外语相结合,还给学生业余小组请了舞蹈老师和音乐老师,以活跃全校生活。”①王季愚既重视体育教育自身的作用和价值,又注重推进文体活动的开展。这体现了体育与智育的互融互促,对于我们推进整合式教育活动的开展具有借鉴价值。

第二,重视体育文化活动的生活化。王季愚十分重视学生在组织体育文化活动方面的主体性,建议学生成立文体部,组织学生开展各种体育活动。“她建议学生会成立文体部,组织早操和各种体育活动,大唱中国和苏联革命歌曲。各个班级用俄语表演各种节目,星期六晚上举行舞会,放映苏联原版电影。尽管王季愚同志不会跳舞唱歌,但她还是经常到场,观看学生表演和跳舞,借机深入群众,和学生谈心聊天,了解学生的思想和生活。每天课间操,她常到教室督促学生参加文体活动。她还不时检查学生的伙食,看是否能保证必要的营养和热量。”②这体现了王季愚重视体育教育的自主性发展和日常化发展。

第三,注重体育文化活动语境的国际化。在日常体育活动的开展过程中,王季愚从打造国际化语境的视角出发,将外语实践活动融入体育文化活

① 戴炜栋主编:《爱心的回响——缅怀人民教育家王季愚》,上海外语教育出版社1997年版,第39页。

② 戴炜栋主编:《爱心的回响——缅怀人民教育家王季愚》,上海外语教育出版社1997年版,第304页。

动中。王季愚"充分利用哈尔滨苏联侨民众多这一得天独厚的条件,在学校创造一个'俄语化'的小环境,帮助同学们学习俄语。学校大量聘请了苏侨教师和教学辅助人员,不但专业课教师请他们担任,就连助教、打字员、舞蹈老师、喊操员、清扫工都是苏侨。学校墙上张贴的是俄国的名人名言,广播里播放的是俄语节目"①。这些都对语言训练起到了良好的作用,当然这些经验都是特殊条件下的产物。王季愚将外语学习融入学生的日常生活和文体活动中,实现了改变单一的学习方式和增加体育运动附加价值的双赢目标。

三、王季愚体育教育思想的当代启示

(一)落实"健康体魄,健全人格"的理念,凸显体育的育人价值

王季愚提出了"强健的体魄,高尚的情操"的全面健康理念。这与我们当下提出的"健康体魄,健全人格"的体育育人观如出一辙。体育教学不但要注重体育知识与技能的掌握,而且要注重培养终身锻炼的体育意识,强化体育的育人功能。王季愚全面发展的体育教育思想在新时代被赋予了新的内涵,是实现"全员育人,全程育人,全方位育人"目标的重要抓手,对解决现代教育问题具有重要的参考价值。学校不仅要发挥体育在提高免疫力、增强体质健康、缓解和释放压力等方面的育人功能,也要实现体育在培养规则意识、团队意识、目标意识、输赢意识、礼仪意识等方面的育人价值。学校应深化体育改革,解决学生体质下降等健康问题。在当前全面推进教育教学改革的背景下,王季愚德、智、体全面发展的育人理念,对解决"培养什么人"的问题发挥了重要作用。

① 赵劭坚、傅善卿、李良佑:《平凡人生:王季愚传略》,上海书店出版社2006年版,第77页。

(二)克服困难,发挥创造性,注重体育场地、器材建设和师资力量培养

王季愚因地制宜,将长远发展和现实情况结合起来,注重体育场地、器材等基础设施的建设,培养师资力量。这既显示了王季愚教育思想的理论高度,又显示了其教育思想的实践价值。新时代的体育人应立足当下,放眼未来,根据学校的现实情况,合理地开发和利用现有的场地资源,有计划地整理、修缮体育场馆。这是顺利完成学校体育工作的保障。王季愚创造性地选调具有体育特长的学生担任体育教师,解决了当时体育教师严重不足的问题。当下,体育师资力量的培养也非常重要。王季愚有关体育师资力量培养的思想对解决当下体育师资的缺口问题、体育教师的继续教育问题具有一定的指导意义。

(三)倡导体育全民化、生活化,助力体育回归生活

王季愚提倡,文体活动必须与外语相结合,打造国际化语境,注重开展丰富多彩的文体活动。王季愚有关体育全民化、生活化的观点体现了学校体育教育的特色。学校要引导学生树立健康第一的理念,开足开齐体育课,让学生在体育锻炼中享受乐趣、增强体质、健全人格、锤炼意志。当下,学校可以成立体育社团、体育俱乐部,构建课内外一体化的锻炼模式,开展丰富多彩的体育文化活动,建立科学合理的体育健康评价体系。学校要让“健康工作五十年”“育人至上,体魄和人格并重”等口号落到实处,要让“全民体育”“大众体育”深入人心,也要让全民健身在体育教育的助力下“飞入寻常百姓家”。体育全民化、生活化是人们拥有强健体魄和健康生活的根本要求。这正是王季愚体育教育思想给我们的重要启示。

四、结语

通过上述分析,我们能够清晰地认识到,王季愚在办学治校的实践中,

高度重视体育教育对人的全面发展的重要作用。在场地和器材的建设方面,王季愚立足于长远发展目标。在师资队伍建设方面,王季愚大胆创新。在体育活动开展方面,王季愚全力支持,将体育活动与专业教育活动有机结合起来。这对于新时代体育教育的发展依然具有重要意义和借鉴价值。

参考文献

[1]赵劭坚,傅善卿,李良佑.平凡人生:王季愚传略[M].上海:上海书店出版社,2006.

[2]戴炜栋.爱心的回响——缅怀人民教育家王季愚[M].上海:上海外语教育出版社,1997.

王季愚美育教育思想与实践

黑龙江大学哲学学院　岳凤[1]

王季愚是新中国第一代高等教育专家。她尊重高等教育的基本规律，坚持“培养德智体美劳全面发展的社会主义建设者和接班人”的根本目标。在教育教学过程中，她注重美育教育在人才培养和人的成长过程中的作用。其教育思想符合党和国家的基本教育方针和“立德树人”的根本要求，也符合马克思所强调的人的全面发展的总体要求。王季愚根据新中国成立初期党和国家对于人才的需要，探索出一条符合当时国情的外语专门人才培养之路，较早地积累了丰富的人才培养经验。

一、以美启智——重视美育与智育相结合

新中国成立之初，党和国家为了迎接即将到来的大规模的经济和国防建设，急需一大批俄语翻译人才。如何在最短的时间内保质保量地培养出党和国家所急需的专业型俄语人才，是摆在王季愚面前的一大难题。

作为哈外专第一任校长，王季愚并没有因为党中央对时间和数量的要求，就降低人才培养质量，而是始终把人才培养的质量放在首位。她提出，“将长远的人才培养和应国家急需的速成教育相结合，将教学和科研相结

① 岳凤(1982—　)，女，黑龙江肇源人，黑龙江大学哲学学院副教授，哲学博士，从事美学理论与美育思想研究。本文为黑龙江省教育厅规划重点课题“生态美学融入高职校园与课程建设的路径研究”(ZJB14211175)、黑龙江大学高等教育教学改革工程项目“新文科背景下高校美育课程教育教学改革与实践”、黑龙江大学王季愚教育思想研究专项课题“王季愚美育思想与实践”的阶段性成果。

合，将目前的紧急任务和学校长远的建设相结合"①。这体现出王季愚是一位具有远见卓识的教育家。王季愚在注重培养专业技能的同时，注重培养学生其他方面的素养，尤其是文化素养和美学素养。王季愚认为，外语专业技能的培养与人的培养必须紧密结合起来，而在人的培养过程中应该注重文化素养的培养，注重审美对人的影响，注重人的全面发展。外语人才应当是具有较高的文化修养和丰富知识的人。可以说，王季愚较早地解释了高等教育要"培养什么人"这一根本问题。早在 1949 年，王季愚就认识到了这一问题。她指出："'培养什么人的问题'是教育的根本问题，不同时代有不同的答案。我们共产党人就是要培养有理想的人、有道德的人、有知识的人、有文化的人、为人民服务的人。"②王季愚的观点与在马克思"人的全面发展"的教育思想基础上发展而来的"全人教育思想"不谋而合。"全人教育思想"主张对学生"整全的知识"和"健全的人格"两个层面进行培养。"健全的人格"的培养就包含促进人的整体的和全面的发展，尊重人的个性，肯定人的价值，彰显人格的完整性。王季愚在那个年代就能够意识到真正的人才培养是对人的培养，而不仅仅是对某一项技能的培养。

王季愚始终将人才培养作为高等教育的核心任务，在为国家培养大批军政翻译人才的同时，注重人文素养的培养，注重智育与美育的结合，诚如她所说的要"有知识"，更要"有文化"。从 1951 年开始，她就聘请苏联专家来学校做学术顾问，并为学生列出了"必读书目"。这些"必读书目"包含大量的苏联文学作品。在学习文学作品的过程中，学生既能掌握语言技能，又能更好地获得文学的滋养、艺术的熏陶、情感的陶冶。可以说，王季愚在注重智育的同时，也注重美育，实现了智育与美育的结合。

通过学习苏联文学作品这种方式，王季愚将专业技能的培养与人的培养结合起来，将智育与美育结合起来。她非常注重培养学生的文学素养。

---

① 戴炜栋主编：《爱心的回响——缅怀人民教育家王季愚》，上海外语教育出版社 1997 年版，第 39 页。

② 戴炜栋主编：《爱心的回响——缅怀人民教育家王季愚》，上海外语教育出版社 1997 年版，第 354 页。

新中国成立初期，她就在外语学校设置语文教研室，聘请当时比较有文化素养的教师来学校教授中文，系统地讲授中国文学基础知识。她曾多次强调，在外语学习过程中，要正确处理母语与外语的关系，要正确处理中国文化与外国文化的关系，要让学生加强语文学习。

王季愚曾说过，“士先志”，“士先器识而后文艺”①。这里所说的“器”就是指外语方面的专业知识和技能，但是她在强调“器”的同时，还强调“文艺”，在当时是具有超前意识的。王季愚之所以能够注重和强调文艺的作用，是因为她本人就是一个有着深厚的文学功底和文学素养的人。她从3岁起就熟读古文典籍，从小就熟读和背诵了很多经典作品，直到晚年时，还能熟练地背诵《阿房宫赋》《滕王阁序》《兰亭集序》《岳阳楼记》《桃花源记》等文章。② 李纳在回忆王季愚的时候说道：“与之朝夕相处的是大量的书籍。《春秋》《左传》《汉书》《史记》《三国演义》《东周列国志》《水浒传》，成为她不可分离的朋友。”③在俄文高中班时，王季愚努力学习，阅读了很多外国文学作品，积极参加俄文读书会。王季愚读了大量的书，包括托尔斯泰、鲁迅的作品，还有《共产党宣言》《经史百家杂抄》《唐诗三百首》等。而且，王季愚在学习俄语和翻译苏联文学作品时受到了艺术的熏陶。“季愚同志勤奋好学，读书很多，她不单研究现代文学思想、希腊和俄罗斯文学思想，还研究中国古代文学思想，从经史到老庄都研究。”④王季愚还翻译了高尔基的名著《在人间》，而且当时著名的普希金研究专家戈宝权先生编辑的《普希金诗选》中收录了王季愚翻译的诗篇。由此可见，王季愚具有深厚的文学素养和极高的俄语水平。翻译《在人间》对于王季愚来说是一件很难的事情。虽然

---

① 左毅、冯彬彬：《对王季愚校长教育思想和实践的片断回忆》，载《外国语》1996年第3期。

② 赵劭坚、傅善卿、李良佑：《平凡人生：王季愚传略》，上海书店出版社2006年版，第10页。

③ 戴炜栋主编：《爱心的回响——缅怀人民教育家王季愚》，上海外语教育出版社1997年版，第99页。

④ 戴炜栋主编：《爱心的回响——缅怀人民教育家王季愚》，上海外语教育出版社1997年版，第90页。

王季愚的古文功底很深,但是她毕竟只学了两年的俄语。王季愚抱着厚厚的词典,将这部长篇小说翻译成了中文。1936 年,《在人间》中译本由读书生活出版社出版发行,1947 年,读书出版社出版发行了第三版。王季愚还写过不少关于鲁迅作品的评论性文章,如在“鲁艺”的《同人壁报》上写过《谈鲁迅〈纪念刘和珍君〉》,在《东北文化》上连续发表了《论阿 Q》《再论阿 Q》等。正是因为王季愚热爱和钻研鲁迅作品,1949 年,许广平把她编辑出版的一套 20 卷本的《鲁迅全集》赠送给王季愚。从王季愚对《在人间》的翻译中能够看到鲁迅的文学理论和审美思想对王季愚的影响。在延安鲁迅艺术学院工作期间,王季愚得到了文艺的滋养,翻译了很多有关文艺理论的著作,积累了丰富的经验。

二、以美养德——重视美育与德育相结合

在人才培养的方向上,王季愚较早地提出将情感培养和文学素养培养结合起来,较早地意识到美育对于人才培养的重要作用,注重以美育来促进德育,注重以美来涵养人性和德行,从而实现德育的目的。

王季愚被任命为哈外专校长之时,蔡元培发表了著名的《美育代宗教》。蔡元培的教育理念诠释着美育的重要作用。蔡元培从担任教育总长开始,就将美育作为其毕生的事业。在进行旧教育到新教育的改革时,蔡元培着重将美育列入新教育的总方针之中。在兼任北京大学校长期间,蔡元培亲自讲授美学这门课程。蔡元培认为,美育具有与军国民教育、实利教育、德育教育、世界观教育同样重要的地位。“当民国成立之始,而教育家欲尽此任务,不外乎五种主义,即军国民教育、实利主义、公民道德、世界观、美育是也。五者以公民道德为中坚,盖世界观及美育皆所以完成道德,而军国民教育及实利主义,则必以道德为根本。”①美育成为蔡元培一直强调的重要内容。蔡元培曾将美育的本质归结为对人格的培养,认为美育对一个人健全人格的养成具有至关重要的作用。“美育之目的,在陶冶活泼敏锐之性灵,

① 高平叔编:《蔡元培教育论著选》,人民教育出版社 1991 年版,第 16 页。

养成高尚纯洁之人格。”培养健全的人格,就是教育的终极目的。

王季愚正是秉持着这样的教育理念,在特殊时期培养专业人才。“季愚同志的教育是教学生如何做人,培养他们的人格,让他们做一个真正的人。”①她并不主张一味地让学生掌握外语技能,认为那不是一个大学在培养人才方面应该具有的高度。“大学之道,在明明德,在亲民,在止于至善”,这强调的是高尚的品行对一个人的重要作用。良好的文化浸润,对学生的成长具有重要意义。德、智、体、美、劳全面发展,才是真正的教育目的。在各种育人方式中,美育具有突出的作用。诚如蔡元培所强调的,通过美感的教育可以实现世界观的教育,通过美感的教育,学生可以理解和接受很多他们不愿意接受的内容。

王季愚也认同这种观点,在办学过程中注重对学生进行世界观和人生观的教育。王季愚曾经提出,“德、智、体也好,德、智、体、美也好,德、智、体、美、劳也好,礼、乐、射、御、书、数也好,都是全面发展,又都是把政治思想与品德教育放在第一位的”②。可以说,王季愚较早地认识到,在人才培养的过程中要注重人的全面发展,要将政治思想教育和品德教育放在首位,要将“立德树人”作为根本任务,注重培养德、智、体、美、劳全面发展的社会主义建设者和接班人。

在人的全面发展中,“德”“智”“体”“美”“劳”缺一不可。而无论是“德”“智”,还是“体”“劳”,都与“美”有着内在的联系。我们所说的“美德”“良知”“健美”“勤劳”等词语中都蕴含着“美”,都是对“美”的诠释。作为新中国外语教育事业的奠基者和开创者,王季愚不是只注重知识的掌握和语言技能的培养,而是较早地认识到全面发展对于一个人的重要意义。王季愚认为,在人才培养的过程中,不能只注重专业技能的培养,也要注重思想政治教育,注重美的熏陶和艺术的滋养。在哈外专时,她亲自给全校学生讲

① 戴炜栋主编:《爱心的回响——缅怀人民教育家王季愚》,上海外语教育出版社1997年版,第137页。

② 赵劭坚、傅善卿、李良佑:《平凡人生:王季愚传略》,上海书店出版社2006年版,第91—92页。

授思想方面的课程,她强调世界观、人生观是一个人的"方向盘","方向盘"决定了一个人要往哪里走,要在哪个方向上成才。"在实践中,王季愚同志非常重视德育,她认为德育必须放在第一位。因为它是管方向,管立场的。"①王季愚在育人方面始终牢记和坚持以"立德树人"为根本任务,坚持将德育作为首要的教育目标,有效地处理了思想品德教育与全面发展的关系,注重采取以美养德这一美育与德育相结合的育人手段。

王季愚总是利用自身的文学积淀讲课。在那个时代,王季愚就懂得将中华民族优秀传统文化和杰出的文学名著运用到枯燥的思想政治理论课程之中,注重把马克思主义与中华民族优秀传统文化结合起来。王季愚的课总是非常生动,总是吸引着学生。在讲述马克思主义关于劳动创造文化、劳动人民是文化的创造者等论点时,王季愚结合鲁迅的相关论述,联系中国实际,说明两者的观点是一致的。"她用《阿Q正传》中的人物诠释中国民族资产阶级的软弱性和革命的不彻底性。在讲解中国民族资产阶级在旧中国不可能得到发展时,又把茅盾的小说《春蚕》穿插在一起讲。"②王季愚向全校学生开设了三四门理论课,并亲自授课,受到了教师和学生的欢迎和一致好评,她的课堂总是座无虚席、掌声不断。她还将自己的这种授课方法叫作"文化还家"。

在当时人的眼中,王季愚是一个有情趣、有品位、有文化、有德行的人。在教师和学生的眼中,她是一个胸怀宽广、人格高尚、性情率真的人。当激动时,她高声吟哦,气势慷慨。当忙里偷闲时,她喜欢培壅栽植、莳花弄草、游泳垂钓,还喜欢收藏各种彰显传统工艺之美的名酒瓷瓶。良好的情操铸就了王季愚良好的道德情怀和品格。她关心同事,关爱学生,是教师与学生心目中的道德楷模。她淡泊名利,谦虚谨慎,勤勤恳恳,为人民服务。她严于律己,以身作则。戴炜栋在《爱心的回响——缅怀人民教育家王季愚》的

---

① 戴炜栋主编:《爱心的回响——缅怀人民教育家王季愚》,上海外语教育出版社1997年版,第173页。

② 赵劭坚、傅善卿、李良佑:《平凡人生:王季愚传略》,上海书店出版社2006年版,第95页。

代序中做出了这样的评价："她是一位坚强而高尚的女性，在她的身上我们可以看到中国社会的传统美德与一位共产主义革命者应有气度的完美结合。"

三、以美怡情——注重美育与生活相结合

为了在短期内迅速提高学生的外语水平，王季愚注重环境的重要作用，在学校里创造了可以随时随地使用俄语的机会，利用各种形式和方法营造良好的俄语学习环境。并且，王季愚注重以生活为空间，以文艺活动为载体，开展各种文艺活动，营造以美怡情的育人环境和使用俄语的环境。

王季愚注重教学环境中俄语的使用。在主持哈外专工作时，因为王季愚有学习外语的经历，所以她知道学好外语的关键是要有一个良好的语言实践环境。王季愚与具体负责教学工作的赵洵商量，充分利用哈尔滨苏联侨民众多这一得天独厚的条件，在学校里营造一个"俄语化"的小环境，帮助学生学习俄语。王季愚聘请大量的苏侨来校任教，尤其是聘请苏侨担任学校的体育教师、音乐教师、舞蹈教师、美术教师等。这就使得学生在各个课程中都能使用俄语。经过王季愚多年的努力，1958 年，哈外专就已经建成了一座拥有 50 万册社会科学专业、人文社会科学专业和外语专业藏书的图书馆，图书馆内不仅有大量的俄文文献，还有不少"善本书"和名人字画。王季愚重视图书馆的建设，在她看来，合格的外语人才应该具有深厚的文化修养和丰富的知识。

王季愚注重生活环境中俄语的使用。为了最大限度地让学生使用俄语，学校的各个服务部门和服务场所都聘请苏侨来工作，甚至早上喊早操的人员也是苏侨。这就使得学生可以随时随地使用俄语，使得学生能够处于俄语学习环境之中，将语言的使用渗透到生活中。学校通过广播播放俄语，教学楼的各处墙壁上张贴着俄语标语。这就营造出一个"俄语化"的小环境。

王季愚注重文体活动中俄语的使用。王季愚注重发挥文体活动的育人作用，充分利用哈尔滨音乐之都和苏联文艺繁荣的优势，开展了形式多样的

文体活动。“每逢节假日或配合时局的发展,组织学员演出话剧和自编的中俄文活报剧,等等。在蒋介石政府进行伪国大选举时,学校组织学生剧团演出了宋之的写的《猴戏》和陈白尘写的《升官图》。我军攻克锦州后,我们三班自编自演了《范汉杰被俘记》俄文的活报剧。”①学校在每个周末都举办文娱活动和文艺晚会,每周都有固定的时间来演唱革命歌曲和俄文歌曲。学校在每个周末都举办舞会,还聘请专门的舞蹈教师来教学生跳舞,以使学生适应未来的外交官等工作的需要。“学生课外文体活动都与外语相结合,还给学生业余小组请了舞蹈老师和音乐老师,以活跃全校生活。”②

学校还通过唱俄语歌、表演俄语戏剧等形式,促进学生对俄语的学习和运用。王季愚鼓励学生运用俄语进行戏剧表演。王季愚在北京上学期间,就曾参加过左翼戏剧活动,演了很多戏剧。“她同她的爱人于伶(任禹成)一起搞左翼戏剧活动,成立苞莉巴(俄语译音,意为‘斗争’)剧团,演高尔基的戏,她承担剧本的翻译工作。这时她的俄语程度已有相当水平了,所以,她后来在上海能够翻译高尔基的《在人间》等书。”③“苞莉巴”剧团经常自编自演一些街头活报剧。王季愚经常参与剧团活动。每逢剧团选用俄文短剧作为剧本时,翻译工作总是由王季愚承担。

学校还举办各种翻译大赛,以及俄语作文、俄语书法比赛,在丰富的文艺活动中,增加学生使用俄语的机会,营造良好的语言使用环境,提高学生的语言运用能力。学校还通过办俄语板报、举办俄语晚会、成立俄语俱乐部等形式,提高学生运用俄语的能力,加强文艺熏陶和美育培养。王季愚还鼓励和要求学生多收听俄文广播,多观看俄文电影。当时,哈外专附近就有很多俄语电影院,这些电影院播放了很多俄文电影。学生获得了较好的俄语学习环境,受到了文化的熏陶。当时从哈外专走出去的很多翻译人才成功

① 戴炜栋主编:《爱心的回响——缅怀人民教育家王季愚》,上海外语教育出版社1997年版,第165页。

② 戴炜栋主编:《爱心的回响——缅怀人民教育家王季愚》,上海外语教育出版社1997年版,第39页。

③ 戴炜栋主编:《爱心的回响——缅怀人民教育家王季愚》,上海外语教育出版社1997年版,第74页。

地投入到新中国外交事业中。这得益于王季愚坚持以文艺活动为载体，营造寓教于乐、寓教于美、寓教于艺术的学习氛围和育人环境。

王季愚是新中国最早的人民教育家之一。王季愚尊重高等教育规律，确定了专业技能培养与人的全面发展相统一的人才培养目标。在当时的时代背景下，王季愚注重文艺在培养人才和提高文化素养方面的重要作用，认识到美育的育人功能，并进行了较好的美育实践，为党和国家培养了大批高素质的人才，也为后来我国外语类人才的培养和高等院校的人才培养指明了方向。

王季愚与社会主义建设和探索时期的劳动教育

黑龙江大学历史文化旅游学院　綦岩[①]　赵恩忠[②]　陈长喜[③]

劳动是人类赖以生存和发展的基础。劳动使人类智慧得以增长，使物质生活不断丰富。我们应弘扬劳动精神，加强劳动教育，引导新时代青年崇尚劳动、尊重劳动，使新时代青年懂得劳动最光荣、劳动最崇高、劳动最伟大、劳动最美丽。2020 年 3 月 20 日，《中共中央 国务院关于全面加强新时代大中小学劳动教育的意见》指出，劳动教育是中国特色社会主义教育制度的重要内容，直接决定社会主义建设者和接班人的劳动精神面貌、劳动价值取向和劳动技能水平。教育部印发的配套文件《大中小学劳动教育指导纲要（试行）》针对劳动教育是什么、教什么、怎么教等问题，对学校提出了具体的要求。

“教育与生产劳动结合”是中国共产党教育工作的基本方针。1958 年，

---

① 綦岩（1986—　），男，黑龙江哈尔滨人，黑龙江大学历史文化旅游学院历史系主任，副教授，文学博士（后），硕士生导师，主要从事中国近代史研究。本文为黑龙江大学新世纪教育教学改革工程项目“‘四史’精神铸魂育人机制研究”（2020C04）、黑龙江省教育科学规划党史专项重点课题“新时代龙江精神的传承与弘扬研究”（GJF1421029）的阶段性成果。

② 赵恩忠（1967—　），男，黑龙江哈尔滨人，黑龙江大学历史文化旅游学院党委书记，副教授，主要从事思想政治教育研究。

③ 陈长喜（1963—　），男，黑龙江哈尔滨人，黑龙江大学历史文化旅游学院院长，教授，主要从事中国近代史研究。本文为黑龙江大学新世纪教育教学改革工程项目“‘四史’精神铸魂育人机制研究”（2020C04）、黑龙江省教育科学规划党史专项重点课题“新时代龙江精神的传承与弘扬研究”（GJF1421029）的阶段性成果。

《中共中央、国务院关于教育工作的指示》提出，把劳动教育作为消灭脑力劳动与体力劳动差别的工具，必须坚持勤俭办学的原则。黑龙江大学建校伊始，王季愚校长就贯彻中共中央的教育方针，在社会主义建设与探索时期开展劳动教育，取得了显著成效。

一、劳动教育的基本安排

1958 年，哈尔滨外国语学院增设中文系、哲学系和理科四系，即化学系、物理系、生物系、数学系，组建黑龙江大学，原哈尔滨外国语学院院长王季愚任第一任校长。在社会主义建设与探索时期，王季愚积极响应国家号召，组织师生参加炼钢等劳动。其中，学生的劳动教育以生产劳动为主，生产劳动时间为 8 周至 13 周，假期为 6 周至 7 周。学生参加生产劳动的形式有三种：一是在学校兴建的农场中参加劳动；二是参加学校安排的下厂、下乡劳动；三是参加社会公益劳动。“其中理、工、农、医各专业除经常生产一部分产品外，还应结合国家建设需要应用新技术试制新产品；社会科学各专业应以较多时间下厂下乡参加生产劳动，并且应结合生产劳动参加社会工作和进行调查研究。”①在劳动过程中，学校必须加强对学生的思想教育，要求学生和工农群众同吃、同住、同劳动、同商量，以促进知识分子劳动化，使知识分子养成理论联系实际的作风。

1958 年年末，黑龙江大学党委根据中央及省、市委的指示，结合学校的具体情况，决定理科四系和外语系的学生每年必须参加 2 个月(8 周)的生产劳动，中文系的学生每年必须参加 3 个月(12 周)的生产劳动，哲学系的学生每年必须参加 1 个月(4 周)的生产劳动，并将其作为正式劳动课列入教育计划。学校各系自 1958—1959 学年第二学期开始执行此教育计划。理科各系的教学实习与文科的社会调查可与生产劳动结合起来，但各系只能将参加体力劳动的时间计算为参加生产劳动的时间，社会调查的时间不应计算在

① 陈大白主编：《北京高等教育文献资料选编 1949 年～1976 年》，首都师范大学出版社 2002 年版，第 428 页。

体力劳动的时间内。如果有些教学实习(如生物系的采集工作)的体力劳动时间与调查研究的时间不易区分,可根据实习性质按三分之一的比例计算生产劳动时间。黑龙江大学在1958—1959学年第二学期共有65648个劳动日,每个学生平均参加生产劳动50天。在轰轰烈烈的全民大炼钢铁运动中,中文系、哲学系全体师生都参加了人民公社组织的劳动,与工农群众同吃、同住、同劳动,并结合专业进行调查研究。理科各系除参加了林学院的炼钢劳动外,还参加了试验田的劳动和其他地市的公益劳动。在1959—1960学年第一学期,全校师生共参加了27390个劳动日的劳动,在劳动中修建鸡舍2栋、猪舍6栋、仓库1栋、牛舍1栋、家属宿舍1栋、调料室1栋、菜室2个,及时地解决了学校副食生产基地用房问题。① 同时,全校师生还参加了农场的义务劳动和北方大厦建设的义务劳动。在1961—1962学年,学校计划各系在每学期分别参加2至3周的生产劳动。

各劳动单位根据上级劳动教育计划中规定的劳动任务制订具体的计划,经领导批准后,向参加劳动的师生宣布计划,保证任务顺利完成。各系必须在劳动时间内派教师或政工、政治干部带队,以便加强对学生的思想教育,并进行劳动总结。在劳动期间,未经教务处同意,各系不准抽调学生做其他工作。学生每天的劳动时间为8小时。对于体弱多病、不能参加劳动的学生,各系负责将这些学生组织起来,让他们做一些较轻的工作或进行学习,使他们在劳动时间内有事可做。

二、劳动教育的目的、管理与方法

劳动教育旨在使学生成为有社会主义觉悟、有文化的劳动者,使学生形成工人阶级观点、群众观点、集体观点、劳动观点和辩证唯物主义观点。在生产劳动中,学校通过开展各种形式的活动对学生进行思想教育。在劳动中,学生虚心地向工农群众学习,掌握一定的技术,不怕艰苦,听从指挥,爱

① 黑龙江大学教务处教学研究室:《黑龙江大学教务处关于1961—1962学年第一学期生产劳动安排的通知》,黑龙江大学教学资料,档案编号:1962-3。

护器材，超额完成生产任务。

生产劳动的领导、组织工作，由各系党总支指定教师负责，技术指导和任务分配由生产部门派专人负责。在劳动中，为了加强思想教育和安全教育，学校设立宣传小组和安全小组，宣传小组和安全小组负责宣传和安全等工作。在劳动之前，对于不能参加重体力劳动的学生，劳动领导核心组另行分配劳动任务。各系劳动课指导教师必须按规定每天向劳动领导核心组和教务处填报“劳动日报表”。对于因病或因事请假不能参加劳动的学生，请假时间为一天以内的由系指导教师批准，请假时间为两天以上的由劳动领导核心组批准。因公不能参加劳动的学生需经教务处批准后才能离开工地。对于为期两周以上的劳动，各系指导教师应做出生产劳动书面总结，并交给教务处一份进行存档。

在每次劳动结束后（劳动时间为两周以上），各系指导教师根据学生在劳动期间的表现评定出“及格”或“不及格”。劳动成绩记入劳动手册，作为劳动课期末评定的依据。有下列情况之一者，不能得到“及格”的成绩：一是因公、因事、因病超过一周未参加劳动者；二是在劳动中不遵守劳动纪律、表现十分恶劣、经教育不改正者。① 劳动课成绩不及格和未参加劳动的学生，应在假期补上劳动课，劳动成绩由当时的劳动负责人评定。对于劳动课成绩不及格的学生，学校按规定不给他们颁发毕业文凭。

三、劳动教育实习的经费

劳动补助费由负责组织劳动的单位提供。1960 年，对于在国家机关、学校、医院等单位实习的学生，每人每天的经费不超过 4 毛 6 分。对于在工厂、工地实习的学生，如果主要进行体力劳动，每人每天的经费不超过 5 角；如果主要参加科室实习活动，不经常进行体力劳动，每人每天的经费不超过 4 角 6 分。对于在农业社实习的学生，如果在公社食堂就餐，每人每天的经费不

① 黑龙江大学教务处教学研究室：《教务处关于生产劳动课的组织领导及成绩考核暂行规定（草案）》，黑龙江大学教学资料，档案编号：1960 - 3。

超过3角5分；如果在农民家搭伙食，每人每天的经费不超过2角5分。对于在国有农场实习的学生，每人每天的经费不超过4角6分。

如果学生临时外出实习，不能在实习单位吃饭，又不能回家吃饭，每人每天的经费不超过3角。如果在野外和林区进行流动实习，学生在原则上应在实习地点附近与其他单位搭伙食或自己办伙食，以节省伙食费用。如果学生自己办伙食，每人每天的经费按4角8分计算；如果学生必须在外面购买食物，每人每天的经费不超过3角。如果学生在林区主要参加行政管理性质的工作，经常参加体力劳动或流动性实习活动，每人每天的经费不超过5角。如果学生在生活条件较差的森工局、伐木场实习，每人每天的经费不超过6角。

对于在校领取助学金的学生，学校一律在生产实习费内给予补助；对于在校未领取助学金的学生，其伙食费应由本人自行解决。如果确实无力解决，学生可以向学校申请，学校在生产实习费内给予补贴。如果实习伙食费有余，领取助学金和补助费的学生应将多余的伙食费交还给学校，不得移做他用。

四、劳动教育的特点

在社会主义建设与探索时期，王季愚带领黑龙江大学全体师生进行劳动教育，将生产劳动与专业教育结合起来，将批评与自我批评结合起来，进行优秀红旗班与红旗手评比，兴修主楼。

（一）生产劳动与专业教育相结合

根据中共中央、国务院关于教育工作的指示，学生可以在学校自办的工厂和农场中劳动，也可以到校外的工厂、公社参加劳动，学校在兴办工厂和农场时要尽可能地与教学结合起来。因此，王季愚结合社会主义探索时期黑龙江大学的基本情况提出，积极建立校内实习工厂，配备一定数量的专职职工，指导学生学习生产技能，并且尝试制造某些产品。校内工厂和农场的建立有利于学生最大限度地参加与教学紧密结合的生产劳动。在每学期开始时,教务处会与各系及生产部门一起根据各系的具体情况制订全面的劳动课大纲。其内容包括:各系各年级参加劳动的时间、生产内容、劳动指导教师、生产技术指导员、预期思想收获和生产效果。如无特殊情况,劳动课大纲不得中途变更。对于临时性的市区义务劳动,学校也应制订临时劳动课大纲,以保证生产劳动与专业教育相结合。

(二)批评与自我批评相结合

王季愚在担任校长期间贯彻教育为无产阶级服务、教育与生产劳动相结合的方针,取得了一定的成效。但是由于对劳动教育缺乏经验,学校在每学期都进行有关劳动教育的批评与自我批评,以便提高劳动教育的质量。1958 年至 1959 年,学校进行的批评与自我批评有三个方面的内容。第一,存在新建工厂和农场方面的问题。虽然学校有自办农场,但只能容纳少数学生,而与专业相结合的工厂又没有建立起来,学生只能参加零散劳动,或者参加一些公社劳动。因此,在劳动计划和劳动力分配方面,学校很难做出全面规划。同时,学校也没有制订出系统的生产劳动大纲,没有对劳动时间、劳动内容和预期效果(思想、生产与教学三个方面)等做出全面规划。第二,在劳动中缺乏思想指导。在劳动期间,思想工作有时存在无人负责的问题,这导致在某些劳动中学生在思想方面的收获不大,劳动效率也不高。第三,没有建立统一的劳动课考核制度和总结制度。教师在每次劳动后只做一般性的劳动总结。个别学生不重视劳动课,不愿意参加劳动。

(三)优秀红旗班与红旗手评比

在劳动教育中,优秀红旗班与红旗手评比既有利于健全领导机制,又有利于形成力争上游的良好风气。学生由学习向生产劳动的过渡,在相当大的程度上取决于认识性劳动的性质和内容。学生按部就班地参加包含生产成分的认识性劳动,这使得他们由学习向生产劳动的过渡成为一个十分自然的过程。优秀红旗班与红旗手需要具备始终如一、干劲十足、遵守劳动纪律、虚心学习、爱护工具、团结友爱、互相帮助等品质。优秀红旗班与红旗手评比活动由专人负责。三天一次的劳动总结会是小评比会,学生随时指出优点与不足。学校还举办一周一次的评比大会,教师掌握评比的基本材料,为每学期的优秀红旗班与红旗手积累素材。

(四)从身边劳动做起,兴修主楼

1958 年,黑龙江大学沿用哈尔滨外国语学院的校址办校。随着专业的增多和人数的增加,原有校舍已不能满足需求,修建主楼迫在眉睫。每个学生带着专业知识和实际问题投身于主楼的修建过程中。1960 年,学生在兴修主楼方面的劳动任务是三楼到六楼的磨水磨石。学生热情高涨地提出“与工人相结合,向工人学习,改造思想”的口号,决心水磨石铺到哪,就磨到哪。磨水磨石的活又艰苦,又细致。有的学生蹲着磨,有的学生斜着身子磨,有的学生甚至躺在水里磨。衣服磨破了,手指磨破了,干部检查劳动教育的成果时,谁也不肯给检查的同志看。学生们热情饱满地兴修主楼。这展现了学生的革命乐观主义精神。一位学生在诗中写道:“银灰色的泥浆,沾满了我的衣裳,谁说这衣服不美丽,这是劳动赐给我的奖章。”在兴修主楼期间,学生们共出了 5 期劳动快板,广播站的稿件有 1100 多份。通过组织学生兴修主楼,学校既贯彻和落实了生产劳动教育方针,促进了学生情感的升华,又节约了开支,度过了困难时期。

五、劳动教育的反思与当代价值

劳动教育的过程是动态的,具有创造性;劳动教育的价值是连续的,具有时代性。在大学毕业后,无论从事何种职业,学生都要勤于学习,善于实践,勤勉劳动,踏实劳动。教师要对劳动教育进行思考,学生要对劳动教育所体现出来的时代内涵进行深刻理解。

(一)劳动教育的反思

第一,将经济工作与政治工作结合起来。学生参加劳动是我们贯彻教育为无产阶级服务、教育与生产劳动相结合的社会主义教育方针的重要内容。在有关劳动的组织工作与管理工作中,学校应坚持政治挂帅、思想领先、以虚带实、虚实并举的原则。只有这样,才能圆满地完成工作任务。只管生产而不顾及思想工作的工作作风是与党的指示背道而驰的。

第二,学生参加劳动可以取得多方面的效果。劳动教育旨在培养学生的主人翁意识、共产主义信仰和工人阶级的思想作风。学生要在劳动中选择适当的文章进行学习,将精神武器转化为物质力量,加深对政策理论的认识。培养主人翁意识最好的方法是在工作中走群众路线,大胆相信群众,放手发动群众。竞赛评比是政治工作中的重要方法,应得到重视。

第三,采取相应的措施,使学生做到心中有数、目标明确。学校制订相应的制度,利用相应的时间研究生产情况,布置每天的任务。这样就改变了工作中忙乱被动的局面。但在强调计划性的同时,学校也要保持一定的灵活性。

第四,在抓生产的同时,关心学生的生活,尽可能地帮助学生解决他们遇到的问题。

(二)劳动教育的当代价值

劳动教育是高校全面落实立德树人根本任务的重要途径。新时代高校的劳动教育表现为劳动思想教育、劳动技能培养和劳动实践锻炼。高校应加强劳动教育,培养具有健全人格、高尚品格、顽强意志的社会主义建设者和接班人。劳动教育是青年实现梦想的现实基础和可靠支撑。通过劳动教育,青年可以树立正确的劳动价值观,端正劳动态度,培养劳动技能、劳动品德和劳动习惯,在实践过程中创造性地分析问题、解决问题,将隐性知识转化为劳动成果。在劳动教育的过程中,高校要注意将专业学习与社会实践结合起来,将创业就业与价值实现结合起来,将锤炼品格与艰苦锻炼结合起来,培养高素质的劳动大军。

开展劳动教育是弘扬劳模精神和大国工匠精神的基本路径。高校应在新时代全面开展劳动教育,打造具有理想信念、担当意识和奉献精神的产业工人队伍,推动中国速度向中国质量转变,推动中国制造向中国创造转变,推动中国由制造大国向制造强国转变。高校应弘扬“爱岗敬业、争创一流、艰苦奋斗、勇于创新、淡泊名利、甘于奉献”的劳模精神,弘扬“敬业、精益、专注、创新”的大国工匠精神，汇聚起“劳动托起中国梦”的强大正能量。这有利于引导学生传播和践行社会主义核心价值观，使学生真正领悟劳模精神和大国工匠精神，也有利于激发学生克服困难的斗志，使学生走好人生的每一步。

劳动教育是传承中华民族优秀传统文化的重要形式。把中华民族优秀传统文化融入新时代的大学生活中，是高校传承传统文化、开展素质教育、塑造学生人格的重要途径。通过深入学习中华民族优秀传统文化，学生可以养成自强不息、勤奋坚毅的良好品质。高校应将劳动习惯、劳动品质的培养融入到校园文化建设中，开展形式多样的劳动主题教育活动。教师应结合时代的主题和生动的案例提升教学效果，总结教育实践活动中的经验，宣传典型事迹，发挥示范、引领作用，营造良好的学习氛围。

第二编

办学治校

王季愚办学治校思想与实践的时代新论

牡丹江市委宣传部　陈文远[①]

王季愚历任东北民主联军总司令部附设外国语学校、哈尔滨外国语专门学校、哈尔滨外国语专科学校、哈尔滨外国语学院、黑龙江大学、上海外国语学院等学校的主要领导。王季愚在办学治校的过程中经历了解放战争时期、社会主义过渡时期、社会主义建设时期、改革开放初期等历史阶段，见证了我国高等教育的当代发展历程。鉴往知来，对王季愚的办学治校思想与实践进行研究，有助于我们汲取有益的经验，有助于我们少走弯路，从而推动新时代高等教育的发展。

一、聚焦国家战略，调整办学重心和人才培养模式

纵观王季愚的办学治校实践，一以贯之的是聚焦国家战略，调整办学重心和人才培养模式。这在不同的时期具有不同的特色。

（一）军事管理与灵活教学并重的军政翻译人才培养

从东北民主联军总司令部附设外国语学校到哈外专时期，王季愚始终聚焦面向解放战争、抗美援朝战争和经济建设的国家战略，确定办学重心为

① 陈文远（1971—　），男，黑龙江海伦人，副教授，曾任黑龙江大学副校长，现为牡丹江市委宣传部部长，主要从事高校校本管理研究。本文为黑龙江省教育科学规划课题“王季愚办学治校思想研究”（GBC1317114）的阶段性成果。

培养军政翻译人才。所有活动都要服从于这个人才培养目标。

在解放战争时期，东北民主联军总司令部附设外国语学校是军事院校，实行军事化管理，军政翻译人才培养直接服务于战争需要。由于学员在文化基础、政治思想状况等方面存在巨大的差异，学校的生源、学制、教学进度都无法进行统一安排。时任政治处主任的王季愚是东北民主联军总司令部附设外国语学校的实际管理者，采取了严格、统一的军事化管理方式和灵活多样的人才培养模式，为军队输送了大批翻译人才。这是王季愚"教学思想正确、灵活的结果，她主张将长远的人才培养和应国家急需的速成教育相结合，将教学和科研相结合，将目前的紧急任务和学校长远的建设相结合"①。王季愚坚持聚焦革命需要，调整办学重心，采取严格的管理方式和灵活的教学方式，完成了人才培养任务，在非常规办学时期积累了宝贵的经验。

（二）翻译干部与外语师资兼顾的翻译人才培养

1949 年新中国成立后，由于西方国家对中国进行封锁，中国在国民经济恢复和建设过程中只能得到苏联的指导和帮助。苏联支援了中国 156 个工业建设项目，大批苏联专家来到中国，国家急需大量的翻译人才。1952 年，高等教育部和东北人民政府教育部明确规定，学校今后的任务是为国家经济建设和文化教育部门培养翻译干部和师资。学校的俄语专业人才培养服务于革命战争和经济文化建设，这使得学校的俄语教学达到全国领先水平。

在师资不足、生源不足的不利条件下，王季愚依然秉持着聚焦国家发展战略进行办学的思想，在继续为国家输送军政翻译人才的同时，兼顾外语翻译与科技外语，在俄语专业人才培养的课程中增加了专业词汇、科技英语和工业基础的内容，学员们"选学过工业教材"②。当时学习的专业词汇和科技英语虽然非常少，但是对很多人从翻译人员成长为专家起到了至关重要的

---

① 戴炜栋主编：《爱心的回响——缅怀人民教育家王季愚》，上海外语教育出版社 1997 年版，第 39 页。

② 戴炜栋主编：《爱心的回响——缅怀人民教育家王季愚》，上海外语教育出版社 1997 年版，第 360 页。

作用。

(三)专业与外语互融互促的服务于"四化"建设的外语人才培养

从1964年至1977年,中国高等教育经历了曲折发展的过程。从1978年至1981年,王季愚重新主掌上海外国语学院的办学治校工作。中国进入改革开放的历史阶段,"四化"建设对外语人才培养提出了新的要求。王季愚结合国家的需要和学校的实际情况,将办学重心确定为培养服务于"四化"建设的高水平外语人才。她说:"要使我国的外语教学适应'四化'建设发展的需要,同样有一个调整的问题。"①

这一人才培养方式具有两个特征:一是强调外语人才要实现听、说、读、写、译全面发展;二是强调专业与外语互融互促,外语人才要掌握必要的社会科学专业知识,以更好地适应工作。王季愚意识到,应当开设一些社会科学类的专业,以弥补外语教学的不足,同时发挥外语院校的优势,使得学校培养的非外语专业的学生有较好的外语基础,使得他们能够更好地学习国外的先进技术和管理经验。事实证明,这一办学重心的调整是正确的,起到了提高人才培养质量、更好地服务于"四化"建设的作用。

王季愚聚焦国家革命与建设的需要,调整办学重心。实际上,这充分发挥了高校服务于国家建设的智库功能。这是王季愚办学治校思想和实践的鲜明特色。新时代现代化强国建设战略对高等教育提出了更高的要求,我们重新诠释王季愚的教育思想和实践,既具有重要的理论意义,又具有重要的现实意义。

二、确保人才建设的中心地位,强调使用和培养并重

办学重心的调整和确立解决了培养什么人的问题,为谁培养人和怎样培养人则是办学治校进入实践层面的重要问题。在师资队伍建设,以及管

① 戴炜栋主编:《爱心的回响——缅怀人民教育家王季愚》,上海外语教育出版社1997年版,第434页。

理人员的使用和培养方面，王季愚始终确保人才建设在办学治校过程中的中心地位。她认为，要办出高水平的学校，首先要有一支高水平的教师队伍和一支高素质的管理队伍。前者是关键，后者是必不可少的条件。

（一）突出人才建设在办学治校过程中的中心地位

王季愚在东北民主联军总司令部附设外国语学校的非常规办学时期就高度重视专家和学者对于办学治校的关键作用，从学校的办学重心和人才培养的中心任务出发，突出人才建设在办学治校过程中的中心地位。

王季愚尊重专家，并成立了学术委员会，发挥专家在顶层设计方面和引领教学、科研发展方面的作用。在落实有关知识分子的政策方面，她积极作为，克服"左"倾主义工作路线的干扰，坚持"不打棒子""不贴标签"，对知识分子采取政治上引导、业务上重用的态度。

（二）大胆创新，聘用中外教学人员和管理人员

在办学治校期间，王季愚经常面临乏人可用、善谋难筹、青黄不接、队伍参差不齐的困境。她深知人才建设对于办学治校的重要性。为此，她在工作中大胆创新，利用一切可以利用的人才。这成为其办学治校思想的又一个特征。

在东北民主联军总司令部附设外国语学校初创时期，全校俄语教学仅能依靠两个苏侨家庭成员，师资严重不足，前线又急需军政翻译人才。国家建设不等人，革命战争更是分秒必争。为此，王季愚大胆创新，聘用苏侨教师和青年教师来扩充教师队伍。由于俄语教师短缺，培养军政翻译人才的任务紧急，王季愚大胆重用苏侨教师，并采用"积极准备、逐步代替"的方式实现人才培养和人才建设协同推进的目标，在完成非常规化办学任务的同时，壮大了师资队伍，积累了人才培养经验。

（三）坚持使用和培养并重，推动人才的培养

办学治校依靠人才，只有促进人才发展，才能不断提高办学水平。王季愚认为："对干部没有充分的信任，当然不会着力去培养。培养的目的在于

使用，即让知识分子在社会主义建设中发挥作用；只使用而不培养，当然也就谈不上发挥知识分子的作用。”①对于人才只是使用而不培养，使其长期处于原有的水平，则容易导致个人故步自封，进而造成学校发展停滞不前。同样，对于人才只是培养而不使用，则容易导致人才浪费，错失推动学校发展的良机。

王季愚认为，对于一流人才，既要加强培养，又要委以重任，这样才能真正提高办学治校的水平。没有一流人才，就没有一流高校。在实践中，王季愚坚持在使用中培养、在培养后发展、不拘一格、唯才是举的人才培养原则。许多青年教师和管理人员受到重视。王季愚在办学治校的实践中探索了多种多样的人才培养方式，采取了创办研究生班、进行深造学习、进修访学等形式，自主培养了大量的教学科研人员和管理人员，在向国家输送翻译人才的同时，还选留优秀人才来充实学校的师资力量。这些举措对于当今的人才培养工作依然具有借鉴意义。从1978年至1981年，王季愚面向国内外招聘专家，加大师资队伍出国进修的力度，大力推进一流师资队伍建设。这为学校的发展提供了强有力的智力支持。

三、完善生活、学习和工作载体，提升办学凝聚力

教师和学生是办学治校的主体条件，生活条件、学习载体和工作载体是办学治校的客体条件。更好地创造办学条件是王季愚办学治校的重要内容。王季愚始终将后勤工作视为与教学、科研相并列的重要工作。

（一）改善生活条件，加强后勤保障工作

无论是对于解放战争时期的非常规办学，还是对于新中国成立后的正规办学，王季愚都重视改善师生的生活条件。对于教师来说，改善生活条件是保证其全身心投入到教学与科研工作中的关键所在。王季愚明确指出：

① 戴炜栋主编：《爱心的回响——缅怀人民教育家王季愚》，上海外语教育出版社1997年版，第343页。

“调动教师的积极性,要为他们提供必要的、良好的教学环境;要关心并创造条件,不断提高其专业水平,发挥其专长;要关心教师的生活,解决其后顾之忧,使其能安心工作,解决他们的职称、待遇等问题,这些都是学校领导该认真考虑的教学管理课题。”①对于学生来说,改善生活条件是保证其全身心投入到学习活动中的关键所在。因此,加强后勤保障工作能够为办学治校提供重要支撑。

在办学的各个时期,王季愚对于供暖、住房、宿舍、伙食等与师生密切相关的事情都亲力亲为。1953 年,王季愚高瞻远瞩,做出将学校从市区迁往沙曼屯郊区的决定。她认为大学应当有足够的宿舍、运动场和活动场所。到 1955 年,黑龙江大学搬迁到现在的校址,建成了条件较好的宿舍、食堂、运动场、俱乐部等,这为正规化办学创造了良好的硬件条件。周恩来先后两次接见王季愚,关心生活条件和教学条件的改善问题,关心学生的营养保障问题。这不仅是给王季愚的工作指示,也是对其工作业绩的肯定。

(二)完善学习载体,激活教师和学生的内动力

重视教学条件和学习条件的改善是王季愚办学治校的重要特点之一。她认为,教学是学校的中心工作,学校应当把最好的楼宇作为教学楼。在 1953 年建设学校教学楼时,王季愚强调,办学经费是人民群众的血汗钱,一分钱都不能浪费,因此确定了“牢固、适用、节约”的建设标准。更好地创造教学条件和教学环境是第一标准。在上海外国语学院期间,王季愚也是遵循着勤俭办学、教学优先的原则。

图书资料是教学和学习的重要载体,是激活教师和学生内动力的关键所在。借鉴国内外大学的建设经验,王季愚高度重视图书资料,建设资料室,建设图书馆,创办反映教学、科研和办学历史的专刊,组织教师编写教材。“王季愚老校长主持的哈尔滨外国语学院是我国最早建立语音实验

① 戴炜栋主编:《爱心的回响——缅怀人民教育家王季愚》,上海外语教育出版社 1997 年版,第 351—352 页。

室——电化教研室的外国语学院。”①此外，王季愚在上海外国语学院创办《外国语》专刊和上海外国语大学出版社，在教材编辑出版、科研论著编译出版方面搭建起全方位的平台。

（三）创新工作载体和办学机制，提升软实力

生活条件和学习条件的改善为办学治校提供了基础条件，但资源不会自动地进行转化。因此，因地制宜、富有创造性地开展工作成为提升办学治校水平的关键。无论是在东北民主联军总司令部附设外国语学校、哈外专、哈外院、黑龙江大学，还是在上海外国语学院，王季愚都根据办学重心和人才培养目标创新工作载体，在工作机制的创新上下功夫，提升了办学治校的软实力。

在东北民主联军总司令部附设外国语学校时期，王季愚创立了级部制的教学组织形式和管理方式，针对师资短缺的问题，创立了助教制，立足于自主培养师资的目标，创立了研究生班；为了深入探讨教学问题、提升科研水平，创立了教研室；为了提升教学水平，组织编写教材，强调集体备课和个体教学的辩证统一；注重选拔优秀学员，扩充教师队伍；注重推广优秀学生的学习经验，提升整体的学习效果。王季愚不断创新工作载体和工作机制，在办学条件极其艰苦的情况下，培养出一流的外语人才，打造出一流的外国语学校。这对于我们今天推进一流学科和一流大学的建设具有启发意义。

四、注重调查研究，坚持学术建校与民主治校相结合

实事求是是贯穿王季愚办学治校思想与实践的一条主线。王季愚认为，办学治校必须坚持一切从实际出发，不能搞一言堂，要尊重教育规律；只有经过调查研究，才能做出科学决策；只有坚持学术建校，才能培养出高水平的人才；只有坚持民主治校，才能取得群策群力、集思广益的实效。

---

① 戴炜栋主编：《爱心的回响——缅怀人民教育家王季愚》，上海外语教育出版社1997年版，第19页。

(一)坚持调查研究与科学决策相结合

无论是处理学生问题,还是处理教师问题,王季愚都坚持将调查研究与科学决策结合起来。“1949 年初,一级部有学生在学习《共产党宣言》时觉得译文晦涩,想学好俄文,再对照德文重新改译。但传到王、赵两位校长那里成了‘有学生要修改《共产党宣言》’,当时有同志主张召开批判会。1950 年,王、赵两校长回忆起这件事时说,幸好我们当时坚持调查研究,弄清事实,才没有同意开批判会!”①王季愚在听取汇报后不是简单地做出决策、处理学生,而是在深入调查后再做出决策。正是因为遵循调查研究与科学决策相结合的工作原则,王季愚真正做到了关爱教师和关爱学生。

在“左”倾路线影响正常的办学活动时,王季愚坚持从实际出发,注重调查研究,没有简单地确定政治指标,克服了“左”倾路线的干扰。王季愚通过深入师生的生活实际进行细致调研,向上级反映真实情况。王季愚主张采用开门办学的方针,根据国家战略需要和社会经济发展需要调整办学重心,积极向兄弟院校学习办学经验。

(二)坚持学术建校与教学中心相结合

在师资匮乏、外语翻译人才培养无法兼顾语法研究和理论研究的时期,王季愚就注意到科学研究的重要性。进入正规化办学时期,王季愚则适时地提出了学术建校的方针,认为教学必须与科学研究结合起来,所有教师必须进行科学研究。为此,她采取创办专刊、举办研讨会、组织编写教材、支持出版论著、鼓励教师深造学习、聘请专家、建设图书资料室、设立专岗等措施,落实学术建校的方针。这在当时的外语教育界是高屋建瓴之论,更是高瞻远瞩之举。

在王季愚看来,没有高水平的学术,就没有高质量的教学,而没有高质量的教学,就没有高质量的人才。对于王季愚来说,坚持学术建校并不是放

---

① 戴炜栋主编:《爱心的回响——缅怀人民教育家王季愚》,上海外语教育出版社 1997 年版,第 334 页。

弃教学的中心地位和人才培养的中心任务，而是要更好地完成教学任务和人才培养任务。

（三）坚持广泛民主与科学集中相结合

王季愚坚持在党的领导下推进民主治校，正确处理办学治校中民主与集中的关系问题，坚持将广泛民主与科学集中结合起来，在处理重大原则性问题时坚持真理、坚持原则。

在哈外专时期，王季愚曾遇到过大多数学生反对上政治思想教育课的问题。王季愚则坚持广泛民主与科学集中相结合的工作原则。她认为，办学主要靠党的领导、政治思想工作和学生的学习热情。政治思想教育是不可替代的，这涉及培养什么人和为谁培养人的重大原则性问题，不能讨论。她认为，必须纠正学生的错误思想。在上海外国语学院期间，为了推进教材改革，她到英语系进行调查研究，意识到编写新教材势在必行。当时多数教师有畏难情绪，王季愚则亲自坐镇，督促教师完成教材编写工作，最终取得了良好的效果。

王季愚在办学治校实践中始终根据国家战略发展需要确定办学重心和人才培养模式，为国家输送了大批军政翻译人才、工业建设翻译人才和服务于“四化”建设的高水平外语人才，经历了从非常规办学到正规办学的历史转型时期，具有管理外语类学校和综合性大学的经验，在俄语人才培养和学科建设方面做出了重要贡献。王季愚的办学治校思想和实践具有丰富性和独特性等特点。对其进行深入研究，既有回望来路、不忘初心的历史价值，又有鉴往知来、承前立新的积极意义。

参考文献

[1]赵洵. 和季愚相处的日子[M]//戴炜栋. 爱心的回响——缅怀人民教育家王季愚. 上海:上海外语教育出版社,1997.

[2]黑龙江大学校史编写组. 黑龙江大学校史(1941—2001)[M]. 哈尔滨:黑龙江人民出版社,2001.

[3]李锡胤. 师表[M]//戴炜栋. 爱心的回响——缅怀人民教育家王季

愚. 上海:上海外语教育出版社,1997.

[4]王超尘. 卓越的教育家[M]//戴炜栋. 爱心的回响——缅怀人民教育家王季愚. 上海:上海外语教育出版社,1997.

[5]鲁刚. 苍松翠柏 山高水长[M]//戴炜栋. 爱心的回响——缅怀人民教育家王季愚. 上海:上海外语教育出版社,1997.

[6]姜君正,刘敏. 呕心沥血育人才[M]//戴炜栋. 爱心的回响——缅怀人民教育家王季愚. 上海:上海外语教育出版社,1997.

[7]曲程. 深切的怀念[M]//戴炜栋. 爱心的回响——缅怀人民教育家王季愚. 上海:上海外语教育出版社,1997.

[8]李若谷. 深孚众望的教育家[M]//戴炜栋. 爱心的回响——缅怀人民教育家王季愚. 上海:上海外语教育出版社,1997.

[9]黑龙江大学. 杰出的教育家王季愚[M]//戴炜栋. 爱心的回响——缅怀人民教育家王季愚. 上海:上海外语教育出版社,1997.

王季愚创新办学思想研究

黑龙江大学哲学学院　蒋红雨①

王季愚同志是我国外语教育界一位深孚众望的教育家，是中国共产党培养的一名优秀教育管理者。她的办学之路始于1946年11月。作为东北民主联军总司令部附设外国语学校的代理副校长，王季愚主持学校工作。之后，王季愚相继担任哈尔滨外国语专门学校校长、党总支书记，哈尔滨外国语学院院长、党总支书记，黑龙江大学党委副书记、副校长，上海外国语学院院长，负责与主管所在院校的办学工作。按照历史的脉络，王季愚办学可以分为东北民主联军总司令部附设外国语学校、哈尔滨外国语专门学校、哈尔滨外国语学院、黑龙江大学、上海外国语学院五个阶段。从办学环境的角度来看，我们又可以将其分为三个时期：东北全境解放以前的东北民主联军总司令部附设外国语学校时期，东北全境解放至新中国成立之初的哈尔滨外国语专门学校－哈尔滨外国语学院－黑龙江大学时期，社会主义建设事业曲折发展的上海外国语学院时期。在这三个时期，无论是在困境中办学校、在常境中办教育，还是在逆境中守本真，王季愚都能够迎难而上，创新工作思路和工作方法，形成了面对困境开局面、面对常境担使命、面对逆境守本真的办学思想。

① 蒋红雨(1974—　)，男，黑龙江克山县人，黑龙江大学哲学学院院长，哲学博士、教授，博士研究生导师，从事科学认识论、哲学基础理论研究。本文为黑龙江省教育科学规划课题“王季愚办学治校思想研究”(GBC1317114)、黑龙江省教育科学“十二五”规划备案课题“哲学理论人才培养的创新发展模式研究”(GJC1215120)的阶段性成果。

一、面对困境开局面

东北民主联军总司令部附设外国语学校原为延安的中央军委编译局附设外国语学校,是当时东北民主联军总司令部直属的四所军队学校之一,校长为东北民主联军参谋长刘亚楼。1946 年 11 月,东北民主联军总司令部附设外国语学校在哈尔滨复校,其主要任务就是为解放战争和新中国国防建设、经济文化建设培养俄语翻译人才。复校不久,由于战事紧张,学校由哈尔滨迁至佳木斯。1947 年,东北局势好转,外国语学校又迁回哈尔滨。在动荡的办学环境中,面对师资短缺、物资匮乏、人才培养任务繁重的局面,王季愚从实际出发,广泛动员各方力量来扩充师资队伍,带领干部和学员修缮校舍,发展副业,保障物资供应,在困境中打开了办学局面。

师资短缺是王季愚在佳木斯和哈尔滨组织建设外国语学校的过程中所遇到的主要问题。没有足够的师资力量,学校的教学就无法得到保障。在佳木斯办学时期,主要的师资力量是原延安外国语学校陆续来校参与办学的张天恩、尹企卓、卢振中、高世英、苏英、高亚天、付克、吕学坡等同志,以及随同学校由哈尔滨来到佳木斯的苏侨教师舍利波娃、库兹涅佐夫。教员人数不多,特别是政治教员严重缺乏。为了使学员能够受到革命人生观教育,使学员能够自觉、自愿地接受革命思想,王季愚广泛动员一些知名人士、专家,如张如心、吴伯箫、张松如、萧军等,给学员上课。这壮大了师资队伍,保证了教学活动的顺利开展。返回哈尔滨后,学员数量增加,学员知识背景呈现出多样化的特征,上级对于翻译人才的需求数量不断增加,学员的培养进程加快。面对这种人才培养的新形势和新要求,王季愚将解决师资短缺的问题与创新教学方法结合起来,利用苏侨数量众多的优势,在学校的各个部门大量聘用苏侨,营造情境化的外语学习氛围。在这种氛围中,学员的俄语水平不断提高,部分学员在很短的时间内就能够走上工作岗位。

物资匮乏是王季愚在佳木斯组织建设外国语学校的过程中所面临的另一个主要问题。由于解放战争的需要,后方在整编,学校也被列为东北民主联军后勤部整编的对象。经过积极争取,上级部门同意继续办校,但是,东北民主联军后勤部只能保证口粮和军装的供给,其他的学习费用与办公费用问题需要自己解决。在这种困难条件下,王季愚发扬自力更生、艰苦奋斗的精神,自己动手,改善教学和生活环境。她发动教师和学生利用废旧材料自制供暖设备,收集废旧木材作为燃料,修缮废旧房屋作为教室,在短时间内打造了一个干净、整洁的教学和生活场所。她还动员教师和学生养猪、养鸡、种蔬菜,逐步提高伙食标准。此外,她还开源创收,提高教师和学生的生活待遇。学校党组会议通过了王季愚提出的学校自办企业的提议。通过筹措启动资金,以及组织学校运输队在集宁和佳木斯之间进行易货贸易,学校逐渐有了集体收入,教师和学生的生活待遇得到了提高。学校还通过投资北安农场等方法,进一步开拓创收渠道,获得了一定的收益。辛苦的付出取得了令人满意的成效,外籍教师能够得到一定的生活保障,学校的后勤保障工作也得到了加强。1947 年年底,学校组织了除夕晚会,学生们用彩纸做了灯笼和花串,把小礼堂装饰得特别具有喜庆的氛围。学生们唱歌、跳舞,展现着青春的活力。在多年后,许多教师和学生对于这一幕仍然记忆犹新。

二、面对常境担使命

1948 年,东北全境获得解放,外国语学校改归东北局领导,由军队院校变为地方院校,学校更名为哈尔滨外国语专门学校。从 1948 年至 1964 年这一时期,是王季愚担任哈尔滨外国语专门学校、哈尔滨外国语学院、黑龙江大学主要领导、兴办高等教育的时期。这一时期可以看作是在东北全境解放、新中国成立、社会主义建设取得初步成效的稳定环境中兴办国民高等教育的时期。在这一时期,虽然有一些因素对教育发展产生了一定的负面影响,但是整体的外部环境是稳定的,办学任务是明确的,那就是为新中国的经济与国防建设,以及社会主义建设培养人才。王季愚对于这种工作任务的转变有着敏锐的意识。早在 1949 年,她就开始思考如何从俄语干部短训班模式过渡到正规化外语教育模式这一问题。特别是周恩来、朱德对于俄语教育的重视和指示,使王季愚更加坚定了办好正规化外语院校、为国家培养合格的外语人才的决心。正是在这种担当意识的引导下,王季愚高瞻远瞩,在建设师资队伍、设计课程体系、加强科学研究、完善教育设施等方面进行全面规划,促成了三所院校的规范化办学。

拥有一支高水平的师资队伍是建设高水平大学的关键。在哈外专建设之初,王季愚就认识到聘请苏侨承担主要教学任务只是特定时期的应急之策。从规范化建设的角度来看,学校必须要有稳定的师资队伍和长远的师资培养机制。由此,她提出采用“以我为主、逐步替换”的方法,使中国教师成为教学的主干力量。为了保证中国教师能够适时地补充到教师队伍当中,从1950年开始,学校开设俄语研究生班。早期研究生班的大部分毕业生都留校任教。这有效地扩充了教师队伍。课程体系是实现人才培养目标的重要因素。在外国语学校办学期间,王季愚就注重将思想教育与专业教育结合起来,建立完整的课程体系。至1955年,以高等教育部的教学计划为范本,对于三年制的学员,学校开设政治理论课、文史理论基础课、现代俄语实践课、翻译课、体育课;对于四年制俄语专业的学员,学校增加了现代俄语理论课、教育课等。

教学与研究相结合是提高教师教学水平和教学能力的根本途径。教学与研究相结合,提高教师的科学研究水平,也是现代大学由教学型向教学研究型、研究教学型、研究型转变的基本途径。王季愚深谙现代高等教育的内在规律,倡导教学与科学研究相结合。她认为,办学校需要科学研究助力。对于外语学校而言,主要的研究方向就是外语理论研究。为此,她通过举办内部教学研讨会、编辑出版俄语学术刊物、编译苏联语言和文学专著,提高教师的科学研究水平。这体现了“学术建校”的办学主旨。为了突出学校软实力的重要性,人们往往强调大学是大师的大学。其实,对于学校的发展来说,学校的硬件建设也是必要的保障因素。王季愚既突出“学术建校”的办学主旨,又重视教学环境的营造和教学设施的完善。陆续建成的最早的语音实验室、电化教研室和哈外院图书馆都为哈尔滨外国语学院和黑龙江大学提供了拓展的空间和坚实的硬件保障。

三、面对逆境守本真

王季愚在上海外国语学院工作了十几年。面对社会与生活的双重逆境，王季愚没有失去理想信念，没有被暂时的困难压倒。王季愚勇敢地面对工作中的压力和生活中的磨难。如果说在困境中想方设法地打开局面是一种工作创新，在常境中研究教育教学规律、戮力办学是一种创新性工作，那么在逆境中始终如一地坚守教育的本真、始终与不良的社会现象进行坚决斗争、为高校正规化建设保留精神命脉，也是一种干事创业的行动。社会办学环境发生转变后，她马上投入到正规化办学中。可以说，在上海外国语学院工作期间，王季愚始终坚守教育的本真。她不畏各种批判，实事求是，坚定个人立场。她提出了外语教育发展的新构想。

在工作中，王季愚求真务实，坚持从教育本身的要求出发去办教育。因此，她在办学理念、办学方法上同一些注重形式、不顾教育规律的做法产生了直接的冲突。在对待学生、教师、干部方面，她更愿意从业务的角度进行评判，这也与当时一些权威的观点和看法产生了冲突。王季愚始终坚持如实、客观地回答在哈外专、哈外院、黑龙江大学建校初期所发生的事情，始终没有改变自己的立场。这是因为她“相信历史，相信党，相信毛主席，相信群众”，相信问题终究会解决。

1973 年，组织恢复了王季愚的工作，安排她担任上海外国语学院“教革组”的党总支书记。1978 年，教育部出台了《关于恢复和办好全国重点高等学校的报告》，决定恢复“文革”前重点建设的六十所重点院校，其中包括上海外国语学院。1978 年 8 月，王季愚被重新任命为上海外国语学院院长兼党委副书记。在新的时代，王季愚长期积蓄的工作激情迸发了出来。一方面，她按照中央拨乱反正的要求，带领复查小组为三百名同志重新做出了结论，保证了教师队伍的稳定。另一方面，她强调以教学与科研为中心，组织教师了解和研究本专业和学科近二十年的发展状况，加强对科研项目的管理，恢复学校主办的刊物，创办出版机构，推进科研工作有序开展。她还根据新的人才培养要求，对外语类院校的发展模式进行了规划和设计，为我们留下了题为《回顾与展望》的遗稿，这份遗稿被誉为共和国新时期外语教育“出师表”。此稿提出将外语学院办成多语种、多学科、多专业的大学。

王季愚面对困境开局面，面对常境担使命，面对逆境守本真，为外语教育事业的发展和新中国国民教育体系的完善做出了重要的贡献。纵观王季愚的办学生涯，我们可以发现，她能够在困境中开拓进取，在常境中勇于担当，在逆境中坚守本真，其原因在于她是一个具有坚定的共产主义理想信念的共产党人，是一个求真务实的教育工作者，是一个勇于创新的改革拓荒者。

办教育是完成党交办的事情，而办学并不是一个单纯的事件，它是为新中国培养人才。一方面，王季愚始终服从党的领导，不忘党的嘱托，坚定理想信念，以党的理想信念为指引，将党的理想信念贯穿到办学工作中，迎难而上，勇于担当，不畏困难，不断推进办学事业的发展。另一方面，王季愚注重对学生进行理想信念教育和政治思想教育，并亲自担任思想理论课的教师，使学生将党的理想信念内化于心。

王季愚在办学的过程中尊重教育规律，这种务实的作风贯穿其办学活动始终。在办学的过程中，王季愚紧紧抓住教师和教学这两个核心要素，一直不遗余力地打造专业的、精良的师资队伍，通过社会招募、自主培养、国际交流等方式扩大教师队伍的规模，提高教师队伍的水平。她设计科学、合理的课程体系，探索行之有效的教学方法，设计文化课与外语课相结合的课程方案，营造外语教学环境。她倡导教学与科研相结合，主张“学术建校”。她办刊物，办出版社，召开内部和外部研讨交流会，从而提高教师的教学水平与科研水平。

王季愚在办学过程中具有创新意识。创新是解决问题的方法，创新是推动事业发展的动力，创新也是使命与担当意识的体现。在不同的办学环境中，王季愚能够根据具体的条件创新办学思路，拓宽办学途径，推进办学工作有效开展。王季愚能够高瞻远瞩，进行顶层设计，为办学事业做出前瞻性规划。王季愚还能够坚守本真，激励同道，秉承高等教育的基本精神，为办学工作培育精神的种子。创新是王季愚办学思想的基本内涵，也是她作为一位优秀的教育管理者践行其使命的基本途径。

参考文献

[1]赵劭坚,傅善卿,李良佑.平凡人生:王季愚传略[M].上海:上海书店出版社,2006.

[2]黑龙江大学校史编写组.黑龙江大学校史(1941—2001)[M].哈尔滨:黑龙江人民出版社,2001.

[3]王秋.课程思政的思与行[J].黑龙江教育(理论与实践),2019(6).

王季愚办学治校思想与延安精神传承

黑龙江大学党委宣传部　杨其滨[①]

黑龙江大学“根于延安、源于抗大”。在八十年的办学历程中，学校始终弘扬延安精神，传承抗大传统，并逐步形成了以“志存高远、爱国奉献、艰苦奋斗、自强不息”为主旨的黑大精神。黑大精神的塑造，离不开以王季愚为代表的老一辈奠基者。这些老一辈奠基者不但是亲历者，而且是参与者和传承者。王季愚所提倡并践行的办学治校理念，以及坚守并弘扬的延安精神，对于当下学校的办学和发展具有重要意义。

一、王季愚的生平及其办学治校思想的形成

我们必须结合王季愚当时所处的时代背景和历史背景来研究她的办学治校思想。只有在历史中厘清王季愚办学治校思想的形成与演进过程，才能更好地走近王季愚，才能真正了解王季愚，从而把研究范畴从“王季愚生平”逐步推进到“王季愚外语教育思想”，并进一步上升到“王季愚办学治校思想”。下面将从四个时期对王季愚的办学治校思想进行系统梳理。

（一）学生时期——思想的逐步启蒙

王季愚于1908年出生于四川省安岳县的一个破落的地主家庭，父亲在诗词歌赋、琴棋书画方面具有相当的造诣，曾教私塾，后来在安岳县的桂香

① 杨其滨（1979—　），男，黑龙江省尚志市人，黑龙江大学党委宣传部部长，副研究员，从事思想政治教育理论与实践研究。

书院做山长(校长)。在王季愚六岁的时候,父亲在王家祠堂请来秀才教儿女们读书,《三字经》《百家姓》成为王季愚的启蒙课程。王季愚后来进入寄宿私塾、被称为“新学”的学堂继续读书,并取得了优异的成绩。在高小期间,王季愚第一次读到白话文,并开始学习英文。父亲怕她把四书五经忘了,每天还专门请老师来家里教古文。在父亲的熏陶下,王季愚凭借勤奋与聪慧,打下了扎实的国学基础。直至晚年,王季愚仍然能够背诵少年时代学习的《阿房宫赋》《滕王阁序》《岳阳楼记》等文章。与此同时,受父亲维新派思想的影响,王季愚从小就懂得,女子应用功读书,长大后服务社会。

高小毕业后,王季愚考入成都四川省立第一女子师范学校,完成学业后又在堂姐的支持下来到北平继续求学,考入国立北平大学法学院的高中俄文班。堂姐“学好俄文,走苏联的道路”的嘱咐在王季愚心中刻下了深深的烙印。这也决定了她一生所从事的事业。在高中俄文班,王季愚开始阅读一些苏联文艺作品和国内的“左翼”文艺作品。尤其是参加社会科学家联盟北平分盟后,王季愚从《北方红旗》等革命刊物中知道了中国共产党、中央苏区、中国工农红军的一些事情。[①] 后来因为战事紧张,王季愚被迫中断学业,辗转来到上海,在上海私立正风中学、上海私立女中教书,期间参加了上海青年妇女俱乐部、中国文艺家协会、上海妇女界难民救济会、上海妇女社等进步组织的活动。王季愚担任《上海妇女》的编委,翻译了高尔基的长篇小说《在人间》,并加入了中国共产党,做出了她人生旅程中最重要的选择。

(二)延安时期——革命熔炉的全新锻造

1940 年,王季愚带着一双儿女在党组织的安排下离开上海,经香港、桂林、重庆、西安辗转来到了革命圣地延安。到延安后,王季愚被分配到鲁迅艺术学院文学部编译处工作,担任编译员。王季愚在编译处的主要工作是从俄文报刊上摘译一些可供教学参考的资料。在那里,王季愚仿佛回到了学生时代,开始系统地学习马克思列宁主义的相关理论和思想方法,阅读毛

① 赵劭坚、傅善卿、李良佑:《平凡人生:王季愚传略》,上海书店出版社 2006 年版,第 19 页。

泽东的论著，学习哲学知识，并阅读了大量的文艺理论方面的书籍。

王季愚一面工作，一面学习，同时还要照顾两个年幼的孩子，生活十分艰苦。但在延安的新天地里，在整风运动的心灵洗礼下，王季愚的思想日益成熟起来，她的理想信念更加坚定。这也是她后来在解决问题时能够保持清醒头脑和坚定态度的主要原因。四年的黄土地生活，将王季愚从一个自小接受旧式教育的小知识分子，锻炼成为一个具有无产阶级政治思想的革命战士。

（三）东北时期——教育事业的艰苦探寻

1945年，党中央在延安的各机关、学校抽调干部，分赴东北、华东、华北等地区开展工作，王季愚被编入第二干部大队，开赴东北。1946年1月，王季愚到达中共中央东北局所在地辽宁省海龙县梅河口（现在的吉林省梅河口市），被分配到东北日报社工作。后来，王季愚被调往海龙县委担任宣传部部长，走村串户，向群众宣传党的政策，发动群众开展反奸清算斗争。同时，王季愚还兼任海龙县联合中学教导主任，帮助学校清查敌伪残余，动员青年学生参军。东北局迁往哈尔滨后，王季愚也被调往哈尔滨，后来被分配到佳木斯的东北大学，任文学系副主任、文学院副院长。王季愚为学生讲授新民主主义论、论联合政府等课程，还为学生讲解鲁迅的作品。①

1946年12月，经张闻天推荐，东北局决定将王季愚调到东北民主联军总司令部附设外国语学校工作，王季愚任政治处主任兼党总支书记、代理副校长，主持学校工作。从那时开始，王季愚开启了外语教育的生涯，直至1981年5月去世，她在外语教育岗位上工作了三十五年。在东北民主联军总司令部附设外国语学校，王季愚遇到了她的老战友、好朋友赵洵，她们早在延安时就相约一起办教育，这个夙愿终于变成了现实。两位老校长从佳木斯的废弃日本兵营上白手起家，在工作上配合默契。学校先后更名为哈尔滨外国语专门学校、哈尔滨外国语专科学校、哈尔滨外国语学院。1958

① 赵劭坚、傅善卿、李良佑：《平凡人生：王季愚传略》，上海书店出版社2006年版，第64页。

年，上级决定在哈尔滨外国语学院的基础上组建黑龙江大学，赵洵到莫斯科大学进修，离开了学校。1964 年，王季愚被国务院任命为上海外国语学院院长，离开了她工作、生活十八年的黑土地。

（四）上海时期——教育思想的系统化完成

早在 1956 年，王季愚和赵洵就设想把哈尔滨外国语学院办成多语种、多学科的外国语学校。当时，学校还从上海等地招聘了一批英、法、德等语种的教师，成立了西方语言文学系。但这一想法最终没能在哈尔滨外国语学院实现。转任上海外国语学院院长的王季愚迅速投入到外语教育工作中。她深入开展调查研究，推行“听说领先法”的教学实验。她提出外语院校之间应该进行师资交流，制定了一整套培养和轮训青年教师的制度，得到了师生的好评。

1978 年 8 月，王季愚被重新任命为上海外国语学院院长兼党委副书记，并迅速投入到学校的恢复、重建工作之中。她通过采取健全院系两级科研系统、扩大科研人员编制、落实重点科研项目等措施，提高学校的科研能力和水平。她呼吁教育行政部门制定切实可行的规划，提倡多样化办学。她认为，外语学科应与其他人文学科相互渗透。她建议从中青年教师中培养一批教学骨干和学科带头人，形成梯队。令人痛心和遗憾的是，1981 年 5 月 6 日，王季愚因病在上海与世长辞。

二、王季愚办学治校思想的内涵及其突出特色

王季愚的办学治校思想在黑龙江大学发展史上是承前启后的，“承”体现在对延安精神的传承，“启”体现在对黑龙江大学办学治校思想的开启。从东北民主联军总司令部附设外国语学校，到哈尔滨外国语专门学校、哈尔滨外国语专科学校、哈尔滨外国语学院，王季愚一直担任学校的主要领导。学校发展、壮大的每一步，都凝结着她的心血。在条件极其艰苦的情况下，她千方百计地完成党交给她的任务，把大批优秀的俄语人才及时输送到国家最需要的地方。

（一）注重思想引领，狠抓政治教育，主张“思想立校”

王季愚注重引导学生树立正确的世界观、人生观和价值观，组织学生学习社会发展史、党史、哲学等课程，使学生对人生的意义、目的、价值有了基本的看法，使学生对辩证唯物主义和历史唯物主义有了初步的认识。科学的理论犹如一盏指路明灯，引导学生走上正确的道路。特别要指出的是，哈尔滨外国语专门学校有一支高水平的马列主义教师队伍，王季愚亲自抓这支队伍，亲自为学生授课。她表示，学生不能只会说流利的外语，而没有政治信仰，不能只有知识，而没有远大理想。她认为，学生要形成共产主义世界观和共产主义信念。王季愚把教书育人贯穿于哈尔滨外国语专门学校办学治校的各个环节，通过学科教学加强思想教育，正确处理德育和教学的关系。学校充分发挥党团组织的作用和政治助理员（后来改称为政治辅导员）的作用，政治助理员和学生朝夕相处，成为学生的知心朋友。当时，党团组织十分活跃，积极要求进步、争取早日入团入党成为大家普遍追求的人生目标，成为哈尔滨外国语专门学校的学生不懈努力的精神动力。

（二）注重教学质量，倡导因材施教，主张“质量强校”

以育人为根本、以教学为中心、以质量为生命，是当时学校工作的主旋律和优良传统。走“又红又专”道路成为每个教师和学生的座右铭。王季愚指出，只有提高教学质量，学校才能巩固，学校只有在巩固的基础上才能发展。为了提升俄语教学的质量，王季愚倡导中外教师在教学过程中密切配合，采用独有的综合教学法，即外籍教师上讲读课（会话课），中国教师上辅导课（后期也介入实践课），双方共同制订教案，在课前充分交流意见。这为学生听、说、读、写、译等综合能力的提升奠定了基础。为了更好地提升哈尔滨外国语专门学校的俄语教学质量，王季愚提出，将“因材施教”与“发挥特长”结合起来，在制定和执行新教学大纲的同时，增编新的教材。王季愚主张，教师在参考“共同教案”和“统一讲稿”的同时，针对不同层次的学生编制个性化的教案和讲稿，有计划地研究教学法中的关键性问题，有效地提高教学水平。

（三）注重学科建设，重视科研工作，主张“学术建校”

为了推进正规化办学，不断提升学校的办学实力和水平，王季愚在总结前期办学思路和经验的基础上，提出了教学与科研相结合的办学思路。1954年，学校正规化建设有了一定的基础，王季愚又及时地提出了“学术建校”的思想。她指出，办学校必须从学术研究着手，单靠改进教学方法还不够，根本出路在于提高外语理论水平。[①] 在加强“学术建校”的过程中，最重要的是提高教师的研究能力和学术水平。在她的精心筹备下，1955年，哈尔滨外国语专门学校召开了首届俄罗斯语文教学研究会议，这是我国俄语教学界第一次俄语教学研讨会。这次会议被认为是“学术建校”的标志，许多俄语教师从此开始走上科学研究的道路。特别是在“向科学进军”的时代背景下，在“双百方针”的指引下，全校教师踏踏实实做学问、搞研究，新的教学大纲、新的学术期刊、新的理论成果纷纷出炉，教师的学术水平不断提高。

（四）注重队伍建设，夯实师资力量，主张“人才兴校”

王季愚坚守尊师重道的文化传统，认为建立一支素质优良、充满活力的教师队伍是教育的根本大计。她组织各种会议，如教务会、班务会，改进教学方法，进行示范教学。在哈尔滨外国语专门学校建校初期，王季愚认为，单纯依靠苏侨教师并非长远之计，发展正规的外语教育的核心是尽快培养出自己的教师队伍。王季愚未雨绸缪，从学校办学的长远利益出发，提出了“积极准备，逐步代替”的工作思路。从1950年开始，学校抽调优秀的毕业学员，开办研究生班，先后开办了六个研究生班和两个进修班。学员在毕业后充实到教师队伍中，成为俄语教学的骨干力量。这也表现出王季愚作为教育家的深谋远虑和远见卓识。事实证明，从1954年起，大批外籍教师陆续离开，由于事先有准备，外语教学的任务顺利地由中国教师承担。

① 赵劭坚、傅善卿、李良佑：《平凡人生：王季愚传略》，上海书店出版社2006年版，第104页。

（五）注重调查研究，坚持科学决策，主张"民主治校"

王季愚在主持学校工作期间，始终遵循民主的原则，形成了"民主治校"的工作风格。她旗帜鲜明地反对有的同志过分相信个人、过分强调个人的作用。作为学校的校长，她注重对实际工作情况进行调查研究，及时征求学校各方的意见，而不是以校长的身份发号施令。她注重调动全体教职员工和学生参与学校工作的积极性和创造性，鼓励他们集思广益、群策群力。学校形成了充分发扬民主的工作氛围。凡是学校的大政方针和重大事宜，她都提交校党委或校领导集体讨论决定，避免少数人或个人做出决定。在教学过程中，她遵循民主原则和教学相长原则。王季愚这种相互尊重、相互平等、相互支持的工作风格，有利于凝聚全校师生的智慧和力量。

三、王季愚的办学治校思想与延安精神一脉相承

延安精神是以中华民族优良传统和民族精神为深厚历史文化底蕴的精神财富，是在延安时期中华民族精神与中国共产党人的革命精神汇流而形成的中国精神。王季愚的办学治校思想与延安精神一脉相承，王季愚办学治校思想的内容与延安精神的内容高度一致。将王季愚的办学治校思想与延安精神关联起来，是理解和把握王季愚办学治校思想的一个新的切入点。

（一）理想信念维度：坚定正确的政治方向

坚定正确的政治方向是延安精神的灵魂。王季愚在办学治校过程中坚持党的领导，注重思想政治教育，这是坚定正确的政治方向的最好体现。王季愚认为，办学主要靠三条：一是党的领导，二是政治思想工作，三是学生的学习热情。[①] 新中国成立前，一批到哈尔滨外国语专门学校学习的学生对解放区学校的生活和教育方式不适应，王季愚迅速对他们进行政治思想教育，

① 戴炜栋主编：《爱心的回响——缅怀人民教育家王季愚》，上海外语教育出版社1997年版，第5页。

帮助他们树立正确的世界观、人生观，引导他们端正学习态度、明确学习目的，很快扭转了局面。与此同时，王季愚在学校正式设立了政治理论教研室，加强学生的政治思想教育，定期召开有关政治思想工作的部署会和研讨会，要求各级领导和教师结合学生的思想特点做好政治思想引领工作。

"教师歪了，学生肯定正不了。"①王季愚高度重视教师的政治思想建设，始终把提高青年教师的业务能力和思想水平作为师资建设的抓手。王季愚深知做好教书育人工作的关键在于教师，教师的政治思想水平决定了学生的政治思想水平。只有打造出一支思想素质好、业务能力强的教师队伍，才能培养出德、智、体、美、劳全面发展的学生。王季愚认为，教师要先受教育，要学好社会发展史、哲学和政治经济学等课程。她亲自担任主讲教师，为青年教师授课。她结合国际、国内的形势和教师的思想实际，有的放矢地帮助青年教师解决思想问题。她认为，哈尔滨外国语专门学校是一所新型的高等学校，必须确立新型的师生关系，不仅要把俄语教好，还要把学生带好。通过言传身教，学生既可以学好俄语，又可以从教师身上学到好品质、好作风、好传统。

（二）逻辑概念维度：解放思想、实事求是的思想路线

实事求是的思想路线是延安精神的精髓。王季愚"学术建校"的思想、"人才兴校"的思想都体现了她对实事求是思想路线的坚持。新中国成立前后，许多领域都急需俄语翻译人才，迅速培养出水平高、数量充足的俄语翻译人才是学校的第一要务。面对这种情况，王季愚提出："将长远的人才培养和国家应急的速成教学相结合，教学和科研相结合，目前的紧急任务和今后的正规建校相结合。"②为此，王季愚在教学中相继采取了以下几项措施：一是充分利用哈尔滨的特殊地域条件，大量聘用外籍教师，提升俄语教学水

---

① 赵劭坚、傅善卿、李良佑：《平凡人生：王季愚传略》，上海书店出版社2006年版，第97页。

② 戴炜栋主编：《爱心的回响——缅怀人民教育家王季愚》，上海外语教育出版社1997年版，第6页。

平;二是制订完善的俄语教学大纲,按照“少而精”的原则,既抓基本功训练,又迎合用人单位的需求,突出专业词汇和知识的运用;三是聘请苏联专家来学校,开设研究生班、理论班和高级教师班,培养自己的教师队伍;四是营造外语学习环境,增加语言实践的机会,并将课外活动与外语操练结合起来。这些措施既具有因地制宜的特色,又符合外语教学规律,使整个教学活动井然有序。

王季愚深知外语学科的特殊性,学生的年龄越小,接受语言的速度就越快,俄语教学最好从少年开始抓起。因此,哈尔滨外国语专门学校开办不久,王季愚就提出招收初中毕业生,试办俄语预科班,一大批十四五岁的少年开始在哈尔滨外国语专门学校学习俄语。王季愚亲自帮助为预科班上政治课和语文课的教师备课和修改讲稿,并像妈妈一样对待学生,经常了解学生的学习情况和生活情况。这些学生在预科毕业后,又升入本科继续深造。事实证明,这些学生中出现了许多杰出人才。可以说,王季愚开创了新中国正规学校招收少年学习外语的先河。

(三)价值观维度:全心全意为人民服务的根本宗旨

全心全意为人民服务是延安精神的本质。作为一位优秀的外语教育家,王季愚把自己毕生的精力都奉献给祖国的外语教育事业。她对党忠诚,对人民忠诚。她鞠躬尽瘁,死而后已。王季愚对人民教育事业呕心沥血的付出,是对践行全心全意为人民服务根本宗旨的最好诠释。王季愚坚持以师生为中心,把毕生的精力和全部的资源投入到外语教育中,以最大的热情和决心为学生和教师营造良好的环境。

王季愚之所以成为党的优秀教育工作者,是因为她具有学而不厌、诲人不倦的高尚品德。她始终将师生摆在最高的位置。在她去世后,她的学生、同事纷纷撰写回忆文章来缅怀她,她的思想、品格、学识、风骨被后人广泛称颂。在上级的眼中,她治校有方,对党忠诚;在教师的眼中,她率先垂范,待人真诚;在学生的眼中,她学识渊博,体贴入微。她体察民情,了解民意,始终站在人民的中间。她深入基层,深入群众,坚持为人民服务。这些评价都源于王季愚为人的谦恭和做事的踏实,同时也体现了师生对王季愚全心全意为人民服务的充分肯定。

（四）发展理念维度：自力更生、艰苦奋斗的创业精神

独立自主、艰苦奋斗是延安精神的特征。王季愚在办学治校过程中打破困境，勤俭办学，正是凭借着自力更生、艰苦奋斗的创业精神。王季愚在东北民主联军总司令部附设外国语学校赴佳木斯办学时期来校任教，正值学校最为艰苦的阶段。王季愚懂得自己动手、丰衣足食的道理。她提出，把从延安带出来的黄金卖掉，买了十辆日本人留下的旧卡车，到金矿上跑生意，以此来维持学校的正常运转，逐步改善师生们的学习条件和生活条件。

在新中国成立之初，国家百废待兴，物资匮乏，学校的师资力量、办学经费、教学空间等极为有限，而国家又急需大批的俄语翻译人才。王季愚坚强地扛下了所有的困难，勇敢地承担了上级交办的人才培养任务，在短短的十年内，把一所起初只有几十个人、短训班式、单科性的外语专门学校建设成为具有现代化雏形、多语种、办学层次齐全的外语学院。1955 年前后，王季愚再次审视着学校的办学环境，并开始制订学校的远景规划。正是由于王季愚布局速度快，黑龙江大学才有了今日的沙曼杨柳和菁菁校园。

四、王季愚办学治校思想对当代大学教育的启示

研究王季愚办学治校思想和延安精神传承问题的落脚点是从中汲取有益的经验和精神力量，促进学校发展。深入研究王季愚的办学治校思想及其当代价值，对于我们进一步明确“培养什么人、怎样培养人、为谁培养人”这一根本问题，以及更好地做到为党育人、为国育才，具有重要的理论价值和现实意义。

（一）弘扬延安精神是当前大学办学的基本价值追求

延安精神是中国共产党在新民主主义革命时期培育的重要精神文明成果，是具有鲜明的民族特色的革命精神，是高等学校扎根于中国大地办学宝贵的精神财富。“要坚持不懈用延安精神教育广大党员、干部，用以滋养初

心、淬炼灵魂,从中汲取信仰的力量、查找党性的差距、校准前进的方向。"①在新的历史时期,我国高等教育事业仍需大力弘扬延安精神,坚定理想信念,为人民服务。学校要始终传承红色基因和延安精神,与国家同呼吸,与民族共命运,积极主动地把思想政治工作体系融入教学体系中,真正打造全员育人、全过程育人、全方位育人的格局。

要使王季愚倡导的"又红又专"体现在当前办学治校之中,就要完成两方面的任务:一方面是人格的塑造,另一方面是知识的传授。人格的塑造是基础,是培养具有家国情怀的优秀人才的根本要求。在人格塑造方面,我们要抓住思想政治教育、社会主义核心价值观的教育、中华民族优秀传统文化的教育、"四史"教育、中国特色社会主义理论体系的教育等,通过开展这些教育活动,让青年学生树立正确的人生观、价值观,培养学生的家国情怀。知识的传授是关键,是培养有用人才的必然要求。学校要通过专业知识教育、创新创业教育等,培养学生的专业能力、综合素养、创新思维能力,促进学生全面发展。

(二)坚定正确的政治方向是立校之本

高校要坚持党的领导,坚持社会主义办学方向,就必须将提高学生的思想政治素质和加强教师队伍建设作为首要任务,重点解决好"培养什么人、怎样培养人、为谁培养人"这一根本问题。王季愚将政治思想教育放在办学治校的首位,始终坚定正确的政治方向。这为我们今天思想政治工作的开展积累了经验。大学的根本任务是立德树人,高校必须要坚定正确的政治方向,把正确的政治方向、价值导向贯穿到教育教学的全过程和各环节,把立德树人内化到学校建设和管理的各领域和各方面。如果离开立德树人的原则和立场,高校就不能履行好大学的职能,也不能完成人才培养的任务。

我国是中国共产党领导的社会主义国家,这就决定了高校必须把培养社会主义建设者和接班人作为根本任务,培养一代又一代拥护中国共产党和社会主义制度、立志为中国特色社会主义奋斗终生的有用人才。"社会主

① 习近平:《论中国共产党历史》,中央文献出版社 2021 年版,第 39—40 页。

义建设者和接班人”这个短语的定语只能是“社会主义”，这不仅是对“培养什么人”的本质规定，也是教育工作的根本任务，更是教育现代化的方向和目标。高校的办学治校工作一定要与我国发展的现实目标和未来方向紧密联系起来。高校一定要坚持为人民服务，为中国共产党治国理政服务，为巩固和发展中国特色社会主义制度服务，为改革开放和社会主义现代化建设服务。我们要培养的是社会主义建设者和接班人，而不是旁观者，更不是反对派和掘墓人。

(三)解放思想、实事求是是办学治校的思想基石

王季愚所创造的哈尔滨外国语专门学校的辉煌成绩，就是对解放思想、实事求是精神最直接的诠释。解放思想就是冲破旧思想的禁锢，实事求是就是从实际出发。解放思想、实事求是是共产党人思维方式和行为方式的核心，同时也是共产主义世界观、方法论和价值观的集中体现。面对日新月异的国内外形势，面对我们肩负的繁重任务，一切形式主义、教条主义、经验主义都是行不通的。

解放思想、实事求是是我们党的基本思想方法、工作方法和领导方法，是党带领人民推动中国革命、建设、改革事业不断取得胜利的重要法宝。高校在办学治校过程中必须坚持解放思想、实事求是的思想路线，这是教育事业走向未来的成功之道。一方面，高校要用马克思主义科学理论武装人，用传统文化的精髓滋养人，落实好以德为先、德学兼修的全面育人观，创新育人机制，改善育人条件，丰富育人资源，为社会发展、民族复兴培养德才兼备的人才。另一方面，高校要以培养政治认同感、家国情怀、道德情操、文化修养为重点，以爱党、爱国、爱校教育为主线，沿着社会主义的办学方向走向纵深，切实将中国梦教育、社会主义核心价值观教育、劳动教育、中华民族优秀传统文化教育落到实处。

(四)全心全意为人民服务是办学治校的力量之源

人民立场是中国共产党的根本政治立场，人民是我们党执政的最大底气。王季愚在办学治校过程中始终坚定人民立场，王季愚具有深厚的人民

情怀。教育是与人的发展、人民群众的发展关系最为密切的事业。践行以人民为中心的思想，是我们教育走向兴旺发达的关键。高校在办教育的过程中要真正做到以人民为中心、以人民为本源、以人民为动力、以人民为标准，切实保障师生的根本利益。

长期以来，党和国家重视教育，提出办人民满意的教育。要办好人民满意的教育，我们就要解决存在的问题，一刻也不脱离人民，从人民的利益出发，急人民群众之所急，想人民群众之所想，认认真真地为人民群众排忧解难。高校在办学治校过程中要坚持全心全意为人民服务的根本宗旨，围绕人才培养任务，履行好育人育才的主体责任，增强责任意识，提高服务能力，不断提高教学水平、科研水平、管理水平和后勤服务工作水平，真正为学生营造优质高效、和谐稳定、风清气正的学习环境。

（五）自力更生、艰苦奋斗是办学治校的根本保证

自力更生、艰苦奋斗是革命文化的精髓之一，同时也是高校立德树人、培养社会主义建设者和接班人的题中应有之义。王季愚等老一辈黑大人，凭借着自力更生、艰苦奋斗的精神，白手起家，艰苦创业，为学校的发展奠定了坚实的基础。站在新的历史起点上，自力更生、艰苦奋斗的精神同样是我们战胜困难、奋勇前进的力量之源。

在办学治校过程中，高校要发扬自力更生、艰苦奋斗的精神，要通过思想政治教育将自力更生、艰苦奋斗的精神融入学生的血脉之中，培养学生不畏艰难、锐意进取的品质，增强学生勤俭节约、奋发向上的意识，引导学生在日常生活中养成艰苦奋斗的优秀品质，使学生始终保持健康向上的精神风貌。只有以自力更生、艰苦奋斗的精神为引领，着力培养和提高学生的思想政治素质，高校才能为社会主义现代化建设提供人才保障。

王季愚在哈外专、哈外院时期的教育思想解读

黑龙江大学统战部　刘艺婷[①]

哈外专、哈外院(自1946年延安外国语学校俄文队在哈尔滨复校,成立东北民主联军总司令部附设外国语学校,经哈尔滨外国语专门学校、哈尔滨外国语专科学校,到1958年在哈尔滨外国语学院的基础上扩建为黑龙江大学,这一时期统称为哈外专、哈外院时期)在新中国外语教育史、高等教育史上具有特殊的历史地位,开创了中国外语高等教育、俄语高等教育的先河,对于正规化办学进行了有益探索。这些都与人民教育家王季愚有着密切的关系。在这个艰苦的时期,王季愚带领一班人,在师资缺乏、经费匮乏、居无定所、学员成分复杂的条件下,把一个最初只有几十人的训练班式的革命干部学校,逐渐建设成为具有现代化教育雏形、多学科、办学层次齐全的外语类学校。王季愚是新中国外语教育的创立者之一,是杰出的女教育家,对哈外专、哈外院的发展做出了不可磨灭的贡献。

一、遵循教育规律

王季愚认为,在办学过程中要坚持正确的政治方向,但反对唯政治论。在当时政治运动不断的背景下,王季愚凭借丰富的革命经历和人生阅历,带

① 刘艺婷(1980—　),女,黑龙江佳木斯人,硕士,讲师,黑龙江大学统战部副部长,主要从事思想政治教育研究。本文为黑龙江省教育科学规划课题“王季愚办学治校思想研究”(GBC1317114)的阶段性成果。

领一班人顶住重重压力,保证了教学质量的提高和教学秩序的稳定,为党和国家培养了一大批优秀的俄语翻译人才。王季愚坚持以教学为主,坚持在中心城市办学,提出"不能把意识形态领域的斗争或国家在外交政策上的调整原封不动地搬到外语教育中来"①。她认为,办大学不能抛弃社会主义现代化城市,不能跟风走,及时纠正了下乡办学的错误。

王季愚在教学方面注重实践,注重语言的交际性,注重培养学生运用语言的能力。在教学中,王季愚正确地处理了母语与外语的关系。王季愚指出,"忽视本族语是不对的,而且在教学法上也是有害的;但是在教授外语时滥用本族语也是有害的,因为在可以不用本族语的地方使用本族语会妨碍学生掌握外国语。"王季愚注重采用不同的教学方法,最初大胆地采用了直接教学法,后来根据人才培养目标的变化,采用了翻译法、比较法等教学方法。王季愚支持李锡胤提出的圆周式教学法理论,反对集中突击法,抵制俄语速成风和贪多冒进的教学方法,提倡不同年级采取不同的教学方法。王季愚指出,在不同的教学阶段采用不同的教学方法对掌握外语是有好处的。

王季愚强调,要积极配合教学开展科研活动,将教学与科研结合起来,既注重提高教学水平,又注重提高科研水平。她认为,每一个从事教学活动的教师都应该努力研究教学法问题,提高教学质量。如果不注重系统地研究教学法,教师就不能成为真正的专家,不能自觉地选择最有效的教学手段,不能构建一套完整的教学法体系。

二、继承延安精神、抗大传统

从担任东北民主联军总司令部附设外国语学校副校长开始,王季愚始终坚持以党的教育方针为指导进行办学治校,明确提出要继承和弘扬延安精神和抗大传统。她以"坚定正确的政治方向、艰苦朴素的工作作风、灵活机动的战略战术"这一教育方针为指导,弘扬"团结、紧张、严肃、活泼"的校

① 曲程:《深切的怀念》,见戴炜栋主编:《爱心的回响——缅怀人民教育家王季愚》,上海外语教育出版社1997年版,第341页。

训，坚持正确的办学方向，确立了坚定而明确的教育方针，使学校工作服从于、服务于党的需要，学校培养出来的人才要为社会主义建设服务。

王季愚继承了延安时期的办学传统，成功地运用了延安时期的办学经验，着重对学生进行严格的政治教育，注重对学生进行世界观、人生观的教育。王季愚要求学生确立为人民服务的思想，把德育放在首位，亲自抓思想政治工作，亲自讲授政治理论课。王季愚团结和带领大家创造了“俄语化”的小环境，继承和发扬了延安时期的优良校风。

三、坚持走群众路线，坚持民主治校

王季愚注重以人为本，认为办学治校一方面是为了促进师生发展，另一方面要依靠师生。

王季愚提出，学校要以人的全面发展为宗旨和目标，要把政治思想教育和品德教育放在首要位置。她认为，应该把学生培养成合格的革命者。她反对单纯的军事观点、单纯的经济观点、单纯的技术观点，注重培养全心全意为人民服务的翻译人才。这在当时是很先进的。王季愚在加强思想政治教育和专业教育的同时，也重视学生的身心健康。她认为，应注重体育锻炼与文娱活动，促进学生健康成长，并采取了切实可行的措施。她还不时地检查学生的伙食情况，保证学生获取必要的营养。

学校在发展的过程中要依靠广大师生。王季愚善于调动师生的积极性，发挥集体的智慧。她一直遵循教育教学民主原则，反对家长作风和一言堂。对于工作中遇到的困难和问题，她调动全体师生的积极性，让大家通过民主讨论的方式献计献策、解决问题。“凡是学校的大政方针和重大事宜，都要经过校党委和校领导的集体讨论和决定，避免少数人或个人决定问题。”①同时，她紧密联系教师、干部、学生，通过听课、谈心、参加学生的文娱活动等来了解情况、发现问题、征求意见，使学校形成了民主管理、民主治校

① 付克：《忠诚教育事业的楷模》，见戴炜栋主编：《爱心的回响——缅怀人民教育家王季愚》，上海外语教育出版社 1997 年版，第 307 页。

的良好传统。可以说,王季愚的教育思想是耕耘于哈外专、哈外院的教育工作者、教育管理者集体智慧的结晶。

四、坚持把理想信念教育放在首位

王季愚在教育学生时指出,正确的、崇高的理想信念一方面如同车的方向盘一样,对人的发展起到定向作用,另一方面也起到了巨大的激励作用。因此,她在教育教学和学校管理的过程中注重调动、激发教师和学生的积极性。王季愚用崇高的革命理想感召广大师生,激励广大师生为革命事业而不断奋斗,这成为师生发展与进步强大的内在动力。她向全体教师提出高层次的标准和严格的要求,希望他们在改造客观世界的同时,不断改造自己的主观世界,提高自觉性。在教育和教学方法上,她组织成立了马列教研室,进行系统的政治理论教学,以加强思想政治教育。"学校每学年都要召开一次政治工作会议,每个级部,每个政工干部都要提出一篇书面报告,或是对学生思想的调查、或是工作经验总结、或是对某些问题的深入研究。"①通过了解学生的思想动态,王季愚有针对性地开展思想政治工作,做到"一把钥匙开一把锁"。

王季愚提出,政治理论学习的方法是大胆怀疑、自由讨论、展开争论、服从真理。在工作方面,王季愚从四个方面做到联系实际:"联系历史的、现实的革命与建设的实际,阐明原理的依据和现实意义;联系党的方针、政策,提高对党的政策的科学性认识;联系学生思想实际,帮助学生树立科学世界观;联系中华民族优秀文化传统和杰出的文学名著,突出理论的民族性。"②

---

① 李祖培:《留取丹心照汗青》,见戴炜栋主编:《爱心的回响——缅怀人民教育家王季愚》,上海外语教育出版社1997年版,第322—323页。

② 王超尘:《卓越的教育家》,见戴炜栋主编:《爱心的回响——缅怀人民教育家王季愚》,上海外语教育出版社1997年版,第356页。

五、坚持爱的教育

作为管理者和教师，王季愚进行严格管理，从严治学。作为一位长者、一位女性，王季愚有其特有的母性慈爱的一面。王季愚尊重知识，尊重人才，爱护知识分子，爱护学生，爱护青年。她对学生一视同仁。对于病残学生、经济困难学生、特殊问题学生，她总是给予最大限度的关心和照顾。特别是对于家庭出身不好的学生，她提出了“不唯成分论，重在政治表现”的主张，保护和挽救了一大批青年学生。对于根正苗红的干部家属，她没有给予特殊照顾。她给予苏侨教师优厚的待遇。对于其中有问题的且不听劝诫的苏侨教师，她坚决予以辞退。对于知识分子，她给予充分的理解、爱护、关怀和信任。对于青年教师、干部，她在政治上、业务上和生活上给予全面的指导与关怀。特别是在政治运动不断的情况下，她保持了清醒的头脑，竭尽全力地保护了一大批教师、干部。这些事例不胜枚举。

参考文献

[1]曲程.深切的怀念[M]//戴炜栋.爱心的回响——缅怀人民教育家王季愚.上海:上海外语教育出版社,1997.

[2]王季愚.哈尔滨外国语专科学校第一届俄语教学研究会会议开幕词[J].外专校刊,1955(5).

[3]付克.忠诚教育事业的楷模[M]//戴炜栋.爱心的回响——缅怀人民教育家王季愚.上海:上海外语教育出版社,1997.

[4]李祖培.留取丹心照汗青[M]//戴炜栋.爱心的回响——缅怀人民教育家王季愚.上海:上海外语教育出版社,1997.

[5]王超尘.卓越的教育家[M]//戴炜栋.爱心的回响——缅怀人民教育家王季愚.上海:上海外语教育出版社,1997.

论哈外专、哈外院的特色发展之路

黑龙江教育杂志社　朱振林[①]
黑龙江大学校友办　王军林[②]

哈外专、哈外院(1946—1958 年,黑龙江大学前身)在新中国外语教育史、高等教育史上占据着重要的历史地位,对探索正规化办学之路进行了有益尝试。哈外专、哈外院的独特发展与教育家王季愚有着密不可分的关系。在她担任校长的十几年间,学校实现了四个重要转变,即从干部培训学校向全日制高校转变、从专科学校向本科学校转变、从军事院校向国民教育高校转变、从分散多点办学向集中校区办学转变,实现了正规化办学的目标。哈外专、哈外院的主要成就体现在以下几个方面。

一、奠定了黑龙江省俄语学科专业建设的基础

首先,在人才培养方面,对培养不同教育层次的外语人才进行了有益探索,探索出"红、专、多"的人才培养模式(即政治思想坚定、业务能力强和多元化发展的人才培养模式)。在人才培养的过程中,她注重思想改造和革命理想信念教育,将思想教育放在首要地位,针对不同的教育形式采取了灵活多样的教学方法,并倡导学有所长。在短短的十几年间,学校就培养了六千多名素质过硬、精通俄语的人才。他们不仅活跃在俄语语言文学领域、翻译

① 朱振林(1972—　),男,黑龙江鸡西人,黑龙江大学副教授,博士,就职于黑龙江大学教育杂志社,从事编辑工作和马克思主义哲学研究工作。本文为黑龙江省教育科学规划课题"王季愚办学治校思想研究"(GBC1317114)的阶段性成果。

② 王军林(1969—　),男,黑龙江虎林人,副研究员,就职于黑龙江大学校友办。

领域和文教系统内部，而且广泛分布在外交、军事、科技、工业、卫生和商贸等领域。

其次，在科学研究方面，王季愚根据学校的发展实际，注重俄语教学研究，注重教学工作经验的总结，定期召开教学工作总结会议，积极倡导有关教学法的研究。同时，王季愚在新中国高等教育界较早地提出了“学术建校”的思想，并于1955年组织召开了首届全国俄语教学研讨会。受到这次会议的鼓舞，教师在提高自身学术水平和开展群众性科研活动的基础上，结合教学法研究，着重进行了教材建设和俄语语言研究。学校逐步形成了俄语语言文学学科的诸多研究方向，拥有了相应的学术带头人和学术骨干，科研成果数量不断增多，质量不断提高。正如俞约法所言，这次会议是学校从一个中心（教学）向两个中心（教学和科研）转变的转折点，是教学由经验型迈向科学型的转折点，也是俄语学科建设的新起点。此外，汉语言文学、哲学和马克思主义等学科也得到初步发展。学校也一直重视学术平台建设，于1951年创办了《教务工作通讯》。《教务工作通讯》于1954年更名为《外专校刊》，于1956年又更名为《俄语教学与研究》，开始在全国发行，最后更名为《外语学刊》，并延续至今。这是新中国外语院校最早的学报，也是迄今为止全国高水平的外语类学术期刊之一，对我国外语教学，特别是俄语教学和俄语语言学理论研究，做出了重要贡献，在全国产生了广泛的影响。

最后，在学科建设方面，学校提出了以“三材”建设为重点的正规化建设思路。其一是人才建设，即师资队伍建设。学校以“以我为主，不拘一格”作为师资队伍建设思路，在利用苏侨的同时，通过引进、自主培养和派出进修等方式培养了一大批教师。这不仅为哈外专、哈外院乃至黑龙江大学打造了一支知识结构合理的高素质师资队伍，还为全国外语院校输送了大批人才。其二是教材建设。在建校初期，学校本着“结合工作实际，贴近生活”的原则，组织教师自编自写教材，达到了学以致用的目的。这不仅满足了学校的教学需要，而且为全国外语院校提供了教材。后来，根据国民经济建设需要，学校还编撰了工业、航空等方面的教材。其三是器材建设。学校十分重视教学设备和图书资料建设。王季愚初到哈外专时，图书馆建设几乎从零起步。为了满足师生不断增长的需求，她选派干部，充实图书馆管理人员，筹划购书经费，与有关部门联系，寻找书源，补充馆藏。图书馆很快就初具规模。到 1958 年，该图书馆已经位居我国外语院校图书馆前列，拥有社会科学专业、人文科学专业和外语专业丰富的藏书。值得一提的是，黑龙江大学围绕俄文资料室总结的“注重资料开发与研究，创造性开展学术情报服务”项目，于 1989 年获得首届国家级教学成果特等奖。该资料室已经成为全国俄罗斯语言文学学科教学与科研的重要支撑。学校还注重教学设备的购置，较早地推进了电化教学，最早建立了语音实验室——电化教室。

与此同时，进入正规化办学阶段之后，学校完成了基本的学科组织建设。1950 年，学校成立了研究生室、编译室、各级部俄语教研组，并对俄语专业建设进行了通盘考虑，包括制定人才培养方案、构建课程体系、制定教学计划等。

二、推动了国际交流与合作

首先，哈外专、哈外院在建校之初就聘用苏侨担任教师，在东北解放以前也聘用数名苏籍教师担任实践课教师，并给予了很高的待遇，在生活上也给予照顾。随着哈尔滨获得解放，学校又充分利用苏侨多的优势，聘请了大量的苏侨担任实践课教师和助教，甚至聘用苏侨担任舞蹈教师、画工、打字员和清扫员等，形成了“俄语化”的小环境。

其次，采取“请进来，走出去”的办法。一方面，学校聘请苏联专家来校讲学和授课，开办了研究生班、教师业余理论班和教师高级学习班等，培养学生，培养师资；另一方面，学校有计划地派学生去苏联进修学习、攻读学位，这些学生在回国后加入到师资队伍中。这就使得俄语教学和科研水平有了大幅度的提高。同时，这也使得学生的俄语翻译水平得到较大的提高，促进了新中国外交、商贸等事业的快速发展。

这些措施一方面促进了中苏两国的交流与合作，另一方面也为后来中国与俄罗斯开展各方面的交流与合作奠定了基础。可以说，哈外专、哈外院对中苏交流、中俄交流做出了特殊的贡献。

三、对新中国高等教育事业进行了有益探索

哈外专、哈外院在办学治校方面积累了丰富的经验，为新中国高等教育事业的发展做出了特殊的贡献。

首先，在办学指导思想方面，哈外专、哈外院坚持将抗大传统与思想创新结合起来，形成了“三个依靠”的独特办学理念。王季愚在总结其办学经验时指出：“解放以来，我们办学主要靠三点：一是依靠党的领导，二是依靠政治思想工作，三是依靠广大师生的积极性、主动性。”①

其次，在学校职能方面，哈外专、哈外院倡导“教学与科学研究相结合”，确立了教学与科学研究双中心的办学理念。哈外专、哈外院以教学与科学研究为中心，提出了“学术建校”等思想。值得一提的是，“学术建校”这一思想强调科学研究。学校通过科学研究来提高教师的学术素养和专业水平，进而提高外语教学质量。

再次，在人才培养方面，哈外专、哈外院既适应现实需要，又遵循教育规律。1949 年，王季愚明确提出：“‘培养什么人的问题’是教育的根本问题，不同时代有不同的答案。我们共产党人就是要培养有理想的人、有道德的人、有知识的人、有文化的人、为人民服务的人。”②王季愚明确了人才培养目标，并提出“将长远的人才培养和应国家急需的速成教育相结合，将教学和科研相结合，将目前的紧急任务和学校长远的建设相结合”③。在艰苦的政治环境和经济环境中，哈外专、哈外院确保了人才培养任务的顺利完成。

最后，在办学目标方面，哈外专、哈外院将长远目标与近期目标结合起来，先满足应急需要，然后再考虑正规化办学。从 1946 年到 1953 年，学校以

---

① 戴炜栋主编：《爱心的回响——缅怀人民教育家王季愚》，上海外语教育出版社 1997 年版，第 440 页。

② 戴炜栋主编：《爱心的回响——缅怀人民教育家王季愚》，上海外语教育出版社 1997 年版，第 354 页。

③ 戴炜栋主编：《爱心的回响——缅怀人民教育家王季愚》，上海外语教育出版社 1997 年版，第 39 页。

培养军政翻译人才为目标,满足当时的军政需要。学校根据国家的需要和革命战争的需要,以培训的形式培养了大批军政翻译人才。1953 年以后,国家开始进行大规模的经济建设,学校将目标调整为为经济建设、文化教育部门培养教师和翻译人才。

四、在外语教育史乃至高等教育史上做了许多有意义的工作

首先,在国内高校中较早地设立了政治教研室(马列教研室),系统地开设马列主义课程,对新中国高校开展和加强思想政治教育工作进行了创造性的探索。

其次,在教育层次与教育形式上,创造性地开办了少年预科班,尝试引进苏联副博士学历、学位制度,创办了研究生班,对学位与研究生教育进行了有益探索。

最后,较早地提出了多样化办学思想。在新中国成立初期,王季愚根据社会需求和高等教育发展规律,确定了合理的发展目标,即建立具有综合性质的外国语大学,构建“外语 + 专业”的办学模式。在哈外院时期,王季愚就认识到了单一俄语学科的不足,提出了多样化办学的构想与思路,初步建立了以俄语、英语为主体的多语种外语学科。同时,王季愚先后组织成立了政治教研室和中国语文教研室,着手谋划马克思主义学科、汉语言文学学科的建设与发展。

通过探讨哈外专、哈外院的独特发展之路,我们可以这样进行总结:一所学校要办好,需要有一位政治上过硬、富有爱心、具有高超的领导能力、熟谙教育规律的学者型校长。王季愚具有传统知识分子忧国忧民的士子情怀,具有以天下为己任、勇于担当的责任意识、使命意识。同时,王季愚又受到新式教育的启蒙与马克思列宁主义的洗礼,受到延安精神、抗大传统的濡染,成为坚定的共产主义者,具有现代知识分子独立、民主、平等的精神。她把崇高的共产主义理想、革命理想与教育事业紧密地结合起来,把艰苦朴

素、团结民主的优良作风发扬光大。作为一位管理者,她具有公忠体国的精神,具有古代清官的风范。作为一位教育家,她是慈母、良师和益友,展现出古风与新气的有机融合。

参考文献

[1]李锡胤. 谈谈我们学校的科学研究工作[J]. 教务工作通讯,1954,23(35).

[2]俞约法. 王季愚、赵洵“学术建校”思想的首次实践——并纪念哈尔滨外国语学院首届学术研讨会43周年[J]. 外语学刊,1998(3).

[3]李锡胤. 师表[M]//戴炜栋. 爱心的回响——缅怀人民教育家王季愚. 上海:上海外语教育出版社,1997.

[4]李祖培. 留取丹心照汗青[M]//戴炜栋. 爱心的回响——缅怀人民教育家王季愚. 上海:上海外语教育出版社,1997.

[5]王季愚. 外语教学的回顾与展望[J]. 中国教育学刊,1981(3).

[6]王超尘. 卓越的教育家[M]//戴炜栋. 爱心的回响——缅怀人民教育家王季愚. 上海:上海外语教育出版社,1997.

[7]赵洵. 和季愚相处的日子[M]//戴炜栋. 爱心的回响——缅怀人民教育家王季愚. 上海:上海外语教育出版社,1997.

[8]李若谷. 深孚众望的教育家[M]//戴炜栋. 爱心的回响——缅怀人民教育家王季愚. 上海:上海外语教育出版社,1997.

新时代背景下
王季愚国际化办学思想研究

黑龙江大学应用外语学院　刘辉①

21世纪以来，现代信息技术推动下的国际化成为当前国内外经济社会发展的主流。为了抢占先机、争夺国际话语权，世界各国急需能够有效进行国际交流的人才。很多国家与国际组织开始培养国际化人才。为了积极应对国际化发展，《国家中长期教育改革和发展规划纲要（2010—2020年）》明确提出："开展多层次、宽领域的教育交流与合作，提高我国教育国际化水平……适应国家经济社会对外开放的要求，培养大批具有国际视野、通晓国际规则、能够参与国际事务和国际竞争的国际化人才。"在此基础上，教育部、黑龙江省教育厅及黑龙江大学陆续出台相关文件，全面推进国际化人才培养进程。有鉴于此，深入发掘王季愚国际化办学思想的内涵，对于推进新时代黑龙江大学国际化人才培养工作具有重要的现实意义。

一、王季愚国际化办学思想的内涵

王季愚是新中国教育事业的先行者与领路人，始终投身于新中国外语教育与文化事业中，曾在黑龙江大学与上海外国语学院担任领导。她为我

---

①　刘辉（1975—　），男，黑龙江哈尔滨人，黑龙江大学应用外语学院教师，副教授，文学博士，从事语料库语言学、高等教育国际化研究。本文为黑龙江省教育科学规划课题"分类培养模式下黑龙江省属高校研究生国际交流能力提升研究"（GJB1421013）和黑龙江省高等教育教学改革项目"黑龙江省属高校研究生学术英语写作能力培养路径研究"（SJGY20200567）的阶段性成果。

国培养了大批高素质的外语人才，其中俄语人才超过6000人，对新中国外语教育的发展做出了重要贡献。但是，学术界特别是外语教育领域对王季愚国际化办学思想较少关注，未能有效地发掘其深刻的内涵。

1988年，为纪念王季愚诞辰80周年而发表的6篇文章是学术界最早研究其外语教育思想的成果。此后，有关王季愚的相关研究在总体上呈现出递减的趋势，在2010年后出现小幅度增长的趋势。研究者多为黑龙江大学和上海外国语大学了解或熟悉王季愚的学者，研究内容以回顾和梳理王季愚的生平事迹、教育思想或办学理念为主。

王季愚逝世后，学术界先后出版了《怀念我们的好校长——王季愚同志》《爱心的回想——缅怀人民教育家王季愚》《王季愚文集》和《平凡人生：王季愚传略》等著作。赵洵、赵劭坚、戴炜栋和许师东等学者从不同的角度总结、分析和阐述王季愚的外语教育思想，为学术界进行深入研究提供了有力的文献支撑。

文献资料显示，1947年，东北民主联军总司令部附设外国语学校从佳木斯迁回哈尔滨。王季愚充分利用哈尔滨苏侨众多的客观条件，大量聘请苏侨担任教师。除专业课教师外，助教、打字员、舞蹈老师、喊操员和清洁工等都是苏侨。校园内张贴俄语名人名言，校园广播播放俄语节目。学校为学员创造出“沉浸式”的俄语学习环境。①

王季愚指出，从长远角度来考虑，学校应该有一支自己的师资队伍，俄语教师队伍要“以我为主，逐步替换”。1950年，哈外专成立了俄语研究生班。从1953年起，在王季愚的协调下，哈外专通过教育部先后聘请十余位俄语语言学专家来校讲学。他们为全体教师和研究生讲授俄语理论课。学校还开设主修副博士课程的教师高级学习班，并为分管教学工作的各级领导干部开设小班进行辅导。这种“请进来”的举措有效地拓宽了教师的学术视

① 赵劭坚、傅善卿、李良佑：《平凡人生：王季愚传略》，上海书店出版社2006年版，第77—78页。

野，为学校俄语理论水平的提高奠定了坚实的基础。①

在教育教学层面，王季愚不拘泥于经验与惯例，大胆创新外语人才培养模式，灵活设置学制，开设“预科班”。在俄文课上，教师全程用俄语授课。王季愚主张专业学习与外语学习相互融通，注重师资队伍建设，推行“学徒制”的师资培养模式，采用在使用中培养、在培养后发展的模式来培养师资力量。

综上所述，王季愚坚持社会主义办学方针，坚持正确的政治方向，继承与弘扬抗大精神，艰苦奋斗，勤俭办学，实事求是。根据当时的实际条件，王季愚大量聘用苏侨担任教师，大力推广直接教学法，鼓励学生在课外活动中操练外语，营造语言学习环境。这些举措不但在当时的历史条件下极具超前性，而且符合21世纪国际化办学和国际化人才培养的理念。

二、新时代背景下的国际化人才规格

“国际化人才”这一术语虽然在我国被广泛使用，但是却缺乏一个能够被广泛接受的定义。大部分定义源自研究机构或学者专论。2003年，亚洲大学校长论坛提出，国际化人才应该是掌握一门以上外语，能够利用某种工具或途径进行跨国交流与服务，并且在某一专业、某一层次、某一领域具有一定的专门知识或能力，基本通晓国际行业规则的人才。曹德明认为，外语专业的国际化人才应当具备全球视野、民族情怀、创新精神、思辨能力、专业知识与能力等，应当精通两门以上的外语，具备较强的听、说、读、写、译技能和良好的跨文化沟通能力。贾文键结合北京外国语大学对国际化人才的总体研究思路，详尽地分析了北京外国语大学本科阶段国际化人才培养的理念与实践，提出了新的国际化人才能力框架。

严明等人根据国家与地方经济社会的发展需求，结合黑龙江大学自身的办学定位，从素质、知识与能力三个维度界定黑龙江大学国际化人才培养

① 赵劭坚、傅善卿、李良佑：《平凡人生：王季愚传略》，上海书店出版社2006年版，第98页。

规格。其中，素质维度主要涉及人格、政治与心理等方面的个体性因素；知识维度主要涉及语言知识和百科知识等非专业性知识；能力维度主要涉及跨文化理解、国际视野和信息技术等。①

三、基于王季愚国际化办学思想的国际化人才培养路径

根据西南交通大学发布的2017年大学国际化水平排名，黑龙江省仅有哈尔滨工业大学、哈尔滨工程大学、东北农业大学和东北林业大学这四所国家相关部委直属的非综合性大学入围相关榜单。显然，黑龙江省绝大部分高校的国际化发展水平有待进一步提高。

实际上，早在70多年前，王季愚就已经在哈外专进行国际化教育。从师资队伍到课程设计，从课堂教学到实习实践，从教材选用到课程评价，均体现出国际化教育的特点。令人遗憾的是，由于历史条件的限制，这些在当年极具前瞻性的教学设计与教学实践未能持续至今。新时代的课程国际化是指将国际化的理念融入课程设计、课程内容、教学方法、学习任务与评价方式之中，强化并提升学生的国际竞争力。课程国际化的重点是将跨国与跨文化维度融入课程内容、教学计划、学习计划和其他辅助性教学活动中。课程国际化是实施“双一流”发展战略、建设高水平综合大学的重要途径。

（一）培养目标

课程国际化的目标是在确保学生扎实地掌握专业基础理论、知识和技能的前提下，培养学生的人文精神，提高学生的跨文化理解能力，拓展学生的国际化视野，增强学生的全球化意识，促使学生在跨文化环境中运用国际化思维方式有效地进行日常交际与学术交流，进而培养学生的学术兴趣，逐步提高学生的学术研究能力，最终提升学生的国际竞争力。通过学习，学生

① 严明、吕晓轩：《国际化人才素养标准下的大学英语课程体系构建》，载《黑龙江教育（理论与实践）》2019年第10期。

可以掌握国际化知识,提高国际化能力。在培养创新精神、价值观、专业技能和跨文化意识方面,学校应符合全球化发展趋势。课程国际化的有效实施,能使学生从不同的文化视角批判地分析问题和探索现实社会,也能使学生在国际社会和多元文化背景中有效地履行其专业职责和社会职责。

(二)课程体系

课程内容和课程形式应具有国际化特点,符合全球化发展趋势,能够反映不同国家的历史、政治和文化等方面的内容。通过课程学习,学生能在不同的语言背景和文化背景下正确地理解同一术语、概念和理论。专业实习实践活动应侧重解决跨文化问题,应符合相关专业的前沿研究方向,以便为日后按照国际标准开展工作提供经验。

(三)教学要求

在教学实施过程中,学校应推荐使用国外原版教材或本专业权威期刊、杂志上公开发表的学术论文,其他教学资料应当具有鲜明的国际化特征。案例研究、课程实践和实验活动按照国际标准进行。学校应在此基础上鼓励课程国际化教学形式的创新。在确保思想正确的前提下,教师应根据教学内容充分利用互联网资源、国内外报刊文章、电视广播和影视资料等。

课堂教学应与课外教学结合起来。学校应加大实践课和实践活动的比重,聘请具有某一领域国际背景的学者或实践者进行授课,或者做报告和讲座。学生可对具有国际背景的上述人物进行访谈。对于条件成熟的专业或学科,学校可以组织学生到国际化程度较高的商企部门和科研机构进行参观或实习。学校可以组织学生参加校内外带有国际元素的报告会、音乐会等社会活动。学生可以通过报告(作业)的形式就跨文化问题与模拟中的国际观众(学生)进行交流,针对国际社会普遍关注的问题和国际前沿动态及时总结学习心得或撰写学术文章,与不同国家的学生组建学习研究小组,在进行学习的同时可以集体开展有关某一项目的研究。

（四）教学评价

对于课程国际化的评价维度，首先，应考查学生是否掌握了具有国际化特点的专业知识。其次，应重点考查传统文化认同与国际文化认同之间有机结合的程度。学生应当既能传承本民族传统文化，又能将其有机地融入国际社会中。学生应对其他国家和地区的相关专业具有较为全面的认识，同时应在一定程度上对所学专业以外的其他国家和地区的人文知识有所了解。学生还应在决策或模拟决策时重视国际因素，并进行科学评估，在实践活动中面对不同的文化环境和语言环境具有应对自如的能力。

四、新时代弘扬王季愚国际化办学思想的意义与价值

王季愚历任东北民主联军总司令部附设外国语学校、哈尔滨外国语专门学校、哈尔滨外国语专科学校、哈尔滨外国语学院、黑龙江大学和上海外国语学院的主要领导，主持学校的工作，经历了不同的历史阶段。王季愚的国际化办学思想源自她在新中国不同历史时期的实践，对新时代高等教育国际化人才培养具有重要的借鉴价值。王季愚在东北地区，特别是在黑龙江大学主持工作多年。其制定的办学方针、推行的教育理念、采取的学科建设路径和确立的人才培养模式等，均根源于黑龙江省的客观实际，深刻地体现出实事求是的工作作风。其国际化办学思想的深刻内涵对“双一流”建设背景下黑龙江大学的各种战略决策具有重要的参考价值。

2015 年，国务院正式发布了《统筹推进世界一流大学和一流学科建设总体方案》，为新时代我国高等教育的发展指明了方向。党的十八届五中全会以来，我国对继续抓好优化对外开放区域布局提出了新要求。党中央指出，要改善和利用外资环境，推进外贸优进优出，积极利用外资，加强国际产能和装备制造合作，积极参与全球经济治理工作，发挥好亚投行、丝路基金等机构的融资支撑作用，推动重大标志性工程落地。

黑龙江省实施的“五大规划”发展战略等举措正是深化对外开放的具体实践。在深入发掘王季愚国际化办学思想内涵的基础上，积极探索地方综

合性大学国际化人才培养模式,有助于提高黑龙江省高校国际化人才培养能力,有助于促进高校向社会输送更多的高水平的国际化复合型人才,有助于推动黑龙江省社会经济发展,也有助于加强对外经贸合作和民间交往。

参考文献

[1]陈文远. 王季愚办学治校思想与实践的时代新论[J]. 黑龙江教育(理论与实践),2020(6).

[2]曹德明. 高等外语院校国际化外语人才培养的若干思考[J]. 外语教学理论与实践,2011(3).

[3]贾文键. 外语专业国际化人才培养的内涵与标准——北京外国语大学国际化人才培养的理念与实践[J]. 中国大学教学,2015(3).

[4]李芳. 黑龙江省俄语人才培养"一条龙"办学体系探析——王季愚外语教育思想的现实意义研究[J]. 黑龙江教育(高教研究与评估),2010(5).

[5]孙超. 王季愚外语教育理念及当代启示[J]. 黑龙江教育(理论与实践),2021(1).

[6]王秋. 王季愚政治思想教育理论与实践的当代审视[J]. 黑龙江教育(理论与实践),2020(6).

[7]王雅君,沈骑. 中国外语教育规划观的传承与发展——王季愚外语教育规划思想略论[J]. 语言政策与语言教育,2018(1).

[8]吴承义. 面向国际化人才培养的高校外语专业转型发展新篇章[J]. 外语学刊,2018(6).

[9]严明,吕晓轩. 国际化人才素养标准下的大学英语课程体系构建[J]. 黑龙江教育(理论与实践),2019(10).

[10]赵劭坚,傅善卿,李良佑. 平凡人生:王季愚传略[M]. 上海:上海书店出版社,2006.

王季愚一流外语人才培养的思想与实践

黑龙江大学俄罗斯语言文学与文化研究中心　滕仁①

外语教育是我国教育体系的重要组成部分，也是国家发展和对外开放的重要支点。改革开放以来，我国的外语教育事业取得了令人瞩目的辉煌成绩，不仅在教育改革方面取得了累累硕果，而且为改革开放和经济文化建设做出了巨大的贡献。特别是俄语教育的改革与发展，为深化中俄两国关系、推动两国合作、促进两国人民交流奠定了坚实的基础。高校一方面培养了大批精通俄语的翻译人才，另一方面也培养了大批科研人员。这些人不仅活跃在两国合作的各个领域，而且为两国关系的进一步发展提供了有力的智力支持。

随着社会的不断发展，我国传统的外语教育模式暴露出一些问题，外语学科也面临着诸多困难，在学科体系的多样化、专业化和跨学科化建设等方面存在着不足，难以满足新时期国家对外语人才培养的要求，特别是不能充分适应中华文化"走出去"战略和"一带一路"倡议对外语人才培养的新需求。与其他语种相比，俄语教育所担负的责任更为重大。中俄两国全面战略协作伙伴关系的不断深化，不仅对我国俄语人才培养提出了新的要求，而且使得俄语人才培养上升到国家战略的高度。有鉴于此，对人民教育家王

---

① 滕仁（1981—　），男，黑龙江哈尔滨人，黑龙江大学俄罗斯语言文学与文化研究中心，副研究员，博士，主要从事俄罗斯学、国际关系史研究。本文为黑龙江省教育科学规划课题"王季愚办学治校思想研究"（GBC1317114）、2019年度高等教育教学改革研究项目"综合性大学通识教育体系构建研究与实践"（SJGY20190516）的阶段性成果。

季愚的外语教育思想进行研究具有重要意义。

一、打破传统，创新外语人才培养模式

我国俄语学科的建设和人才培养模式的构建与中俄两国关系的发展是同步的，随着两国关系的发展而发生变化。可以说，我国俄语教育不仅是两国关系发展的晴雨表，也是两国关系发展的有力见证，更是加深中俄两国人民友谊的重要纽带。1950 年《中苏友好同盟互助条约》签订后，苏联在人、财、物方面为我国提供了大量的援助。与此同时，我国也实行了"一边倒"的外交方针，即坚定地站在以苏联为首的社会主义阵营一边。

两国同盟关系的建立和我国实行的外交方针，要求我国俄语教育系统在短时间内培养出大批俄语人才。王季愚就曾接到过周恩来下达的十个月内向中央输送二百名俄语翻译的艰巨任务。①

为了满足当时计划经济集中统一的需要，适应苏联式工业化经济的管理体制，我国进行了自上而下、从理论到实践的全面"苏化"改革。因此，教育改革也要求从制度入手，按照苏联模式来开展。教育改革的内容不仅包括学制和院系设置等体制改革，也涉及在具体的教学实践中学习苏联的教育理论，借鉴苏联的教学模式和教学方法。

为了完成输送人才和体制改革的双重任务，我国逐步形成了强化语音、语法和词汇学习的传统教学模式。这种教学模式的优势在于能够在短时间内提高"零起点"学生的俄语水平，使学生较好地掌握语音、语法等基础知识。但是，这种教学模式也暴露出一些弊端，学生过于注重俄语语言知识的学习，而忽略了对俄罗斯(苏联)通识知识的学习，这导致学生在实际工作中缺少社交能力。此外，教师过于注重语音、语法和词汇的教学，人为地将三门课程割裂开来，各自成立了教研组，各自准备教学大纲和教材，相互之间缺少配合。这就导致学校出现了分科教学的现象。教师忽视了语言的综合

① 赵劭坚、傅善卿、李良佑：《王季愚：外语教育的先行者》，载《世纪》2006 年第 2 期。

训练，理论讲解过多，学生的口语能力下降。[1]

这种传统的俄语教学模式一经形成，在很长时间内没有改变。特别是随着中苏两国关系的变化，俄语学科的发展受到一定的影响。这种模式逐渐成为我国俄语教学的固化模式。

对于这种模式暴露出来的问题，王季愚认为这是“单一化”问题，并且深刻地指出“单一化”问题具有普遍性。在王季愚看来，“培养目标、规格、学制、课程设置、教材教法等等都或多或少有这样的毛病。外事人员、旅游向导、科技文学翻译、教师、研究人员‘一锅煮’，规格、教学内容与方法大同小异，没有特色”[2]。为了解决这个问题，王季愚提出，“可根据实际情况，分步走，如先多开设课程，增加选修课，扩大知识面，进而在此基础上设专业”[3]，这样“可以使学生不仅掌握外语工具，而且在某一学科领域里进行专业性的学习和研究”[4]。

王季愚高屋建瓴地指出了我国俄语人才培养存在的问题，同时勇于打破传统的俄语人才培养模式，为俄语教育事业指出了一个新的发展方向。在王季愚外语教育思想的指导下，黑龙江大学率先调整了传统的俄语人才培养模式，提出了“俄语+方向”的新型人才培养模式，秉承专业基础知识扎实、俄语口语地道的优良传统，设立俄语拔尖人才培养试验班，培养拔尖型俄语专业人才、高级俄语翻译人才，以及精通俄语并熟悉“俄罗斯问题”和“国际商务”的复合型人才。在此基础上，黑龙江大学还提出了“专业+俄语”的人才培养模式、“订单式”联合人才培养模式，以及“1+2”中俄联合人才培养模式。黑龙江大学不仅为我国俄语人才培养拓宽了思路，也为国家培养了众多高水平的复合型人才。

① 徐翁宇：《哈外院的外语教育思想——缅怀老校长王季愚和赵洵》，载《外语学刊》1998年第2期。

② 王季愚：《外语教学的回顾与展望》，载《中国教育学会通讯》1981年第3期。

③ 王季愚：《外语教学的回顾与展望》，载《中国教育学会通讯》1981年第3期。

④ 王季愚：《外语教学的回顾与展望》，载《中国教育学会通讯》1981年第3期。

二、贴近实践，营造本土国际化全外语学习环境

一般而言，语言环境被视为外语学习的重要影响因素。语言环境可分为自然语言环境和人工语言环境。自然语言环境是指以该语言为母语的生活环境，而人工语言环境则是指人为营造的某些场景。对于外语学习者来说，最佳的方式当然是融入自然语言环境中，但更为普遍的方式是通过营造人工语言环境来进行学习。例如，很多学校采取了全外语授课和外教授课的方式，在课堂上营造交际环境，在课下开展外语角活动，同时尽可能地营造外语氛围，在学习场所、生活场所、娱乐场所摆放有外语标识的警示牌、标语、宣传牌等，使学生随时随地都能看到外语、听到外语。

俄语教学也不例外，语言环境对俄语学习有很大的影响。新中国成立初期，大批苏侨生活在哈尔滨，王季愚充分利用这一优势，在哈尔滨外国语专门学校初创之时，聘用了大量苏侨，并对这些苏侨给予了充分的信任，让他们教授专业课、担任助教。音乐、体育、美术等课程的教师也都是苏侨，学校的打字员、医务员和保洁员也以苏侨居多。在这种“随时随地说俄语”的环境中，俄语真正融入到了学生的日常生活中。王季愚营造了最接近自然语言环境的人工语言环境，克服了语言的复杂性和多变性等问题。

除了为学生营造“只讲俄语”的语言环境以外，王季愚还要求学生多读原著。在王季愚看来，学习外语要多读原著，这是一个规律。同时，王季愚还要求学生多听俄语广播、多看俄语原声电影、用俄语写日记、用俄语撰写论文，并要求学校积极引进最新的俄语教材，采购俄文图书，积极与俄罗斯（苏联）的大学建立校际关系。可以说，王季愚具有远见卓识，遵循外语教学规律，为我国俄语教学和俄语人才培养做出了重要贡献。

王季愚认为：“外语教育的最重要规律之一就是母语学习和外语学习同等重要。”[①]在哈外专时期，王季愚设立了中文教研室，为学生系统地讲授中

---

① 姜锋：《坚守与创新——王季愚外语教育思想的启示》，《文汇报》2014 年 5 月 5 日。

国文学知识，提高学生的文学素养和汉语表达能力。更令人钦佩的是，王季愚还极具前瞻性地提出了“汉语作为外语教学的问题”。时至今日，在世界范围内推广汉语已经成为实施文化“走出去”战略的重要举措。

黑龙江大学在俄语学科发展方面秉承王季愚的外语教育思想，借鉴哈外专时期俄语人才培养的模式和方法，注重为学生营造俄语学习环境。同时，黑龙江大学积极开展与国外大学的校际合作，先后与莫斯科国立大学、圣彼得堡国立大学、新西伯利亚国立大学、远东联邦大学等俄罗斯知名院校建立了紧密的合作关系，并承办两所孔子学院，经过多年的发展逐渐探索出一条独具特色的全方位对俄办学之路。

三、深谋远虑，重视学科发展的顶层设计

“自古不谋万世者，不足谋一时；不谋全局者，不足谋一域。”外语教育是一个复杂的系统工程，担负着为国家发展服务的重要战略使命，必须要有缜密的顶层设计。学校要制定出切实可行、具有一定前瞻性的学科建设发展规划，不仅要遵循学科发展的科学规律，也要提高学科的建设质量，在现有水平的基础上有所突破、有所创新，并将规划作为指导学科建设的行动指南和行动方案。作为一位人民教育家和外语教育家，王季愚一直非常重视外语学科发展的顶层设计问题，这也是其外语教育思想的重要组成部分。

1958 年，黑龙江大学正式成立。黑龙江大学面临着从外语单科性大学（哈尔滨外国语学院）向综合性大学转变的新形势和新要求，急需对学校发展和学科建设进行顶层设计。在筹建和创建新的院系、专业时，王季愚提出了重视“三材”建设（即注重人才、教材和器材的建设）的思想。在人才建设方面，王季愚遵循“教育者必须先受教育”的原则，在苏联专家的帮助下，通过组织进修班、研修班、理论班和高级学习班等，着力打造了一批基础知识过硬、专业技能突出、结构合理的俄语师资队伍。在教材建设方面，王季愚遵循“结合工作实际，贴近生活”的原则，组织教师编写教材。这样一方面可以编写出讲求实效、突出重点、符合我国实际情况的俄语教材，另一方面也可以达到学以致用的目的。在器材建设方面，在哈外专时期，王季愚就十分

重视图书馆的建设,亲自筹划购书经费,与有关部门联系寻找书源,补充馆藏。在王季愚的亲自参与下,在短短几年时间内,学校就建成了一个外语专业藏书极为丰富、在全国外语院校中位居前列的图书馆。在此基础上发展而来的黑龙江大学俄语学科俄文资料中心目前已经成为全球非俄语国家规模最大的俄语专业文献资料中心,为俄语学科的建设和发展奠定了坚实的基础。

1981 年,王季愚在外语教学研究会成立大会上做了题为《外语教学的回顾与展望》的发言,为新时期的外语教学再一次提出了新的顶层设计理念,针对如何解决外语教学在新时期所面临的困难、如何及时进行调整、如何适应"四化"建设的需要等问题提出了相应的对策。王季愚提出了四个对策:第一,可以在调查研究的基础上制订一个外语教学的发展规划;第二,可以提倡多样化办学;第三,要建设一支高水平的外语师资队伍;第四,要深入开展科学研究工作。①

我们由此可以看到顶层设计在王季愚外语教育思想中的重要性,也可以看到其顶层设计的理念是一以贯之、一脉相承的。王季愚不仅在外语教学的顶层设计方面倾注了心血,也注重探索具体的教学方法。

在我国实行"一边倒"外交方针的时期,苏联的外语教学法被认为是最科学、最先进的,其中尤以"自觉对比法"(сознательно-сопоставительный метод)最受推崇。这种教学法是指依靠母语,在理论的指导下进行实践,在理解的基础上进行模仿,在分析的基础上进行综合。苏联的教学实践经验表明,运用这种方法培养的学生具有较高的语言文学素养,但是这种方法不能保证大多数学生较好地掌握外语。对于"自觉对比法",王季愚认为,它有合理的成分,也有过于强调系统理论知识、热衷翻译等缺点,既不能盲目崇拜、全盘照搬,也不能全盘否定、故步自封,而是要进行细致分析。王季愚提出,可以借鉴"自觉对比法"的某些做法,但是语言理论、对比和翻译都是辅助手段,而不是目的,不能取代实践的主要地位。实践证明,王季愚对待"自

① 王季愚:《回顾与展望——为中国外语教学研究会成立大会准备的发言稿》,载《外国语》1981 年第 5 期。

觉对比法”的态度是正确的。

综上所述，无论是在当时，还是在现在，王季愚的外语教育思想都具有重要的指导意义和实践价值。在新时期，国际形势已经发生了深刻变化，我国的国际地位不断提升，我国正在以积极主动的姿态深度参与全球治理。这对我国在国际社会中的规则制定能力、舆论宣传能力、统筹协调能力提出了更高的要求。对此，我们在外语教育方面必须主动作为，为国家各条战线不断输送熟悉党和国家方针政策、具有全球视野、熟练运用外语、通晓国际规则、精通国际谈判的各类优秀的专业人才。对于俄语教育而言，这种要求更为迫切。当前，中俄两国关系已经提升为“新时代中俄全面战略协作伙伴关系”。随着两国关系的不断提质升级和各领域合作交流的深入开展，我国对高质量复合型俄语人才的需求急剧增长。我们应科学地总结和反思王季愚等老一辈教育家留下的宝贵经验，创新人才培养理念，探索人才培养模式，深化俄语教学，并通过人才培养来助力两国关系进一步发展。这对俄语教育来说既是契机，又是挑战，更是时代赋予的历史使命。

参考文献

[1]赵劭坚，傅善卿，李良佑. 王季愚：外语教育的先行者[J]. 世纪，2006(2).

[2]徐翁宇. 哈外院的外语教育思想——缅怀老校长王季愚和赵洵[J]. 外语学刊，1998(2).

[3]王季愚. 外语教学的回顾与展望[J]. 中国教育学会通讯，1981(3).

[4]姜锋. 坚守与创新——王季愚外语教育思想的启示[N]. 文汇报，2014-5-5.

[5]王季愚. 回顾与展望——为中国外语教学研究会成立大会准备的发言稿[J]. 外国语，1981(5).

王季愚教育思想和首创实践对文化校园建设的启示

黑龙江大学哲学学院　赵海峰①
黑龙江教育杂志社　朱振林②

人民教育家王季愚是黑龙江大学和上海外国语学院的创始人、前校长。她先后参与并主持了东北民主联军总司令部附设外国语学校、哈尔滨外国语专门学校、哈尔滨外国语学院、黑龙江大学、上海外国语学院等学校的俄语教学乃至校务管理工作,在建设红色大学方面做出了卓越的贡献。她的办学经验和管理经验,对新时期文化校园建设也具有重要的借鉴价值。文化校园,不仅仅是"校园文化"一词的颠倒,而且是它的升华和凝练。文化校园是全方位育人的载体。学校不仅传授知识和学习方法,而且传递正确的、积极的价值观,赋予校园中的每个个体以独特的精神气质、昂扬的奋斗精神。校园文化不是千人一面,每个学校具有各自的特色,呈现出独特的气质和氛围。这就是文化校园的内涵。

文化校园具有两个特点。首先是"有文化"。文化是一个民族、国家、集体的独特的价值观、思维方式和生活方式的集合。如果一个学校充斥着功利主义、拜金主义、享乐主义、利己主义的精神气质,这样的校园是不配称为"文化校园"的,不可能营造出良好的文化氛围,无法培养出合格的人才,教育也就失去了目标。其次是共性与个性的统一。从建设文化校园的共性来

---

① 赵海峰(1972—),男,黑龙江桦南县人,黑龙江大学哲学学院教授,博士生导师,从事西方哲学史、西方实践哲学、文化哲学研究。本文为黑龙江大学项目"红色教育家王季愚的教育思想与首创实践研究"的阶段性成果。

② 朱振林(1972—),男,黑龙江鸡西人,黑龙江大学副教授,博士,就职于黑龙江教育杂志社,马克思主义哲学学科,从事编辑和马克思主义哲学研究工作。

看，学校的目标都是教书育人，传道、授业、解惑，学校都有共同的机构，如教学空间（教室）、学习空间（图书馆）、活动空间（体育馆）、休闲空间（宿舍、食堂）等。教学方式、学习方式、活动方式、休闲方式等方面所体现出来的特色和氛围，是文化校园的构成要素。

王季愚的教育思想和首创性实践包括很多内容，笔者就其对文化校园建设的启示谈一谈自己的想法。

一、红色文化校园建设的要素

笔者认为，从文化校园的角度来看，王季愚所倡导的是一种“红色”的校园文化，主张建设的是文化校园。一提到“红色文化校园”，很多人会立刻联想到革命年代的环境和文化氛围，可能会产生疑问：“红色文化校园”是完全政治化的吗？是完全紧跟“革命政治”的吗？在和平发展的年代，“红色文化校园”是否是不合时宜的提法？笔者认为，这些疑问存在很大的误解成分。下面，笔者论述一下个人对红色文化校园的理解。

首先，思想政治教育创新的氛围，是红色文化校园的题中应有之义。教育具有意识形态性，这是毋庸置疑的。教育是民族振兴和社会进步的基石。在古人看来，教育的目标是“传道、授业、解惑”。在现代人看来，教育的目标是“化育人文、养成人格”。教育是人才培养的基础，是人文传承的手段。人才培养是“功利的”目标，即为社会培养有用的人才，而人文传承则是“无功利的合功利性”“无目的的合目的性”的目标，即培养具有正确的世界观、人生观、价值观，以及能够传承民族文化的人。

红色文化校园建设的目标，是培养拥有社会主义核心价值观的人才，培养投身于新时代中国特色社会主义建设事业的人才。学校要把革命年代的精神延续到新时代中国特色社会主义建设中。这样，我们就需要从王季愚等老一辈革命家和教育家的教育思想和具体实践中汲取经验。我们需要继承，也需要创新。这种创新不是照搬照抄老一辈革命家和教育家的具体做法，不是墨守成规，而是开拓进取，从无到有，从好到新，从新到变。这样才能做到大胆突破。王季愚的教育思想给我们的一个启示就是开拓创新。对于这种开拓创新,我们不是凭空想象,也不是建设空中楼阁,而是基于现有的基础进行创新,根据具体的条件进行创新。

其次,打破常规的创新型思路,是红色文化校园的重要表现。王季愚的教育实践展现出浓厚的革命家风格。所谓革命家风格,就是在非常时期用打破常规的办法来进行实践探索。王季愚所处的"非常时期"表现在以下四个方面:第一,在革命年代,需要快速培养出实用型人才,尤其是外语人才,需要营造外语学习环境;第二,在艰苦的条件下,需要具备革命的乐观主义精神和昂扬向上的斗志;第三,要根据迅速变化的革命形势调整教育教学的重点;第四,要有全局性、战略性眼光,不能拘泥于眼前的小利益和小胜利,而要充分预见到未来形势的发展变化。

与之相对的是教育实践中的常规型管理风格。常规型管理风格具有四个特点:第一,在培养人才方面具有按部就班的模式和计划;第二,具有日常工作的职业规范和精神气质;第三,教育教学模式长期稳定;第四,外部环境长期稳定,没有太大的变化。这种常规型管理风格的优点是稳定、规范、成熟。

但是,目前我国高校的常规型管理风格也存在一定的缺点。第一,容易墨守成规,不敢创新,容易落后于时代的发展。第二,容易滋长官僚主义、形式主义、文牍主义作风。第三,对未来的变化缺少预判,容易陷入眼前的利益中。这些缺点会阻碍学校的开拓进取、与时俱进。

虽然现在不是革命年代,但是国内外环境依然有很多变数,会影响未来的发展。我们要居安思危。我国的"一流"高校要看到自己和"世界一流"高校的差距,其他高校要看到自己和国内"一流"高校的差距。因此,我们特别需要从王季愚的教育思想和教育实践中汲取经验,需要在常规型管理风格中渗透"革命家风格",大胆创新,勇于开拓,建设丰富多彩的文化校园。

二、"外语学院氛围"对文化校园建设的影响

王季愚的教育思想和实践对文化校园建设的另一个启示是"外语学院氛围"的营造。

第一,“全外语环境”的营造对文化校园建设的影响。

王季愚在战争年代提出了“全外语环境”教学法。这不仅仅是快速培养外语应用型人才的权宜之计,也是符合外语教学规律的举措。“全外语环境”主要包括以下几个方面内容:在教师队伍中,有一部分是外籍教师;教师完全用外语授课,或者在授课时尽量说外语,少说本国语;学生用外语进行日常交流;学生的阅读环境和生活环境主要“被外语环绕”,学生在平时大量接触外语读物,当条件成熟时大量接触外语音像制品。

“全外语环境”不仅仅是外语学院的“小”环境,也可以成为普通高校的一大特色。黑龙江大学的文化校园建设就体现为“全外语环境”的营造。人们身处其中,就会感到浓厚的外语氛围。外语学院与其他学院进行深度合作,采取“外语 + 专业”的培养模式。哲学、历史、文学等专业可以与外语深度结合,经济、法律和其他理工科专业也涉及大量的外文成果和外文资料。长期以来,黑龙江大学依托外语教学与研究的深厚基础,开展其他专业与外语专业的合作,使得“全外语环境”体现在整个学校的文化氛围中。这正是王季愚教育思想的一个重要影响。

第二,具有开放心态和开拓精神。

具有开放心态和开拓精神,是王季愚教育思想和首创性实践给我们的一个重要启示。在全球一体化的时代,我们不能只满足于一时一地、某个专业的发展,而要注重多学科的发展,把眼光放长远,要避免“小富即安”的保守心态,要放眼全球、放眼未来。我们要有开拓进取的精神。只有这样,学校才能得到长期发展,国家和人民的教育才能获得长期发展的动力。

第三,培养应用型人才,投身于社会主义建设事业中。

“外语学院氛围”不仅有助于陶冶情操、培养文化交流的使者,也有助于培养应用型人才。据史料记载,1951 年 4 月,旅顺潜艇学习队 275 名学员到苏联太平洋舰队驻旅顺基地潜艇支队学习。苏联军官提供教材,翻译组把教材翻译成中文。在翻译组 21 名翻译中有哈外专毕业生 8 名,他们克服了艰苦的条件，冒着酷暑和严寒开展工作。① 1950 年，中国人民志愿军开赴朝鲜作战。1950 年 11 月，哈外专 3 级部 40 班的 3 名学员被分配到四平坦克 3 师担任翻译，帮助苏联坦克部队培训我军坦克部队官兵。同时，在东北的各个苏联坦克部队、东北军区司令部、东北军区办公厅都有哈外专学员的身影。他们吃苦耐劳，受到了我军官兵和苏军官兵的一致好评。② 这些事实都证明，“外语学院氛围”使学生具有深厚的文化素养和奉献精神。

综上所述，王季愚立足于历史和现实，放眼未来；立足于校园，注重社会实践；立足于祖国，放眼世界。建设文化校园、建设有独特精神气质的大学是王季愚带给我们的宝贵的精神财富。我们不能拘泥于具体的、现成的形式之中，而应该立足于现实条件，根据环境变化，大胆开拓，锐意进取，在实践中不断地为这份宝贵的精神财富增加新的内容，使之成为建设新时代文化校园、培养新时代人才的源头活水。

---

① 陈叔琪：《翻译组在潜艇学习队中的作用》，《黑龙江大学校报》2004 年 9 月 25 日。

② 陶渊：《往事回顾》，《黑龙江大学校报》2004 年 9 月 25 日。

第三编 教育教学

王季愚外语教育理念及当代启示

黑龙江大学俄语学院　孙超[1]

中国外语教育始于清朝康熙年间，先后经历了早期、新中国成立前、新中国成立后、改革开放后四个发展阶段。每个发展阶段都是为了适应当时历史时期的特殊需要而形成的，并完成了对外语人才的基本培养目标。王季愚从20世纪30年代学习俄语起，为教育和文化事业奔波五十余年，创造性地提出了一系列办学思想。经过实践的检验和证明，其外语教育理念对于当前我国外语学科的发展具有重要的借鉴意义。

一、王季愚的外语教育理念

（一）以国家和民族利益为重的外语规划观

作为一位人民教育家，王季愚始终认为，外语学科应服务于国家建设和民族文化发展。她认为，外语水平是一个国家、一个民族文化水平的标志之一。[2] 她从人才培养的长远需要出发，从更为广阔的社会政治文化视野来看

① 孙超（1972—　），男，黑龙江哈尔滨人，黑龙江大学俄语学院院长，教授，文学博士，主要从事俄语教育、俄罗斯文学研究。本文为黑龙江大学“王季愚教育思想研究”专项课题“王季愚外语教育思想研究”、黑龙江省2020年教改课题“俄语专业学科一体化协同发展研究”的阶段性成果。

② 王季愚：《外语教学的回顾与展望》，载《中国教育学会通讯》1981年第3期。

待办学育人。① 在哈尔滨外国语专门学校建校初期，王季愚明确提出，学校的任务是为新中国培养急需的军政翻译人才。据统计，到1958年，哈尔滨外国语专门学校共培养6123名俄语干部，为国家输送了一大批优秀人才。王季愚高瞻远瞩，根据形势的发展和现实的需要，适时地调整办学思路和方向，把一个最初只有几十个人的短训班式的学校，建设成一所具有现代化雏形、多层次的外国语学院。20世纪80年代，当发现办学思路日益狭窄、难以适应社会发展需要时，她提出，把外语教育改革与国家"四化"建设的实际需求结合起来，加大小语种专业和第二外语的比重，使学校逐渐向多学科外国语大学过渡，采用多样化办学方式，将外语学科与其他人文学科结合起来，培养具备坚定的政治方向、熟练的外语技能、强健的体魄、丰富的专业知识的人才。

(二)德育为先的全面育人观

无论是在哈尔滨，还是在上海，作为学校的主要领导，王季愚都坚持贯彻党的教育方针。她反对单纯技术观点，指出"那种学好俄语就是一切的想法和做法都是片面的"②。她也反对搞空头政治，要求教师教书育人，要求学生"又红又专"。她认为，树立正确的人生观是关键，为此，必须坚持党的领导，加强政治思想工作，充分调动学生的学习热情和积极性。

王季愚提出，培养外语人才，应坚持德、智、体全面发展的教育理念，把政治思想教育与品德教育放在首要位置。她认为，要以理想教育为中心来培养人才。"'培养什么人的问题'是教育的根本问题，不同时代有不同的答案。我们共产党人就是要培养有理想的人、有道德的人、有知识的人、有文化的人、为人民服务的人。"③她身体力行，开展政治思想教育工作，从政治思想教育入手，使学生树立革命的人生观。她不把外语课看作纯粹的工具课，

① 李祖培、俞约法:《继承和发扬季愚校长的教育思想》，载《外国语》1996年第4期。

② 付克:《忠诚教育事业的楷模——王季愚同志诞辰八十周年纪念》，载《外国语》1988年第2期。

③ 缪品端、王超尘:《卓越的教育家王季愚》，载《外国语》1996年第4期。

而是把外语作为社会主义建设的强大武器。为此，哈尔滨外国语专门学校先后成立了政治处和马列主义教研室，王季愚亲自负责这方面的工作，并兼任政治理论课教师。她从不回避尖锐、敏感的理论问题，了解学生的思想实际，密切联系共产主义运动，以及中国革命与建设事业的实际。可以说，系统的理论教育、结合形势的时事政策教育、日常的思想品德教育构成了王季愚德育的整个体系。

（三）严格按照外语教育规律办事

外语是一门实践性很强的学科，它不仅具有教育的普遍特征，还具有内在的特殊规律。如果掌握并遵循这些规律，外语教学就会取得显著成效；反之，则事倍功半。

新中国成立前后，国家急需大批俄语翻译人才。面对这一现状，王季愚提出，将长远的人才培养和应急的速成教学结合起来，将教学和科研结合起来，将紧急任务和正规建校结合起来。在具体的教学工作中，王季愚采取了以下四个有针对性的措施：一是聘用当地苏侨担任教师；二是制订少而精的教学大纲，既训练基本功，又适当讲授与未来工作有关的专业词汇和知识；三是开设研究生班、理论班和高级教师班，着力培养本国教师队伍；四是营造外语学习环境。这些措施符合外语教育规律，为当时全国新创办的学校提供了行之有效的经验。

外语学科具有很强的模仿性，学外语最好从青少年开始。王季愚对此深有同感。哈尔滨外国语专门学校建校不久，她就提出开办预科班，招收初中毕业生。这开创了新中国正规学校招收预科班学生学习外语的先河。教育部后来创办外国语学校，选派高中毕业生直接到国外学习，这些都是在十几年后才开始进行的。

1954 年，王季愚又及时提出了“学术建校”的思想。她指出，办学校必须从学术研究着手，根本出路在于提高外语理论水平。

1955 年前后，随着高校大规模进行的思想改造、院系调整和教学改革初见成效，我国高校中一些有远见的校长开始设计自己学校的远景规划。人才、设备、校址、语种、大纲等无不在王季愚缜密的思虑之中。1958 年，哈尔滨外国语学院改为黑龙江大学后,王季愚在创建文理各系的同时,更加注重人才的培养、教材的开发、器材的建设。在她从容不迫的指挥下,学校的各项工作得到有序开展,这为黑龙江大学后来的发展奠定了基础。

1976 年粉碎“四人帮”后,王季愚恢复了上海外国语学院院长的职务。她感到真正搞外语教育改革的春天来临了,开始全面整顿学校的教学秩序。1978 年 5 月,上海外国语学院第一届学术委员会成立,她出任主任。1978 年 10 月,她恢复学报,创办《外国语》。1979 年,在教育部的支持下,上海外国语学院成立三个机构,即外国语言文学研究所、外语教学资料中心、上海外语教育出版社,这为学校后来的发展奠定了坚实的基础。

(四)采取多样化措施,培养一流教师队伍

王季愚深知教书育人的关键是教师,没有思想好、业务精的教师,就无法达到教书育人的根本目的。因此,她高度重视师资队伍的建设和培养,经常采取各种措施提高教师的业务能力和水平。

哈尔滨外国语专门学校建校初期,教师以当地的苏侨为主。王季愚提出了“以我为主,逐步替换”的师资建设方案。为此,学校每年都选拔一批德才兼备的毕业生担任助理员。紧接着,王季愚又提出学习外语理论和提高业务水平,自 1950 年下半年起举办研究生班,有计划地培养高质量的师资队伍。到 1956 年,学校的研究生已有 200 多人。由于她具有远见卓识,学校在数年内逐步形成一支人数多、水平高的教师队伍。

王季愚非常重视教师的进修学习,从 1953 年起聘请苏联专家来校任教。他们不仅为全体教师和研究生班开设俄语理论课程,还为校内管教学的领导开设小班,并组织俄语副博士预备考试。这对于提高外语教学质量来说是一项根本性的措施,使教师对外语的理解上升到一个更高的层次。

王季愚鼓励教师从事科研工作,提高教师的学术素质和业务水平,进而促进外语教学质量的提高。1955 年,首届俄语教学研讨会召开,它成为学校从一个中心(教学)迈入两个中心(教学和科研)的转折点。会后,学校兴起了科学研究的热潮。科学研究很快成为教师的群众性活动。这对于培养和造就学术带头人起到了重要作用。

王季愚对教师严格要求,但不苛求,注重提高教师的业务能力,同时把事业心与责任感放在教书育人的首位。王季愚培养人才,有教无类;爱护人才,发自内心。她知道上海外国语学院的师资力量急需扩大,师资水平急需提高。为此,她提出从中年教师中造就一大批教学骨干和学术带头人,使他们形成梯队。这一举措极有成效,几年后,大批骨干教师成长起来了。

(五)在外语教学中重视中国语言、文学和历史知识的学习

王季愚认为,外语学习的一个重要规律是母语学习和外语学习同等重要。王季愚在教书育人的实践中始终培养具有家国情怀的外语人才。新中国成立初期,她就开创性地在哈外专设立语文教研室,请周艾若(周扬的儿子)和李人纪(李立三的儿子)担任教员系统地讲授中国文学基础知识,提高学生的中文表达能力。她多次强调要正确处理母语与外语在外语教育中的关系。

王季愚十分注重主体意识和母语文化素养的培养。她主张,教师要系统地读几本书,增加理论知识,扩大政治眼界,从而使自己逐渐成为自觉的、积极的爱国主义者。她对祖国的大自然有深厚情感,凡有休假机会,总是力争到农村去,常以“欲改造中国者必须深切了解中国”“热爱乡土才能热爱祖国和人民”的情操来陶冶青年师生。

王季愚还提出了“汉语作为外语教学的问题”,认为应该将其列入外语教育的整体发展规划中。

二、王季愚外语教育理念的当代启示

王季愚的外语教育实践中渗透着具有中国特色的外语教育思想。

王季愚的外语教育实践表明,外语学科的建设与发展在任何时候都应该顺应国家的发展趋势,紧随时代的步伐。当下,随着国家“一带一路”倡议、中国文化“走出去”战略和新文科理念的提出,外语教育只有以国家战略为依托,以社会经济发展需要为依据,破除学科本位的固有思想,进行科学定位和统筹规划,才能不断向前发展。

实践表明,王季愚提出的德育为先的全面育人理念丝毫都没有落伍,随着我国课程思政理念的提出更显示出战略前瞻性和有效性。我们只要坚持把立德树人作为根本任务,坚持以人民为中心发展教育,就一定能实现教育的改革创新。当然,"课程思政"作为一项系统工程,目前仍处于起步阶段。高校工作者需要不断深入探究教学规律,不忘初心,牢记使命,坚定方向,这样才能圆满地完成党和国家交给的任务,才能落实好立德树人的根本任务。

我国外语教育走过了漫长而曲折的发展道路,取得了辉煌的成就,也存在"缺少顶层规划"等问题。因此,当代外语人仍然需要进行全面调查研究,做好规划,实事求是地按照外语规律发展外语学科。王季愚在师资队伍建设、教师发展等方面留下的经验应该得到我国外语界的高度重视。如何拓宽教师的视野,提高其业务能力,使其满足当前外语教育跨学科性的要求,是一个亟待解决的现实问题。

王季愚注重中华民族优秀传统文化的传承,突出外语教育的民族性观念,这值得我们进行深入思考和研究。切实培养学生的家国情怀在百年未有之大变局的今天显得尤为重要。

总之,王季愚从人类文化发展和社会进步的高度来办学治校、培养人才,从人的认识发展规律的高度来看待教育教学规律和人才成才规律。王季愚既从现实的情况与任务出发,又看到了发展的必然前景,牢牢把握正确的方向。她的外语教育思想值得我们进行深入挖掘和理性思考。

参考文献

[1]付克. 忠诚教育事业的楷模——王季愚同志诞辰八十周年纪念[J]. 外国语,1988(2).

[2]俞约法. 王季愚同志外语教育思想研究管见[J]. 外国语,1988(2).

[3]上海外国语大学. 一位杰出的教育家——王季愚同志生平及其教育思想简述[J]. 外国语,1996(3).

[4]李祖培,俞约法. 继承和发扬季愚校长的教育思想[J]. 外国语,1996(4).

[5]俞约法. 王季愚、赵洵"学术建校"思想的首次实践——并纪念哈尔

滨外国语学院首届学术研讨会 43 周年[J]. 外语学刊,1998(3).

[6]王雅君,沈骑. 中国外语教育规划观的传承与发展——王季愚外语教育规划思想略论[J]. 语言政策与语言教育,2018(1).

王季愚外语教育思想及其对当代法学教育的启示

黑龙江大学法学学院　史广全[①]　袁沙[②]

教育家王季愚对20世纪50、60年代的外语教育事业做出了巨大的贡献,对其教育思想尤其是外语教育思想的研究较多,这方面的成果也非常多。这是有目共睹的,也是非常可喜的。但是,研究者较少将王季愚的教育思想向外扩展,较少扩大它的适用面。因此,拓宽王季愚外语教育思想研究领域,具有重要意义。王季愚是新中国外语教育的奠基人、卓越的外语教育先行者,具有丰富而深刻的外语教育思想,为新中国培养了众多优秀的外语人才。从松花江畔到黄浦江边,一代代外语人才茁壮成长,这证明了王季愚老校长的外语教育理念具有合理性。她的外语教育思想对推动当代法学教育的发展具有积极作用。

一、王季愚的生平及其外语教育生涯概述

王季愚是我国著名的教育家。1908年3月18日,王季愚生于四川安岳县的一个小村落,家里是书香门第,但兄弟姊妹众多,经济条件也并不宽裕。但她父亲饱读诗书,思想开明,非常重视子女的教育。1914年,在王季愚六

① 史广全(1966—),男,辽宁建平人,黑龙江大学法学院副教授,法学博士,哲学博士后,从事中国法律史研究。本文为黑龙江大学“王季愚教育思想研究”专项项目的阶段性成果。

② 袁沙(1993—),女,河南周口人,硕士,从事法律史研究。

岁的时候，父亲为家里的孩子们请来了教书先生，教书先生主要教授《三字经》《百家姓》之类的读物。1920 年，父亲把她送到一个寄宿制私塾继续学习，学习内容继续加深，除了四书五经，她还学一些算术。这些为王季愚后来进入正规学校学习打下了基础。1922 年秋，王季愚在安岳县立女子小学接受正规教育，刻苦努力，天资聪颖，成绩优异。1926 年，王季愚考入成都四川省立第一女子师范学校，开始接受新文化运动提出的科学与民主、男女平等等观念，在思想上有很大的进步。

1929 年 7 月，王季愚从女师毕业后来到北平，并开始学习俄文，次年考上了国立北平大学法学院的高中俄文班，先读预科，两年后直接升本科。王季愚年轻好学，不仅学习俄文，还兼学英文和日文，参加读书会，阅读文学方面的书刊，接受了许多新观点、新思想。1931 年九一八事变后，王季愚参与学生组织的游行示威活动，支持抗日，反对国民党的不抵抗政策。1932 年 8 月，王季愚参加了社会科学家联盟北平分盟，接触到中国共产党很多先进的思想，更加了解中国共产党，这为她后来加入中国共产党奠定了思想基础。1933 年，北平笼罩在国民党白色恐怖的氛围中，学生的抗日活动无法开展，王季愚也无法回学校上课，被迫无奈回到重庆。自此，王季愚的学生时代结束，她开始步入社会。

1933 年 3 月，王季愚在重庆四川省立女子职业学校代上英语课和地理课，可以说，这是她教育生涯的开端。但好景不长，由于当时环境特殊，王季愚离开重庆，辗转去了上海。1933 年 5 月，王季愚到了上海，当时社会动荡，人心惶惶，人们的工作环境和生活条件都很差。王季愚没有固定工作，收入也不稳定，但她没有放弃学习俄语，开始翻译一些苏联的文艺作品，高尔基的《在人间》(1936 年正式出版)就是在这个时候开始翻译的。与此同时，她还写一些文章投给报刊来赚取生活费。后来经白薇(女作家)介绍，她加入上海青年妇女俱乐部。她主要负责组织学习活动，宣传共产党的主张。1935 年秋，王季愚到上海私立正风中学教书，在这里，她认识了她的好朋友、好同事赵洵。1937 年"七七事变"后，学校陷于停顿，王季愚离开上海私立正风中学。1938 年，王季愚担任《上海妇女》的编委，与此同时，受聘于上海私立新生女中，负责教学工作。1939 年，王季愚加入中国共产党，正式成为一名共产党员。1940年,太平洋战争爆发前夕,延安需要一些理论工作者和文化工作者来支持工作,王季愚奉命离开上海,前往延安。1941年10月,王季愚被分配到鲁迅艺术学院文学部编译处任编译员。除了工作之外,她还学习共产党的理论知识,参加生产活动。在延安学习的这段时间,她受益匪浅,不仅学到了很多知识,也对中国革命的阶段性、长期性有了理性的认识。经历了“整风运动”后,她思想进步很大,政治思想趋于成熟。

1945年抗日战争胜利后,王季愚被调到东北,先后在东北日报社、海龙县县委工作。后来,随着东北局来到哈尔滨,王季愚被分配到在佳木斯的东北大学,在东北大学担任过文学系的副主任和文学院、教育学院的副院长。1946年11月,党中央从培养俄语人才的实际需要和创造办学的有利条件出发,决定把延安外国语学校迁至哈尔滨,改名为东北民主联军总司令部附设外国语学校,这是当时东北民主联军总司令部直属的四所军队学校之一。王季愚被调来任政治处主任兼党总支书记、代理副校长,主持学校工作。1948年,学校更名为哈尔滨外国语专门学校(简称哈外专)。1951年,王季愚担任哈外专的校长,兼任学校党总支书记。1956年6月,哈外专更名为哈尔滨外国语学院,王季愚任院长兼党委书记。1958年7月,中共黑龙江省委决定并经高等教育部批准,在哈尔滨外国语学院的基础上,正式成立黑龙江大学,王季愚担任党委书记兼副校长。1964年,王季愚到上海外国语学院担任院长。1976年粉碎“四人帮”后,王季愚恢复了上海外国语学院院长的职务。王季愚在教育事业上一直兢兢业业,勤勤恳恳,以身作则,无私奉献,提出了很多在当时具有创新性的教育理念,培养出了大量的外语人才,可谓“桃李满天下”。

二、王季愚的外语教育思想

王季愚从教32年,在外语教学方面取得了令人瞩目的成绩。无论是思想教育还是专业教育,无论是教学内容还是教学方法,都立足于当时外语教育的发展趋势。王季愚的外语教育思想至今仍不缺乏先进性。

（一）思想政治教育、母语学习与外语学习同等重要

王季愚认为，德智体美劳、礼乐射御书数的全面发展固然重要，但是思想政治教育与品德教育是全面发展的基础，要把思想政治教育与品德教育放在首位，所谓“士先志”“士先器而后文艺”。[①] 抗日战争胜利后，东北地区急需大批人才进行整顿和建设，国家也急需军政翻译人才。在当时政治环境极为严峻的情况下，王季愚忠于党的事业，作为学校领导，深知在人才培养过程中思想政治教育对于革命和建设的重要性。学校培养的学生要为中国共产党服务，必须树立起正确的人生观和政治观。她对学生说：“到我们学校来，不单纯是学俄语，首先是要改造思想，建立革命的人生观。”[②]王季愚的政治理论教学是密切联系学生的思想实际的。学校位于东北，但学生来自五湖四海，所受的政治教育不同，对中国革命的认识程度不同。因此，王季愚提出，新生入校，首先要进行思想政治教育，采取正面教育的方式帮助学生了解中国革命、了解抗日战争、了解中国共产党，点燃他们的学习热情，使他们自愿接受革命思想，使他们全心全意为中国革命而奋斗、全心全意为人民服务。

王季愚具有深厚的外语理论素养与丰富的实践经验，深知在培养外语人才过程中母语学习的重要性。母语是学习外语的基础。她在教学计划安排上，重视学生对中国文化知识的学习和掌握。为了提高学生的母语水平，王季愚亲自选聘高水平的汉语教师。在教师短缺的时候，她自己也担任过汉语教师。后来，学校还成立了汉语教研室，研究汉语言文学。图书馆里也有关于中国文化的各种图书资料，供学生们阅读和学习，从而全面提高学生的文化素养。语言是交流的工具，也是文化传播的工具。优秀的外语人才不仅要熟练使用语言，也要肩负起传播中华民族优秀传统文化的使命。只

---

① 左毅、冯彬彬：《对季愚校长教育思想和实践的片断回忆》，见戴炜栋主编：《爱心的回响——缅怀人民教育家王季愚》，上海外语教育出版社 1997 年版，第 314 页。

② 陈隆增：《无声的怀念》，见戴炜栋主编：《爱心的回响——缅怀人民教育家王季愚》，上海外语教育出版社 1997 年版，第 214 页。

有同时学好汉语与外语,才能担负起这项大任。

（二）"学术建校"与多样化办学

20世纪40年代,国家处于革命战争时期,急需大批俄语翻译人才。在这个时期,哈外专实行军事化管理,办学目标是快速培养军政翻译人才。新中国成立后,国家恢复经济发展,学校的目标是培养国家需要的经济建设人才。这种应急培养人才的教学模式虽然满足了国家的需要,但是也存在缺点,比如教学与科研分离,注重教学的同时忽视了科研。于是,1954年,王季愚提出了"学术建校"的理念,认为"办学校必须从学术研究着手,单靠改进教学方法还不够,根本出路在于提高外语理论水平"①,"没有先进的教学理论知识,便不可能有成功的教学工作"②。王季愚主张将教学与科研结合起来,在总结经验的基础上,抓住外语教学的国际潮流,结合我国的发展要求,适当地借鉴国外的教学与科研经验,提高自己的学术水平,从根本上提高外语教学质量。"学术建校"的理念很快付诸实践,学校多次召开教学研讨会,讨论教学问题和学术问题,创办学术刊物,为教师和学生提供学术交流平台。学校在"学术建校"这一理念的指导下培养出很多优秀的学生。学校也越来越正规化、学术化,成为当时数一数二的外语院校。后来,王季愚转到上海外国语学院工作,也一直贯彻"学术建校"的理念,使上海外国语学院越来越好。

王季愚提倡多样化办学,旨在提高学生的综合能力,符合我国的现代化要求,适应国际化的发展趋势,培养学生的全球意识,为国家输送更多高素质、高质量的翻译人才。在1981年外语教学研究会成立大会上,王季愚表达了她多样化办学的教育思想。王季愚主张,根据社会需要和不同的培养模式,制定多样化的学制,编写多样化的教材,设置多样化的课程,采用多样化

① 赵劭坚、傅善卿、李良佑:《平凡人生:王季愚传略》,上海书店出版社2006年版,第104页。

② 梁兴国:《求实精神——王季愚教育思想中的一条主线》,见戴炜栋主编:《爱心的回响——缅怀人民教育家王季愚》,上海外语教育出版社1997年版,第388页。

的教学方法，从而提高教学质量，培养更多的人才。王季愚还提倡外语与其他学科相结合，扩大学生的知识面。这一教学理念在如今的黑龙江大学得到了落实，中俄学院是黑龙江大学与俄罗斯新西伯利亚国立大学按照国际一流学院发展理念与模式联合建立的以培养对俄战略性拔尖创新人才为目标的公办全日制学院，具有中外联合办学的鲜明特色。中俄学院积极创新，勇于探索，与俄罗斯合作高校共同打造了全新的课程体系，构建起了宽领域、多层次、高水平"专业＋俄语"的对俄战略性拔尖创新人才培养模式。中俄学院着力培养既精通俄语、熟知俄罗斯国情、具有广阔的国际化视野，又掌握自然学科和人文学科专业知识、具备较强的综合能力的高级专门人才。目前，学院共开设化学工程与工艺、应用物理学、生物技术、数学与应用数学、金融学和法学等六个本科专业。

（三）注重"三材"建设

"三材"包括人才、教材、器材（包括图书资料与教学设备）。王季愚注重"三材"建设在外语教学中的重要性，学校具备"三材"，教学才能顺利进行，教师才能教好学生。

拥有一流的师资队伍是提高教学质量的关键。王季愚非常重视教师队伍的建设。她认为，教师自身的能力与素质对学生有很大的影响。为了建设一支思想过硬、专业能力强的师资队伍，学校于 1950 年成立了研究生班，培养"又红又专"的教师，采用"请进来、走出去"的方法提高教师的专业水平。从 1953 年起，学校通过高等教育部先后聘请了十多位苏联语言学家到学校给教师讲课，并派遣一部分教师到苏联进修学习，从而提高教师的外语理论水平与外语实践能力。王季愚认为，教师队伍的年龄结构、学历结构、知识结构应该优化。教师队伍中应该既有中年教师，又有青年教师。教师应该提高学历层次，不仅要学习外语专业知识，也要提高中外文化修养，做到"中外兼修"。王季愚还提出，外语学院之间应该进行交流，学校的教师来源应该是多样化的，学校应该从外校吸收毕业生和研究生来扩大师资队伍，这样更有利于提高教师的教学能力和科研能力。

学生的生源复杂，学生掌握知识的程度不同，有的学生具备一定的俄语基础与文化基础，有的学生从来没有学过俄语。在这种情况下，学校自编俄语教材，突出重点，有针对性地提高学生的外语能力，所编写的俄语教材具有很强的实用性。王季愚还经常指导青年教师编写和修改教案，使教案更符合本校学生的特点。

对于学生来说，丰富的图书资料和先进的教学设备是必不可少的。在哈外院时期，学校建立了语音实验室和电化教研室，为教师和学生提供方便，是新中国外语院校中最早添置这些设备的院校。此外，王季愚亲自筹措购书经费，了解采购情况，寻找书源，连图书馆的工作人员都是她亲自选派的。至1958年，哈外院的图书馆拥有五十多万册藏书。这个图书馆成为我国当时俄文藏书最丰富、最齐全的大学图书馆。这个图书馆还收藏了各种各样的“善本书”和名人字画。这有利于学校不断扩大规模，有利于满足师生的需求，也有利于提高师生的文化素养。

（四）重视“三基”

所谓“三基”，是指基本理论、基本知识、基本技能。学生掌握“三基”是学好外语的关键。

1955年，在哈外专举行的俄语教学研究会上，王季愚提出，过去哈外专对语言理论不够重视，理论是实践的基础，精辟的理论能够有效地指导实践。王季愚还提出，教师应该积极主动地学习，全面提高理论水平和理论素养，教师在语言实践课上为学生讲授的理论知识必须少而精。为了更好地指导实践，学校后来成立了理论教研室，专门研究语言理论。

学习词汇、语法等基本知识对于学好外语来说是至关重要的。王季愚强调，学生要掌握一定的词汇，要学好语法。在王季愚的带领下，学生对学习外语具有很高的积极性和热情，他们在学校各处大声背诵单词、朗读课文。

对听、说、读、写等语言技能的掌握和运用是学习外语的基本要求。王季愚注重对学生进行基本功的训练，想方设法地提高学生的外语技能。比如，王季愚利用哈尔滨苏侨众多的优势，大量聘请苏侨担任教师，鼓励学生编排俄语节目，为学生营造学习俄语的环境。

（五）尊重事实，联系实际，遵循教育规律

王季愚认为，外语教育模式应该与中国实际结合起来，符合中国师生的特点，符合教育规律。20 世纪 50、60 年代，“政治运动”经常影响教育活动的开展。在“大跃进”时期，学校的师生都参加生产劳动，教育教学被忽视了。王季愚认为，外语教学有自己的客观规律，不能把意识形态领域的斗争作为外语教育发展的导向。1960 年，校党委做出“下乡办学”的决定，王季愚从实际出发，进行实地考察和调查研究，认为“下乡办学”这种方法是不可行的。王季愚向上级反映，提出不能不经过调查研究和论证就确定政治指标。最终，“下乡办学”被上级终止。王季愚认为，在外语教育方面要深入教学实际，联系现实情况，注重调查研究和论证，因材施教。1964 年，王季愚来到上海外国语学院担任院长，一到学校，她就到英语系了解情况，到班级听课，找教师谈心，参加教研活动，听取专家、教授和广大师生的教学意见，进行民主办学和科学决策。

三、王季愚外语教育思想对当代法学教育的启示

随着依法治国的推进，我国不仅要具有完备的法律，也要有足够数量的法律人才来为法治建设做贡献。“人才强法”，法学教育培养出来的法律人才是建设法治国家的第一资源。法学教育的改革与发展，关乎法律人才的培养，对中国法治化进程的推进和司法改革的可持续发展具有重要影响。我国目前有将近 700 所高校设有法学专业（这里所说的法学专业是一级学科意义上的概念），每年有大批本科生、研究生入学，教育规模持续扩大。在社会转型时期，我国法学教育亟须改革，对此，王季愚的外语教育思想具有多方面的借鉴意义。

（一）德育为先

王季愚强调思想政治教育在教学中的重要性，要求学生德才兼备。如今，我们法学教育的目标是培养为中国特色社会主义法治建设服务的法律

人才。法科生需要“德法兼修”,不仅要掌握法学专业知识,熟悉法律实务,也要树立正确的价值观、人生观和职业观,勇于承担起为法治建设做贡献的责任。因此,我国法学教育要把思想政治教育作为先导,将其摆在法治人才培养工作的首位,使学生具有社会主义法治理想和较高的政治素质、职业道德水平。高校应培养理论扎实、实践过硬、思想开放、追求进步、适应国家法治建设需要的法律职业人才。

法律人要维护社会公平正义,职业道德要比专业知识、技能更重要。法律职业实践者(主要指律师、法官、检察官)要严守内心的底线,依法办事,秉公执法,这样才能成为国家法治建设的合格人才。但是一些高校在法学专业的课程设计方面注重学生的专业知识与技能,在一定程度上忽视了法律职业伦理教育的重要性。王季愚在政治理论课上不是照本宣科,而是结合实际,用富有文采的语言、生动具体的实例和深入浅出的讲解来引导学生深入思考,启发学生掌握精髓。这种方式值得法学教师借鉴。法学教师可以通过增加典型案例,让学生深刻了解违反职业道德的严重性,让学生查询并关注违法违纪的法律职业人员,在课堂上让学生进行评论。

(二)教育目标以培养法律职业人才为主

目前,我国法学教育采用的是通识教育的模式,祝家麟、陈德敏认为:“通识教育就是通才教育,其目的是改变过去专业过细,过分强调专业而培养出‘工匠式人才’的教育观念与实践,即在大学期间注重对学生进行‘厚基础、宽口径’的培养。它当然包含了思想道德素养、文化素质、业务素质和身体心理素质的培养。”[①]通识教育也被称为素质教育,强调学生发展的全面性、整体性,偏向理论化。法学教育目标一直多有争论。法学教育是以学理化为主还是职业化为主,是培养学术型人才还是应用型人才?

王季愚一直以国家需要为依据,与实际需求相联系,其教育目标是培养为解放战争和胜利后的社会主义建设服务的人才。从王季愚的外语教育目

① 祝家麟、陈德敏:《大学通识教育与专业教育的矛盾冲突与融合》,载《中国高教研究》2002年第6期。

标来看,人才培养的目标是让他们更好地为国家建设服务。同样,在急需高素质法律人才的今天,高校也应该以国家需要为依据,为国家培养法律人才,提高法学教育的国际化水平。高校应以国家战略为重心,以职业为导向,满足社会的实际需求。

(三)“中外兼修”

外语与法律都具有一定的文化属性。王季愚强调,在学习外语的同时也要提高母语的水平。法学教育也是如此,既要突出“外”字,即学习外国法律制度,也要重视传统法律文化的熏陶。发达国家的一些先进的法律值得我们学习和借鉴。龙大轩教授曾表示,中国法律史作为法科生的必修课程,听起来似乎“高大上”,但在教学实践中,还是免不了“坐冷板凳”的命运,难受学生青睐。法律史课程主要是学习中国古代和近代的法律。有人认为法律史对现今快速发展的社会没有多大用处。这种想法过于片面,法学是一个系统的知识体系。如果只掌握现在的法律制度而不熟悉过去的法律制度,那么这样的法学知识结构是不完整的。学生学习中国法律史,能够以史为鉴,理清法律的来龙去脉,加深对现有法律知识的理解。

优秀的法律传统与思想文化是我国深厚的文化软实力。对优秀的传统法文化进行创造性转化具有重要意义。比如,古代“德主刑辅”“息讼”等法律文化理念对当代仍然具有借鉴价值。中国传统法文化包含着古人的法律智慧,充分体现了中华民族优秀的文化传统,对于建设中国特色社会主义法治国家具有重要的借鉴价值。因此,我们不仅要学习外国先进的法律知识,也要重视研究中国法律史。

(四)注重“三材”建设和师资力量培养

2018 年,教育部发布《法学本科专业教学质量国家标准》,对教师队伍规模明确提出了要求,法学类专业一门专业必修课程应当配备 1 至 2 名专任教师任主讲教师,专业教师中具有硕士学位、博士学位的比例应当高于 90%,各专业师生比不得低于 1∶17。

在知识结构方面,我国高等院校的一些法学教师偏理论而轻实务,知识结构比较单一。法学教师一般要求具有博士学位,他们在毕业后直接进入高校,缺少一定的法律实务经验。因此,一些法学教师的思维模式是理论型的。高校法学教师在注重学术研究的同时,应该加强对司法实践的研究,多接触法律实务,提高法律运用能力,做到理论与实践相结合。高校应该加入一定比例的有实务经验的教师,多渠道选聘法学教师。师资队伍应该具有合理的年龄结构。中年教师具有深厚的法学理论功底和丰富的教学经验。青年教师注重创新,而且与学生年龄差距小,更了解学生,知道什么样的教学方式更适合他们。高校应按照自身的情况引进高水平的法学教师,教师也应不断进行研究和学习,满足教学需求。

(五)综合掌握理论、知识与技能

法学是一门实践性、实用性、技术性很强的学科,单一的理论知识的学习不能满足职业需求。目前,法学的教育模式以通识教育为主,一些学校对法科生的法律职业技能培训不到位,教学内容不能全面反映法学的全貌,偏重理论化。这就造成专业知识与专业技能脱节,以及教学与实务操作脱节。学生在从事法律相关工作时不能很好地满足岗位的要求。因此,学生只有充分掌握基本理论、基本知识和基本技能,才能在职业道路上走得远。

综合掌握理论、知识与技能是王季愚教育思想的重要内容。学校应该在培养学生理论素养、使学生充分掌握法律知识的同时,紧密围绕法律实践,让学生在学习期间掌握必要的法律技能,重视培养学生的实践能力和解决问题的能力,将理论知识传授与职业能力训练结合起来。除了设置模拟法庭、法律诊所、谈判训练等课程以外,学校应该提高法科生在法律文书写作、发现问题、谈判、检索文献等方面的能力,还应该加强与实务部门的联系,为学生提供各种实习机会,使学生更好地了解社会发展的实际情况。只有将理论与实践结合起来,学生才能灵活地掌握知识、熟练地运用职业技能,才能成为高素质的法律人才,才能在毕业后更好地融入社会,为国家法治建设贡献自己的力量。

（六）遵循教育规律，符合中国实际

王季愚主张教学要符合教育规律。所谓教育规律，是指教育现象背后固有的、内在的、本质的必然联系，包括教育内部诸因素之间，以及教育与其他外部因素之间的必然联系。教育内部因素包括教师、学生、教学、教材、设备、管理经费等。教育外部因素包括社会制度、政治改革、经济水平、文化传统、社区发展、人口状况等。在教育活动中，这些内部因素和外部因素相互影响，形成了纵横交错的复杂关系。中国法学教育要适合中国学生的特点，要符合中国国情、具有中国特色，不能急于求成，不能过于功利化。目前，虽然我国需要大量的法律人才，但是高校不能急功近利，不能片面追求规模和经济效益，要遵循教育规律，这样才能培养出数量多与质量高的法律人才。

四、结语

法学教育改革任重道远，面临着诸多困难。外语与法学同属于文科，在教学方面存在一定的共性。我们对王季愚的外语教育思想进行总结、提炼，并创造性地将其运用于法学教育，从思想教育、培养目标、教学内容、教学手段等方面入手，有针对性地提出解决办法。对于法学教育，高校首先应该明确培养目标，有了具体的方向，才能在正确的道路上“使劲”。高校应该加强对法学专业学生的思想教育，培养他们的职业道德感，培养德才兼备的高素质法律人才。高校应该加强师资队伍建设，教师不仅要严格要求自己，提高自身的能力，也要对学生严格要求，提高学生的法律思维能力与法学素养。高校还应该提高法学专业学生的基本素养与核心素养。这是法学教育的基本目标。同时，现代法律知识与古代法律知识同样重要，学习中国法律史能够培养法律专业学生鉴往知来的能力。

参考文献

[1]高静. 我们的好校长好老师[M]//戴炜栋：爱心的回响——缅怀人

民教育家王季愚. 上海:上海外语教育出版社,1997.

[2]左毅,冯彬彬. 对季愚校长教育思想和实践的片断回忆[M]//戴炜栋:爱心的回响——缅怀人民教育家王季愚. 上海:上海外语教育出版社,1997.

[3]陈隆增. 无声的怀念[M]//戴炜栋:爱心的回响——缅怀人民教育家王季愚. 上海:上海外语教育出版社,1997.

[4]赵劭坚,傅善卿,李良佑. 平凡人生:王季愚传略[M]. 上海:上海书店出版社,2006.

[5]梁兴国. 求实精神——王季愚教育思想的一条主线[M]//戴炜栋:爱心的回响——缅怀人民教育家王季愚. 上海:上海外语教育出版社,1997.

[6]刘坤轮. "学术一体"法律职业伦理教学模式的实践与创新[J]. 政法论坛,2019,37(2).

[7]祝家麟,陈德敏. 大学通识教育与专业教育的矛盾冲突与融合[J]. 中国高教研究,2002(6).

[8]黄进. 新时代高素质法治人才培养的路径[J]. 中国大学教学,2019(6).

[9]姚本先,周兴国. 教育理论[M]. 北京:知识出版社,2002.

[10]霍宪丹. 中国法学教育反思[M]. 北京:中国人民大学出版社,2007.

王季愚教学思想研究

黑龙江大学哲学学院　周晓莹[①]　闫雪[②]

黑龙江大学的前身系1941年延安中国人民抗日军政大学第三分校俄文队。从1941年至1944年，延安中国人民抗日军政大学第三分校俄文队先后更名为中央军委军事学院俄文科、中央军委俄文学校和延安外国语学校。1946年11月，学校迁至哈尔滨，被命名为东北民主联军总司令部附设外国语学校。1948年年底，学校更名为哈尔滨外国语专门学校，1953年更名为哈尔滨外国语专科学校，1956年更名为哈尔滨外国语学院。1958年，黑龙江大学正式成立。从1946年至1964年，王季愚一直全面主持学校的工作，将学校建设成当时全国同类院校中规模最大、教学最优、科研最强的俄语教研基地。1964年，王季愚调至上海外国语学院，担任院长。作为新中国杰出的教育家，王季愚对党的教育事业兢兢业业，在物质资源相对匮乏的条件下，为新中国培养了大批优秀的俄语人才。据统计，仅1946年至1958年，王季愚领导的学校就为国家输送了六千多名俄语人才。当今，很多俄语学科的带头人、著名教授等都是王季愚的门生。她对教育事业的执着、对教学方法的创新、对教学规律的把握在现阶段仍然具有重要的借鉴意义。本文将从三个方面来探讨王季愚的教学思想，深入阐释她的教育理念，以此来展现她对

---

① 周晓莹(1985—　)，女，黑龙江哈尔滨人，黑龙江大学哲学学院副教授，哲学博士，从事中国哲学研究。本文为黑龙江省教育科学“十三五”规划2020年度重点课题“新时期高校思政教育‘五蕴一体’的协同创新理念与现实路径研究”(GJB1320275)和黑龙江省高等教育教学改革项目、黑龙江大学新世纪教育教学改革工程重点项目“综合性大学学生‘五蕴一体’人文素养培养研究与实践”(SJGY202005352020B32)的阶段性成果。

② 闫雪(1995—　)，女，河南安阳人，硕士研究生，研究方向为中国哲学。

新中国教育事业所做出的突出贡献。

一、教学的前提是把握“为谁培养人、培养什么人”的问题

无论是在哪个时代、哪个地域，教育的宗旨都是为国家培养人才。人才首先是人，人的主体意识决定“才”的用途和价值。因此，开展教学工作的前提是把握人才培养的方向和宗旨，也就是解决“为谁培养人、培养什么人”的问题。

王季愚作为新中国新建高校的主要领导，在“为谁培养人、培养什么人”方面有着清醒的认识，她曾用方向盘来比喻人生观，强调思想政治教育对一个人具有重要的引领作用。在教学中，她坚决贯彻党的教育方针，注重学生的思想政治教育，反对单纯进行业务教学的观点，全心全意为党和国家培养人才。在新中国成立前夕，考虑到多数新学员长期生活在敌伪统治区，对中国共产党和中国革命的历史缺乏理解，加之关内许多大学都是在旧大学的基础上改造的，并不重视政治理论教育，学生的头脑中还存在一些旧观念，王季愚设立了政治理论教研室，对学生进行思想政治教育。当时一部分学生认为，思想政治理论学习就像青菜一样清淡寡味，并无用处。王季愚却说，思想政治理论学习是最有营养的，我们不能轻视。她一方面邀请知名人士、党政领导人和新闻界专家，如张策、刘亚楼、罗荣桓、李立三、沙英、张如心、吴伯箫、张松如、萧军等，开展讲座；另一方面组织开设思想政治理论课程，开展天天读报会和每周生活会等活动。她本人还亲自进行授课，想方设法地让思想政治理论课程变得生动有趣、令人印象深刻。为了检验学生的学习成果，她采取期中出题、期末开卷考试的方式，让学生将所学知识与革命实践、个人觉悟结合起来，全面展现思想政治教育的成果。

除了严格把握人才培养的政治方向以外，王季愚还注重师德师风建设。她是一个甘于奉献、道德高尚的人，总是强调教师的品行对学生品行的影响，用自己的人格魅力和道德修养感染着学生。1997 年，上海外语教育出版

社出版了《爱心的回响——缅怀人民教育家王季愚》,书中收录了王季愚的多位同事和学生为她撰写的纪念文章。其中,上海外国语大学评价王季愚是一位谦虚谨慎、刚正不阿、淡泊名利、志洁行廉的人。当时,学校领导以城市里到处都是资产阶级为由,决定把学校拉到农村办学。王季愚坚决反对这种极“左”的办学方式,并向市委、省委、东北局汇报情况,最终制止了下乡办学。在党和人民面前,王季愚考虑的不是个人的荣辱,而是新中国的教育事业。在政治运动面前,王季愚在乎的不是个人的安危,而是学生的成长成才。她拿出自己工资的一部分作为学校的招待费。她秉承着爱护人才、关怀青年的原则。王季愚在建校初期巩固了教师队伍,在特殊时期保护了革命人才,她的义行善举令许多师生缅怀铭记,她的道德品质也影响了一届又一届学生。

二、保证教学质量的关键是遵循教育规律,因地制宜

作为一位知名的俄语学者和外语教育专家,王季愚深谙外语教育规律。1979 年,在上海外国语学院建校三十周年庆典活动的讲话中,她指出:“对外语教育来说,除了必须遵循‘三基’(基本理论、基础知识、基本技能),坚持‘三中心’(以教师、教材、课堂为中心),加强‘三材’(教材、人才、器材)等教育的一般规律外,还需要突出一个‘外’字。”①

新中国成立前后,国家急需俄语翻译人才,王季愚遵循教育规律,制定了相应的教学大纲,既考虑到学生的基本功训练,又兼顾用人单位的实际要求,注重将教学与具体工作结合起来。当时,学校根据强化教育的特点,自编了一套重点突出、实用性强、针对性强的俄语教材,在最短的时间内为国家输送了大批优秀的俄语人才。根据已往的语言学习经验,王季愚在教学中格外注重营造良好的语言环境,兴建图书馆,创建电教室。凭借哈尔滨独特的地理条件,学校聘请苏侨担任教师和教辅人员,学生在日常学习、生活

---

① 戴炜栋:《爱心的回响——缅怀人民教育家王季愚》,上海外语教育出版社 1997 年版,第 414 页。

中接触的都是苏侨。学校充分营造了生活化、实践化的语言学习环境。在教学中，王季愚安排外籍教师做讲读课和会话课的主讲教师，让中国教师做语法课的主讲教师兼班主任。这既符合语言教育的规律，又符合中国人的认知习惯，取得了很好的教学效果。

在师资队伍建设方面，王季愚注重提高教师的思想政治理论修养，她亲自为教师讲授政治理论课，帮助教师形成正确的世界观和人生观。在哈外专时期，为了提升教师的教学水平，她一方面注重培养青年教师，采取开设研究生班、选拔优秀学生等方式来扩充教师队伍；另一方面从学术研究入手，通过科学研究来提升教学层次，并把一些教师送到苏联进修学习，提升教师的俄语能力。20 世纪 60 年代，在上海外国语学院时期，王季愚主张师资队伍丰富化、阶梯化，反对“关门主义”，公开招聘各国外语教育领域的优秀人才，鼓励人才交流。正是因为王季愚具有这样的教育理念，20 世纪中期，上海外国语学院得以快速发展，当时该校拥有的外籍专家占全上海外籍专家总数的一半。

在从事教育事业的三十余年中，王季愚始终以课堂为中心，坚决反对违背教育规律的办学方式。20 世纪 50 年代初，全国高校开展“俄语扫盲”活动，一些地方鼓吹俄语速成学习班，王季愚不以为然，按部就班地开展日常教学活动。20 世纪 60 年代，整个教育事业都受到“左”倾思想的影响，王季愚身处逆境，面对强大的政治压力，依然恪守使命与信念，坚持以教学为中心，严格遵循教育规律，保证了教学活动的有序开展。

三、提高教学质量，敢于走在时代前端，锐意创新

创新是时代发展的原动力。新中国成立初期，教育事业面临着诸多的困难，王季愚凭借着高瞻远瞩的思想和勇立潮头的气魄，直面挑战，创造了许多“第一”，引领了新中国外语教育事业的潮流，开创了高等院校建设、发展的新局面。

在教学方法上，王季愚在哈外专时期采取直接教学法与翻译教学法相结合的方式。这种教学方式具有较强的实效性，为加快培养俄语人才提供

了重要保障。当时,直接教学法被批判为帝国主义洋奴教学法,王季愚无畏政治风险,大胆创新,鼓励教师挖掘直接教学法的合理内核,将直接教学法与翻译教学法结合起来,取得了很好的教学效果。在教学模式上,王季愚考虑到少年记忆力强、接受能力强,以及外语学科模仿性强等特点,面向初中毕业生招收预科班。其成功的经验为十几年后教育部选派中学生赴国外学习提供了借鉴与参考。在教学设备建设上,王季愚成立了新中国最早的语音实验室,建设了俄文藏书最多、最全的图书馆。考虑到高校未来的发展趋势,王季愚将哈外专迁至沙曼屯,筹建具备运动场、图书馆、游泳池和俱乐部的现代化高校,这为后来黑龙江大学的成立奠定了坚实的物质基础。在师资队伍建设上,王季愚独具战略眼光。在哈外专时期,她预见到依靠苏侨教师并非长久之计,从 1950 年开始,就着手举办研究生班、教师业余理论班、教师高级学习班,分层次、分阶段地培养师资力量。当时,研究生教育尚属少见,王季愚敢想敢干,锐意进取。20 世纪 50 年代中后期,大批苏侨回国,中国教师已能独立承担教学工作。值得称赞的是,王季愚很早就注意到心理学和教育学的重要性,注重从这两个方面提高教师的业务能力。这在当时是非常先进的教学思想。为了提高教学的理论层次,王季愚强调科研对教学的促进作用。1955 年,哈外院举办新中国首届俄语学科教学研讨会,全国各地的俄语教育人才齐聚哈尔滨,其学术影响力很大。20 世纪 70 年代,在上海外国语学院工作期间,王季愚要求各系教师深入研究国内外学界近二十年的发展现状,掌握学术发展的最新动态。为了促进教师重视科学研究,以科学研究来带动教学,王季愚在短短的两年时间内兴办了三种学术刊物,成立了四个科研机构。教学的发展离不开学科的进步,王季愚很早就认识到学科建设的重要性。她主张学科之间交叉发展,外语学科不能仅限于语言学习,应与其他人文学科相互渗透,这样有利于学生拓展专业知识。

可以说,王季愚是新中国外语教育事业的领军人。她登高望远,开拓创新。她的教学思想是真知灼见,历久弥坚。她对教学工作的创新建立在深谙教育规律的基础上。她把握住外语教育事业的发展脉搏,结合新中国建设实际进行大胆变革,这些变革对于当今的高校建设与发展仍然具有重要的指导意义。

四、结语

教学是高校全部工作的核心。做好教学工作的出发点是对学生付出真诚的爱。教师应真切地关心学生的成长成才,切实地认识到自己所肩负的教育使命和社会责任,与时俱进,倾囊相授,为学生搭建平台,让学生自由飞翔。回顾王季愚的育人岁月,在困难时期,她想方设法地维持正常的教学秩序,千方百计地创新教学方法、提高教学质量,大力培养优秀的师资力量。这一切都是基于对学生的爱、对教育事业的责任感,以及对国家和人民的使命意识。当讨论王季愚教学思想的启示意义时,我们首先应该看到她的教学思想背后是“为师之爱”。这是做好教学工作最重要的精神源泉。做好教学工作的前提是明确育人目标,也就是王季愚一直强调的要为党和国家培养人才。当代高校教师身肩重任。“青年学生的理想信念、道德品质、价值观念直接影响到国家的长治久安,民族的伟大复兴,社会主义制度的深根固柢。”①因此,我们必须要牢记习近平同志的指示,青少年是祖国的未来、民族的希望。我们党立志于中华民族千秋伟业,必须培养一代又一代拥护中国共产党领导和我国社会主义制度、立志为中国特色社会主义事业奋斗终生的有用人才。受到王季愚教学思想的启示,教师要遵循教育规律,要把教育当成一门科学,尊重人本身的发展规律,在深谙教育规律的基础上,结合时代特征、学生成长特征和社会需要进行开拓创新。教师在工作中要敢想敢干,勇于打破传统模式的束缚,善于利用新媒体、新技术,改进教学方法,注重科学研究,用科学研究来引领教学,真正使教学工作精致化、时代化、深入化。

参考文献

[1]戴炜栋. 爱心的回响——缅怀人民教育家王季愚[M]. 上海:上海外

① 周晓莹:《高校课程思政建设的路径探索》,载《黑龙江教育(理论与实践)》2019年第9期。

语教育出版社,1997.

[2]周晓莹.高校课程思政建设的路径探索[J].黑龙江教育(理论与实践),2019(9).

王季愚外语教育思想研究

黑龙江大学俄语学院　刘伟①

王季愚是我们党培养的为数不多的女教育家之一，她担任校长职务三十余年，为国家培养了众多高水平的外语人才。在新中国外语教育史上，她是当之无愧的创始者，也是卓越的领导者。“哈外专－黑龙江大学”时期的俄语教育在新中国教育史上占有重要位置，在外语教育史上留下了辉煌的一页。王季愚留给后人的遗产有两个：一是她的精神力量，二是她的教育思想和办学经验。笔者曾采访过数百位王季愚的学生，学生们讲述得最多的是王季愚对他们的培养和对他们人生的影响，他们由衷地怀念和感谢王季愚。王季愚的外语教育思想和人格魅力一直让笔者敬仰，笔者一直坚持对其俄语教育教学思想进行研究，撰写学术论文十余篇。笔者也曾在《黑龙江大学校史》中论述了老校长王季愚的教育生涯。在本文中，笔者将全面系统地研究王季愚对新中国外语教育的引领和突出贡献，运用翔实的史料系统地论述王季愚外语教育思想的重要内容，重点阐述她为新中国的建立、为社会主义革命和建设事业、为我国俄语语言学科的建设、为教学和研究事业做出的历史性贡献。

① 刘伟（1964—　），女，黑龙江哈尔滨人，黑龙江大学俄语学院副研究员，硕士，从事俄语教学法、俄语教学史、俄语教学思想研究。本文为黑龙江大学王季愚教育思想研究专项项目阶段性研究成果。

一、为新中国培养了第一批素质高、业务强的高水平师资队伍

王季愚在长期的教育实践中积累了丰富的办学经验，形成了一整套外语教育思想体系。其中，搞好教师队伍建设，建设“又红又专”的教师队伍，是其教育思想的重要组成部分。她将办教育的一般规律和外语教育的特殊规律与中国外语教育的具体实践结合起来，将长远的人才培养和国家急需的速成教育结合起来，将教学和科研结合起来，将紧急任务和学校的正规建设结合起来。她不断地培养和壮大教师队伍，不断提高教师的素质和业务水平，使教师队伍更好地适应外语教育事业的发展需要。这显示出王季愚教育思想的正确性和灵活性。

（一）重视青年教师的选拔和培养

哈外专成立之后，王季愚预见到，依赖苏侨教师不是长远之计，发展正规的外语教育，需要尽快培养自己的教师队伍。她选拔年轻有为的教师，着力进行培养，使他们逐渐代替苏侨教师、挑起教学的重担。1950 年，学校开始办研究生班，共办了 6 届，到 1956 年，研究生班共培养了 125 人。实践证明，1957 年前后，大批苏侨教师回国，外语教学的全部工作顺利地由中国教师负责。由于王季愚采取了有效的措施，学校仅用了几年的时间就培养出了能承担教学和科研工作并在全国有一定影响力的教师队伍。王季愚还根据教学需要成立了相应的教研室，培养具有不同专长的教师。1952 年，翻译教研室成立，这是哈外专历史上最先成立的中国教师教研室，翻译教研室先后由鲁刚、麻贵宾、李石民、郝建恒担任主任。随后，学校成立了讲读课教研室，有计划地培养讲读课骨干教师，为中国教师逐步进入讲读课主战场创造条件。这个时期是哈外专第一批中国青年俄语教师走上讲台的时期，也是实践课教师队伍开始壮大的时期。随着分科教学的进一步推行，1955 年，学校成立了统一大语法教研室，侯育成、王鲁生为教研室主任。学校还成立了

系统语言理论教研室，其前身为研究生室的理论组，教研室主任为王超尘，主要成员先后有黄树南、高静、金晔、信德麟、华邵、王钢、张会森、徐翁宇、何荣昌等。这是新中国第一代俄语理论课教师。这反映出王季愚具有远见卓识和强烈的历史使命感。

（二）重视教师理论水平和实践能力的提高

王季愚注重提高教师的外语理论水平和外语实践能力，特别强调心理学和教育学的重要性。她采取“请进来，走出去”的办法，提高教师的业务水平。几乎所有的教师都在苏联专家的帮助下进行了系统的理论训练。此外，从 1954 年至 1957 年，学校先后派出 4 批共 21 名教师去莫斯科大学等学校留学。1955 年，学校抽调 12 名教师到苏侨中学进行插班学习，以提高教师的口语能力和俄语实践水平。1956 年，哈尔滨外国语学院决定招收俄罗斯语言专业副博士研究生，5 名教师通过了入学考试。从 1954 年至 1958 年，学校分批对教师进行轮训，有的教师被派到华东师范大学和东北师范大学进修教育学。他们回来后成为学校的教学骨干和学术带头人。

（三）倡导教师开展科学研究工作

王季愚认为，外语教师的活动建立在科学研究和教学工作相互作用的基础上，教学工作在教师活动中占主导地位，但绝不能忽视科学研究工作在教师活动中的作用。1955 年，学校成立了由赵洵直接领导的科学研究处，科学研究处负责全体教师的科学研究工作，为教师制订相应的学习计划，有计划、有步骤地提高教师的理论水平和教学水平。每位教师都要开展独立的科学研究工作，不断更新自己的知识。由于教师掌握了科学研究的方法，教学得以顺利进行。学校经常召开科学研讨会，在苏联专家的帮助下对教师进行培训，这对教师开展科学研究工作起到了积极的推动作用。

（四）加强教师的思想工作

王季愚是一位具有深厚的理论修养、丰富的斗争经验的好领导，她深知没有思想好、业务强的教师队伍，学校很难达到教书育人的目的。她总是以朋友、同志的身份真诚地对待每一位教师。她是一校之长，但从不以校长自居，她对教师严格要求，但不苛求。她对教师关怀备至，但不违背原则。她充分发挥哈外专和哈外院时期党组织的作用，充分发挥党员的模范带头作用。教师中的党员大多数是干部，他们既懂业务，又熟悉思想工作，工作效果较好。他们调动教师的积极性，为教师营造必要的、良好的教学环境和生活环境，并创造条件，不断提高教师的专业水平，发挥教师的专长。大多数教师都能经受住政治和业务的双重考验。王季愚亲自对苏侨教师做思想工作，团结他们和中国教师一起做好外语人才培养工作。在苏侨教师中，她的威望很高。她与苏侨教师交朋友，并建立了深厚的友谊。

二、建立完备的俄语课程体系，为新中国俄语教学开启先河

在新中国外语教育发展的历史进程中，王季愚领导的哈外专在俄语教育方面是同一时期我国外语院校中办学层次较高的学校，哈外专开展了预科、本科和研究生层次的外语教育。每个层次的教育与教学都根据教学目的、教学阶段、教学条件和教学方法的变化取得了非常好的效果。

（一）教学目的明确，根据国家需要确定培养目标

哈外专是党领导的一所新型的革命学校，在附属于东北民主联军总司令部时，学员都是各级组织保送的革命青年，入学后按军队进行编制。学校的培养目标非常明确，即密切结合当时革命斗争和国家建设的需求培养军政翻译人才，直接为军队建设服务。学制不固定。学生可以随时入学，经过一个阶段的政治思想教育和时事政策教育，便开始上俄语课。学生在校学

习大约一年半，就因工作需要随时毕业。哈外专的俄语教学可以分为两个阶段。第一个阶段是1949年至1954年，学校没有正规的教学计划。教学目的主要是为新中国培养翻译人才，学生不仅要具有为人民服务的思想，而且要具有俄语方面听、说、读、写、译的能力。教学不分阶段。在这一阶段，苏侨是俄语教学的主力。第二个阶段是从1955年开始，在实施新教学计划以后，哈外专在俄语教学方面发生了重大变化，在苏联专家的帮助下举行了俄语教学研讨会，这推动了哈外专俄语教学法研究工作的开展。1956年6月，随着学校改名为“哈尔滨外国语学院”，学制由三年改为四年，学校执行全国统一的新教学计划。新教学计划确定的教学目标是培养俄语翻译人才和教师。新教学计划提出对俄语基础课实行分科教学。与此同时，任课教师也发生了变化，中国教师逐渐担任俄语实践课教师和俄语理论课教师。所培养的俄语人才要既能运用俄语表达思想，又能对语言现象做出正确的解释和分析，还能翻译政治类书籍和其他文献。

（二）建立完备的俄语课程体系，继承优秀的教学法传统

王季愚将人才培养与国家需要结合起来，制订了相应的教学计划和教学大纲，发扬哈外专长期形成的注重外语实践的优良传统。在三年制俄语专业教学计划中，开设的课程包括政治理论课程、文史理论基础课程、体育课程和俄语专业课程，俄语专业课程包括语音课程、语法课程、词汇课程和翻译课程。四年制俄语专业教学计划中除具有三年制俄语专业教学计划中的课程外，还增加了现代俄语理论课程（包括语音学、语法学、词汇学和俄语历史语法基础）、教育课程（包括教育学和俄语教学法）、教育实习课程（包括翻译课程和学年论文）。除此之外，当时的毕业生先是大部分被分到部队，随后被派往苏联援建的大型工厂。为了适应这种需求，学校还增设了有关军事和经济建设的俄语专业课，学生学习相关的专业术语和专业知识。研究生班开设的课程包括政治经济学、俄苏文学作品选读、现代俄语（包括语言学、形态学、结构学）、语言学引论、教育学、俄语教学法。这为黑龙江大学的课程建设奠定了基础。

三、在全国率先编译出版反映教学水平的高质量的统编教材

教材建设是学校重要的基础建设之一。在哈外专时期,王季愚、赵洵两位校长非常重视教材建设。从 1950 年开始,学校设置了教材编译科(后改为编译室),广泛地介绍苏联语言文学方面的理论,提高俄语教学水平。

(一)编写高水平的教材和工具书

王季愚主张根据哈外专的培养目标和教学实际情况编写俄语实践课和理论课的教材。有些教材不仅供本校师生使用,而且也被相继成立的其他外语院校采用。在设置编译科期间,学校共编写俄语教材 45 种,共印刷出版了 383600 余册,这些教材包括实践课和理论课的所有内容。除了编写教科书外,1952 年,学校编写了《俄语语法》(共 3 册),《俄语语法》在全国发行,前后共印 8 版,共 261000 册。

(二)完成教育部“统编教材”的编写工作

在哈尔滨外国语学院时期,王季愚、赵洵更加重视教材建设,把反映教学水平、具有自身特点的各门课程的教材编写作为“学术建校”的一项重要内容。她们派出俞约法、龙翔参加基础俄语实践课统编教材的编写工作。她们派出沈允、何兆源参加翻译课统编教材的编写工作。她们派出王超尘、王钢参加语言学引论课统编教材的编写工作。这些统编教材的编写工作保质保量地完成了。这对全国俄语教学质量的提高起到了重要作用。两位校长在教材建设方面还有自己长远的战略考虑。派出教师参加教育部统编教材的编写工作,为的是向兄弟院校和指导教材编写工作的苏联专家学习。这些教师在“取经”回校后可以根据自己的特点,在总结经验的基础上吸取统编教材的优点,编出更适合于自己教学的新教材。基于这种考虑,学校便成立了教材组来专门负责这项工作。后来,哈尔滨外国语学院扩建成黑龙

江大学,王季愚、赵洵关于编写教材的思想和计划为黑龙江大学俄语教材建设奠定了坚实的基础。

(三)编写我国首部俄语理论课程教材

特别需要提出来的是俄语理论课程教材的建设。哈外专是开设俄语语言理论课程最早的院校。然而,当时还没有一部由中国人自己编写的符合中国人学习特点的俄语理论课程的教材。因此,王季愚和赵洵两位校长提出由语言理论教研室编写这门课程的教材,王超尘编写俄语语音学,黄树南、金晔编写语法学,高静编写词汇学。这是我国最早的俄语理论课程的教材,也是第一部由中国人自己编写的俄语理论课程的教材。随着课程建设的完成和教师业务的成熟,编写一部充分反映学校自己的教学经验和俄语语言研究新成果的高水平的俄语理论课程教材被提到日程上来。当时,高等教育部在规划各门课程的统编教材的编写工作。鉴于黑龙江大学俄语教学力量和科研力量不断强大,高等教育部把俄语理论教材的编写工作委托给黑龙江大学俄语理论教研室来完成。王季愚亲自抓这一项工作,充分调动了俄语理论教研室的骨干教师,王超尘、黄树南、信德麟主要负责这项工作。历时一年有余,编写工作圆满完成。最后,王季愚亲自审校定稿,交给商务印书馆出版。书名是《现代俄语通论》。这是我国第一部由中国人自己编写的俄语理论课程教材。其质量之高,为学术界普遍称道。此书在全国各高校使用五十余年(重新印刷多次)。通过编写《现代俄语通论》这本教材,参加编写工作的教师进一步提高了自身的理论水平和教学水平。这为后来黑龙江大学俄语学科成为全国俄语教学和科研基地打下了良好的基础。

四、在全国首次提出"学术建校"思想,创办高水平的学术期刊

"学术建校"是哈外专时期办学的重要标志。1954 年,哈外专已经有了

自己的教师队伍和相对稳定的教材。但是从学校的发展和国家经济建设的需求来看,这还远远不够。解决问题的关键是“学术建校”。王季愚认为,必须从学术研究着手,才能把学校建成新型的、正规的、高水平的高等学校。在这一时期,在王季愚、赵洵两位校长的领导下,学校在客观上具备了“学术建校”的条件。尤其是应聘的苏联语言学专家陆续来到学校,通过各种形式传授语言学理论知识、文学史知识和教学法知识,这就提高了教师队伍的学术水平。

(一)哈尔滨外国语专门学校首届俄语教学学术研讨会是“学术建校”的里程碑

1955 年召开的首届俄语教学研讨会是学校由一个中心(教学)迈入两个中心(教学和科研)的转折点,也是教学由经验型迈向科学型的转折点,同时,又是俄语学科建设的新起点。

王季愚在研讨会的开幕词和闭幕词中,重点讲了“学术建校”的长远办学方针和战略目标。正如王季愚在开幕词中所指出的,在新形势下学校必须从学术研究入手,逐渐转变成新型的、正规的高等俄语学校。“学术建校”的关键是培养和提高教师的语言理论水平和实际掌握俄语的能力,开展科学研究工作。提高教师队伍的学术素养,是“学术建校”的重要内容。这次会议是“学术建校”的一个良好的开端。会上宣读伍铁平、王超尘、鲁刚和苏联专家 Г. П. 乌汉诺夫所做的学术报告四篇,李石民等所做的副报告三篇。每次主报告后,都展开热烈讨论。

这次会议的历史意义和影响,实际上已经远远超过一个学校的范畴。在此以前,我国俄语专业乃至整个外语专业从来没有举行过本专业的科研报告会,更没有举行过规模如此之大、质量如此之高的学术研讨会。所以说,哈尔滨外国语专门学校首届俄语教学学术研讨会是一座里程碑,是教学由经验型迈向科学型的转折点,又是俄语学科建设的新起点,是我国俄语教学史乃至我国外语教学史光彩夺目的一页。以学术而论,会上提出的几个主要报告时至今日仍有科学价值。从历史功绩来看,它引导许多俄语教师走上科学研究的道路。我国一些俄语语言文学学科带头人和学术骨干在当年都受到了这次会议的影响,逐渐探索出俄语语言文学学科的诸多研究方向。例如,伍铁平、王超尘、信德麟、陈楚祥等当时的主要报告人,在当年就是俄语学界的"佼佼者"。通过参加会议和开展这样的科研工作,他们快速成长,在自己的研究领域一直处于领先地位。在培养一代俄语理论人才方面,会议有过功绩。

(二)学术刊物的发展是"学术建校"长远的办学方针和战略目标

1951年3月,哈外专编辑了《教务工作通讯》,这是供内部参考的不定期刊物,没有公开发行。创办《教务工作通讯》的任务是:帮助教师贯彻学校教育方针和实施教学计划;总结在贯彻教育方针与实施教学计划过程中的各种经验,并进行交流和推广;组织政治思想工作经验交流。其中有王季愚的《一九五二年下学期俄文教学工作总结》,有主管外语教学的副校长赵洵的《实践,认识;再实践,再认识》,有一大批俄语界老前辈的教学心得。这些文章对20世纪50年代哈外专俄语教学与研究的发展起到了很大的推动作用。《教务工作通讯》于1954年9月完成了它的历史使命,共出版24期。

1954年,在新的形势下,《教务工作通讯》已经不能满足教学和科研日益发展的需要,并于11月7日校庆之日更名为《外专校刊》。校刊的任务就是帮助全校教师深入学习,开展科学研究工作,积累教学经验,以便提高学校的教学水平。更名后的《外专校刊》在内容上做了很大调整,除了继续刊载俄语教学方面的文章外,还刊载俄语语言理论方面的研究文章。

1956年4月,为了适应"学术建校"的需要,学校把原本只在本校发行的《外专校刊》改为学术性期刊《俄语教学与研究》,在全国范围内发行。刊物的宗旨是广泛介绍俄罗斯语言研究成果,发表本校及其他院校有关语言理论的科研成果和教学领域的科研成果。该刊物是全国高水平的俄语刊物之一,是新中国外语院校最早的学报,赢得了作者和读者的信赖,对外发行,发行量逐年增加。该刊物对我国俄语教学和俄语理论研究做出了重要贡献。

1957年,中国科学院院长郭沫若亲笔题了刊名。该刊物在发行后产生了重大影响。《俄语教学与研究》除正刊外,还出版了普及俄语的副刊《Спутник》(《卫星》)。

经过几十年、几代人的辛勤努力,从《教务工作通讯》《外专校刊》《俄语教学与研究》《外语教学》《黑龙江大学学报》到现在的全国首届优秀社科学术期刊、全国外语类核心期刊《外语学刊》,一直在全国率先刊登学术研究的文章,一直保持哈外专的优良传统。这些刊物以语言学研究为主线,兼顾与其相关的边缘学科、交叉学科的理论研究,为我国外语教学研究与语言学研究搭建了良好的学术平台,为我国广大外语教学和研究人员敞开了通往世界的窗口,为中国语言学界创造了走向世界学坛的机会,创造了学术研究的辉煌。

五、在新中国外语院校中,最早开展研究生教育,为新中国培养了第一批俄语研究生

黑龙江大学俄语语言文学学科至今已有80年的光辉历史,综合实力位居全国前列,多年来为国家培养了本科、硕士、博士和博士后等多层面的俄语专业人才,满足了国家和社会对俄语人才的需求。经过几代人的努力,俄语语言文学学科已发展成为历史优势明显、特色突出、在国内外具有广泛影响的学科。

(一)"哈外专－哈外院"时期的研究生教育

1950年11月,王季愚、赵洵两位校长开始着手培养研究生。当时,她们从本科毕业生中抽调24人组成研究生一班,这是新中国外语院校开展的最早的研究生教育,这些学生是新中国培养的第一批俄语研究生。经过将近两年的学习,该班学员于1952年8月毕业,大部分学员留在学校,充实到教师队伍中。王超尘、信德麟、高静、钟鼎、余养才等都是杰出代表。1952年夏,学校又开设两年制的研究生班3个(2—4班),随后又先后增加了两个班

(5—6 班),学员共计 125 名。根据教学的需要,学校成立了研究生室,由曲程任主任,并从苏侨教师中选择经验丰富的教师任教,后来苏联专家来校,改由专家任教。我国俄语界早期的一些知名学者、专家、教授大多毕业于这一时期的研究生班。

1955 年,高等教育部指示哈外专开办正规研究生室,哈外专招收研究生 140 名,后来成立了理论班,专门培养理论课教师。研究生班的毕业生成为俄语教学的骨干。类似的研究生班从哈外专、哈外院持续到黑龙江大学,一直没有中断过。

1956 年,哈外院开始按照苏联的学制和模式培养副博士研究生,由苏联专家授课并担任指导教师,研究生教学更加正规化、专业化。第一期招收了 5 名学生,他们只修完必修课程,通过考试提前毕业。由此可见,俄语专业的研究生教育在哈外专、哈外院时期已经开始,并奠定了良好的基础。

(二)建校初期俄语专业的研究生教育

黑龙江大学建校后,除了继续完成哈外院末期招收的研究生班的教学任务外,还分别于 1959 年和 1960 年又招收了两期研究生,这两期研究生于 1961 年和 1962 年毕业。这两期研究生教育,比哈外专、哈外院时期更加正规,除不授予学位外,已十分接近现在的硕士研究生教育。通过比较前后两个时期的研究生教育,我们可以发现黑龙江大学时期的研究生教育有两大进步:第一,黑龙江大学让学生从不同的研究方向撰写毕业论文,并配备指导教师(由学有专长的教师担任指导教师),而哈外专、哈外院时期的研究生教育则只是“通才”教育,不分研究方向,毕业论文用俄文撰写;第二,在黑龙江大学时期,所有课程的教师和指导教师均由哈外专、哈外院时期培养的中国教师担任,而在哈外专、哈外院时期,主干课程的教师由苏侨或苏联专家担任,后期才逐步由中国教师担任。

几十年来,俄语学科注重坚实的理论基础,注重创新精神和创造能力的培养,承担具有挑战性的研究课题。研究生既是受教育者,又是研究者,是知识创新的有生力量,充分发挥了自身在学科建设中的作用。黑龙江大学以整个俄语学科为背景,有组织、有计划地设计研究生培养方案,确立了以教学促科研、以科研带教学的指导思想。经过几代人的努力奋斗，俄语学科在研究生的培养方面已显示出明显的历史优势，在国内外具有广泛影响，取得了瞩目的成绩。从培养的质量方面来看，现已毕业的学生大多成为俄语方面的专家、学者、教授，以及国家各级部门的领导，还有一些毕业的学生成为中俄两国文化交流的使者。

哈外专从1951年开始举办俄语研究生班，这是很有远见的重大决策，是王季愚外语教育思想的重要体现。她为我国俄语教育事业的发展做出了卓越的贡献。

六、最早成立俄文编译室，首创性地开辟全新的学术领域，即词典编纂研究

20世纪50年代，哈尔滨外国语学院、黑龙江大学的词典编纂工作是在王季愚、赵洵两位校长的亲自领导下开始的。对于她们毕生的业绩，笔者将其归纳为两个方面：一是她们为国家培养了大批优秀人才；二是他们开辟了一个全新的学术领域。词典编纂是应用语言学研究领域的一大贡献。词典编纂工作所需要的时间比教学、翻译或一般的编辑工作所需要的时间要多很多。对双语词典的编者来说，他们不仅要有较好的外语理解能力，还要有较强的本族语表达能力，以及较全面的语言理论知识和较宽的知识面，特别是大型词典的编撰，涉及多种学科、各行各业，对知识面的要求更广。没有相当的知识积累，没有相当的阅历，是不能胜任的。但是黑龙江大学的词典编纂团队完成了《新时代俄汉详解大词典》《俄汉详解大词典》《大俄汉词典》《苏联百科词典》《俄语8000常用词词典》《俄语常用词词典》《俄汉新词词典》《俄语新词语词典》《俄语新词新义词典》《乌克兰语汉语词典》《新编乌克兰语汉语词典》《便携俄汉大词典》《俄汉双解俄语方言词典》《新编俄汉缩略语词典》《俄汉成语辞典》《希腊罗马神话词典》《俄语多功能词典》《俄语常用动词分类词典》等。这些旷世巨著是对中俄两国人民文化交流的历史性贡献。

（一）词典编纂研究的艰难历程

词典编纂是在哈外专时期开始的。在第一个五年计划期间，苏联援助中国156项工程，我国在经济和军事建设过程中需要翻译大量的材料。在翻译过程中苦于工具书匮乏，王季愚、赵洵两位校长决定组织力量编纂工具书。《俄汉成语辞典》从1952年开始编纂，1958年由哈尔滨外国语学院出版，次年再版。当时编译室的人员有刘耀武、李锡胤、金铁侠、佟轲、王士燮、王超尘、高静、信德麟等。这部辞典的编纂成功与编者们深厚的理论功底是分不开的，他们后来都成为中国俄语语言理论界著名的专家和翻译家。这部辞典得到苏联科学院给予的高度评价。从1954年起，赵洵校长组织编写了《俄语搭配词典》。1958年，哈外院改建为黑龙江大学。在王季愚校长的支持下，学校组建了词典编写组，组织编撰《俄汉详解大词典》。到1966年"文革"前，词典已编成三分之一。到了20世纪70年代，黑龙江大学成为我国俄语人才培养的重要基地。从表面上看，俄语教师似乎显得"过剩"，而这支以20世纪50年代培养的拔尖人才为主体的教师队伍年富力强，业务成熟。他们在词典编纂和辞书研究中经历了曲折的历程。由两位老校长亲手组建并亲自领导过的哈外院编译室曾经取得了引人注目的科研成果。

（二）词典编纂研究历史性丰碑

20世纪50年代俄语辉煌时的一代人认为有责任在离退休之前留点东西给后人。1985年，黑龙江大学俄语系词典组用两年的时间完成赵洵校长交来的译审《苏联百科词典》的任务，潘国民等六人给赵洵校长写信，阐述要再次编《俄汉详解大词典》的设想，并得到她的理解和帮助。他们具有此前编纂词典的成功经验，并在译审《苏联百科词典》中拓宽了视野，在词典中增加了大量词条。于是，在"文革"期间停止编纂的《俄汉详解大词典》在1985年终于又重新得到编纂。在赵洵校长和阎明复等人的支持和帮助下，《俄汉详解大词典》被列为国家哲学社会科学"七五"规划重点项目，以及教育部中苏两国文化和教育合作项目。黑龙江大学辞书研究所为主编单位，有编纂《大俄汉词典》的14位研究人员，以及全国8个省、市50多位编者参加了编纂工作。赵洵校长生前亲自参加了第一卷的词条审定工作。经过十几年的辛勤劳动,《俄汉详解大词典》于 1998 年由黑龙江人民出版社出版。这部词典全书四卷,收录了 246000 个词条,是我国收词最多的双语词典。这部词典有如下几个特色:收词量大,它超过了苏联 14 部俄语词典词条的总和;收词涵盖面广,在词典中增加了百科词典的内容,增加了各学科常用的专业词汇和人名、地名等专有名词;引用大量书证,除词组和短句外,还选收了俄苏文学经典作品中的大量例句。在双语词典中系统地采用书证,在我国还是首次。这使得词典在反映语言深度与文化内涵丰富性方面实现了重大突破。

从 1958 年赵洵校长主持编纂工作开始,两次打断,两次重启,两代人不懈努力,历经 40 年,终于完成了编纂工作。这是我国俄语辞书编纂史上编纂时间最长、规模最大、影响最深远、成就最辉煌的词典。俄罗斯科学院通讯院士宋采夫在序言中写道:"中国出版了许许多多俄汉词典和汉俄词典,而本《词典》是中国俄语研究历史上最大的一部——这是中华人民共和国科学界的大事,是中国俄语学家的巨大成就。"商务印书馆编审、词典学家冯华英对这部词典的评价是"20 世纪末词林的一座丰碑"。1997 年 11 月,黑龙江大学校长把《俄汉详解大词典》赠送给来哈尔滨访问的叶利钦。该词典被列为国家"九五"出版规划重点图书,并获得第三届国家辞书奖一等奖和第四届国家图书奖。该词典原来的骨干编者根据与商务印书馆达成的协议,对全书又进行了新一轮的全面加工,2014 年一部迄今为止收词最全、篇幅最大的工具书《新时代俄汉详解大词典》编纂完成。《新时代俄汉详解大词典》入选国家新闻出版广电总局 2014 年重点图书计划,于 2014 年由商务印书馆出版。该词典被黑龙江省人民政府评为黑龙江省第十七届社会科学优秀成果奖一等奖。词典编写团队被评为 2016"感动龙江"年度群体。

黑龙江大学在俄语词典编纂方面取得的丰硕成果,是黑龙江大学俄语学科发展"软实力"的有力支撑。从词典编纂人员来看,黑龙江大学汇聚了我国俄汉双解词典领域最高水准的专家。我国辞书界几代学者为词典的编纂工作倾其所学,付出了艰苦的努力。从词典编纂发起人王季愚、赵洵两位校长到历任辞书研究所负责人李锡胤、潘国民、郑述谱,他们承前启后,挑起俄语词典事业的大梁,他们在词典编纂和理论研究方面开了先河,取得了累累硕果。词典编纂对黑龙江大学俄语学科的发展起到了举足轻重的作用,是中国俄语教育史上重要的闪光点,是对中国俄语教育的特殊贡献。

七、最早成立教学科研情报信息中心——俄语文献资料中心

黑龙江大学有一个展示俄语学科丰硕成果和对外文化交流成果的地方,它跨越了半个多世纪,成为非俄语国家最大的俄语专业文献资料中心,资料中心对俄语学科的建设和发展具有特殊的价值,发挥了举足轻重的作用。它是教学和科研的后勤基地,是教学和科研情报信息中心。资料中心的藏书、期刊、档案的质量,以及管理的状况和服务能力直接反映了俄语学科教学和科研水平。它的服务手段和服务水平在国内同类院校中占据领先地位。它为推动学科的创新和发展提供了有力的支撑。1989 年,黑龙江大学俄语文献资料中心获得国家教委授予的首届优秀教学成果特等奖,这是在资料中心工作的几代俄语人辛勤劳动的结晶。

(一)俄语资料室建设概况

王季愚校长在她的教育生涯中,非常重视学校的图书资料建设。在哈外专时期,她把学校图书资料建设纳入"四大基本建设"(即教师队伍建设、教材建设、图书资料建设、现代化电教设备建设)之中。哈外专是一所在解放战争年代诞生的大学,没有任何可继承的图书资料方面遗产。在学校办学环境相对稳定后,王季愚校长立即着手开展学校图书资料的建设工作,每年都从教育经费中拿出大量资金购置图书资料,重点购置俄文原版(当时苏联出版的)图书和期刊,购买了苏俄文学名著、语言学专著、教材、期刊和各种报纸等。1953 年,在王季愚校长的亲自领导下,学校成立了专供教师使用的俄语资料室。到 1956 年哈尔滨外国语学院时期,俄语资料室已经具备系统性强、功能完善、层级较高的特点。俄语资料室的室藏图

书体系按照当时教学和科研的要求已基本形成,这在全国高校同类藏书中堪称首位。

1963 年,王季愚校长在主持召开全校性的资料室工作会议上做了重要讲话,明确提出“办好系资料室是办好系的一半”,图书资料人员要“帮助别人搞学问,自己也要搞学问”,从理论的高度确立了有关俄语资料室建设和发展的指导性意见。在贯彻“帮助别人搞学问,自己也要搞学问”的要求方面,资料室从建设之初就受到王季愚校长的关注。王季愚校长重视资料室建设,其教育思想是全面的,这里既包括物的建设,又包括人的建设。为了提高资料室的服务能力,王季愚校长安排了一些素质好、学术水平高、科研能力强、有学术见识的教师负责资料室的工作。这为俄语资料室的建设和发展打下了良好的基础。这些人在资料室图书资料的收集、分类、加工、整理和深层次开发方面打下了坚实的基础,同时也做出了重要贡献。俄语资料室一代代的工作人员在“帮助别人搞学问”的同时,也在搞学问,他们俄语教学和科研方面为教师提供了一流的服务,同时也在工作中积累了经验。他们中的很多人成为各自学科的专家,如李锡胤、潘国民、陈书琪、李蕴真、俞约法、冈缙麟、蔡学举、马桂琴等。他们为资料室的工作做出了重要的贡献。

(二)俄语资料室的情报服务工作

从哈外专到黑龙江大学,各个时期的办学条件不同,领导对哈外专以来的传统继承的侧重点不同,但对俄语资料室的建设一直给予支持。俄语资料室是黑龙江大学俄语学科的重要组成部分,它的情报信息服务质量直接反映俄语学科的发展水平。俄语资料室以做好文献采集、加工工作和管理工作为宗旨,帮助教师和科研人员了解相关领域的发展概况和发展趋势,为确定科研方向和科研课题制订各种计划和策略。例如,资料室为当时的“五常科研小组”筛选出俄语中的常用词、常用词义、常用词形、常用词组、常用句作为编写教材的科学依据;为了帮助翻译组完成国家委托的有关经典著作和文史著作的翻译任务,资料室梳理了大量的文史资料。资料室在俞约法教授的带领下,首创性地引进苏联有关“语法翻译法”“自觉实践法”“视听法”“直接法”“认知法”等教学方法的丛书，引进了苏联语言学、文学、国情学的原版文献。这些文献对黑龙江大学在词典学、俄罗斯术语学、俄罗斯心理语言学、对外俄语教学法、俄罗斯词汇语义学等诸多领域开展研究奠定了基础。资料室为俄语在中国的推广做出了卓越的贡献。资料室发挥情报职能，开发和利用文献资源，为科学地评价科研成果提供参考依据。

（三）俄语资料室学术性工作

俄语资料室在教学和科研活动中扮演着重要角色。专业性强、学术性突出是资料室的特点。俄语资料室的工作内容十分丰富，可以说，学术性体现在资料工作的各个环节之中。无论是资料文献的搜集、整理、加工、检索，还是资料工作的组织管理和对现代化手段的研究应用都反映了它的学术性。例如：从 1953 年开始，俄语资料室按照俄语学科的分类开始收集文献资料。大多数是国内俄语语言文学理论类孤本藏书。俄语资料室收集俄文学术期刊近 40 种，如«Вопросы Языкознания»(1952)、«Известия академии наук СССР»(1953)、«Русский язык в школе»(1948)、«Литература в школе»(1949)、«Советская педагогика»(1951)等。俄语资料室收集中文期刊 60 余种，如《外语教学与研究》《外国语》《外语研究》《外语学刊》《当代语言学》《中国语文》等。俄语资料室还收集了几十年来在教学、科研过程中形成的学科档案等各种原始资料。例如：从哈外专时期开始的俄语实践课教案、理论课教案；从 1952 年开始的俄语专业课试题；教师教学工作日记；教学工作总结；教学工作会议综述；苏联教师（外教）工作报告；从 1958 年开始的俄语教师参加国内外学术会议的资料；从 1960 年开始的本科生、硕士生、博士生的毕业论文；教师在教学和科研活动中形成的资料档案、照片、录音资料；国外专家讲学的声像资料；各种教学用地图；近十万张有关目录索引和内容摘要的语言卡片、会话卡片；苏联、俄罗斯的名人、名画集等。这些资料是俄语学科的一笔巨大的财富。几十年的实践证明，这些资料对俄语教学、科研的发展发挥着重要作用。经过多年的收集、整理，俄语资料室逐渐形成了具有一定规模的学科文献体系。资料人员必须具备一定的素质和能力，才能做好资料的收集、整理等工作。资料人员需要具备广博的学科知识面、丰富的学科研究经验、敏锐的鉴别能力、超前的预测能力与积极的捕捉意识等。

从20世纪50年代起，资料室的教师针对教学、科研需要选编、译注、编写各种形式的参考资料，参与编写教材。例如：编制近十万张有关目录索引和内容摘要的卡片；为教师、研究生编写科研专题索引；绘制各种直观教具；综合加工、翻译、汇编各种教学参考材料；为教师、学生举办读书报告会、讲座等。资料室的教师独立为一线实践课教师编写了《教师课堂用语》、俄语歌曲集«Песенник»（内部文献）等。以目录索引工作为例，资料室蔡学举整理出了新中国成立后40年的《外国语言研究论文索引》（内部文献），刘伟整理出了《全国俄语语言文学博士、硕士学位论文题目索引》（内部文献）。这为教师和研究生提供了重要的科学依据。这项工作具有较强的实用性，取得了显著的效果。这项工作需要资料人员付出极大的耐心，需要资料人员发挥能动性和创造性，学术性贯穿这项工作的始终。

八、在全国高校语言学科引进最多的外籍教师

在20世纪40年代后期和20世纪50年代，哈外专、哈外院的俄语教学卓有成效，取得了令人瞩目的成绩。其原因是多方面的。这与苏侨教师和苏联专家付出的辛勤劳动是分不开的。在哈外专、哈外院时期任教的苏联专家、苏侨教师和教辅人员有三百余位。一个学校的语言学科有这么多“外教”，这对于世界上任何一所高等学校而言都是难以想象的。在这期间，有的苏侨教师在极不稳定的战争环境中始终坚持教学，克服各种困难，确保教学活动有序开展。他们一直与学生学习、生活在一起，过着艰苦的生活。在新中国成立初期，哈外专、哈外院为国家培养了大批俄语翻译人才。这与王季愚、赵洵两位校长团结这些苏侨教师是分不开的。

（一）东北民主联军总司令部附设外国语学校的苏侨教师

1947年，东北局势好转，学校于7月份从佳木斯迁回哈尔滨。办学校首

先要有教师,在哈尔滨复校就是为了能利用哈尔滨苏侨众多这个有利条件。校长刘亚楼要求教师想办法在最短的时间内掌握最基本的俄语知识。学校陆续从部队和地方招收了一批学员。这些来自祖国各地的年轻人具有不同的年龄、不同的经历、不同的文化程度,各自带着一口浓重的乡音。让这批毫无外语基础的学员在较短的时间内掌握俄语语法知识和一定词汇,并能用俄语进行交流,并不是一件容易的事情。主持学校工作的王季愚充分利用哈尔滨苏侨多这一得天独厚的条件,在学校创造一个“俄语化”的小环境,帮助学生学习俄语。学校大量聘请了苏侨教师和教辅人员,不但聘请苏侨担任专业课教师,而且聘请苏侨担任助教、打字员、舞蹈教师、清扫工。学校墙上张贴的是俄语名人名言,广播里播放的是俄语节目。在这样的气氛中,学员一进校门就开口说俄语。同时,学校自编了一套针对性较强的教材,苏侨教师结合学生的具体情况改编了讲义和课外阅读材料。授课方法以直接法为主。这一时期的代表教师是舍利波娃和库兹涅佐夫,他们为人正直,热爱中国和中国共产党,具有较高的文化水平和丰富的教学经验。学生们认为舍利波娃是诲人不倦、百问不厌的教师。舍利波娃与学校师生一起风雨同舟,患难与共。她不辞辛苦,勤奋工作,为学校制订教学计划,负责苏侨教师的教学管理工作,为学校的俄语教学工作做出了很大贡献。学生们认为库兹涅佐夫是温文尔雅的教师。他是一位典型的知识分子,学识渊博,文学功底深厚,教学一丝不苟。库兹涅佐夫耐心指导学生,从不急躁,也从不歧视学习困难的学生。他对于学生们进一步研究俄罗斯语言学和文学起到了重要的作用。

(二)哈外专时期的苏侨教师

1949 年 8 月,王季愚奉命到北京汇报当时东北地区的外语教学情况。周恩来总理在百忙中接见了她。在党中央和周总理的关怀下,哈外专得到了空前的发展,全国各地的青年学生源源不断地来到哈外专。苏侨教师也增加到三百多名。到 20 世纪 50 年代初期,又有十几位语言学和文学方面的苏联专家陆续来到学校任教。这些专家具有丰富的教学经验,他们对于提高中国教师的俄语实践水平和俄语理论水平起到了重要的作用。

李莎是中国籍俄罗斯人，是已故无产阶级革命家李立三的夫人，被誉为“中国俄罗斯语文学教母”。1946 年，她追随丈夫李立三来到中国，第二年便被安排在哈外专负责俄语师资培训工作。在这期间，东北局势不稳，她同其他教师一道，在艰苦异常、危机四伏的战争环境中一面完成教学任务，一面投身于学校建设工作中。她平易近人，始终保持乐观、严谨的治学态度，具有积极奉献的国际主义精神。事业把她的根留在中国，哈外专是李莎俄语教学生涯的起点，她也在哈外专结识了一生的挚友——王季愚和赵洵。她把百年人生的一大半奉献给中国的俄语教育事业。

乌汉诺夫是哈外专请来的第一位苏联专家，是语言学副博士和苏联中青年俄语专家。他学识渊博，是苏联俄语泰斗维诺格拉多夫院士的弟子，受过严格的训练，具有相当丰富的治学经验。他来校后，担任校长的科学顾问，帮助学校制订了完整的教学计划和教学大纲，致力于提高师资队伍的业务素质和学术水平。当时，他对中国教师发挥了榜样的作用。他亲自“传、帮、带”，悉心尽力，以身作则，亲自示范。从历史功绩来看，他引领许多俄语教师走上科学研究的道路。在培养我国第一代俄语理论人才方面，乌汉诺夫做出了重要贡献。

到 1956 年，陆续来学校任教的苏联专家有十几位。这些专家开设的课程有现代俄语（语音学、形态学和结构学）、词汇学、文学史、教学法、历史语法、语言学和文学讲读等。他们对提高中国教师的俄语教学水平、俄语理论水平发挥了很大的作用。除负责教学工作外，他们还给予俄语教研室、研究生室和其他教学组织具体的指导和帮助，对开展科研工作、改进教学方法发挥了重要的作用。

哈外专的俄语教学不拘一格，形式多样。进入哈外专校园，就像进入俄语世界。在这样的条件下，尽管没有先进的设备，但是学校仍以最快的速度培养出具有很强的实践能力的俄语人才，这与苏侨教师的贡献是分不开的。他们在工作中高度负责，给哈外专的学生留下了深刻的印象。学生们感念苏侨教师在平凡的教学中所表现出来的那份真情，感念他们把青春和智慧奉献给了中国俄语事业的那种精神。

九、贯彻党的教育方针，秉承先进的教学理念，形成了独特的育人思想

王季愚是新中国第一代杰出的高校校长，她的高等教育理念仍然是我们取之不尽的宝贵财富。1981年，王季愚在《回顾与展望》一文中系统地总结了她的办学经验，言简意赅，内容丰富。她的办学经验归结起来有三条：一是依靠党的领导；二是依靠思想政治工作；三是依靠广大师生。

（一）坚持办教育正确的办学方向，强调素质教育

办好学校要依靠党的领导。对于一位具有共产主义信仰的校长来说，这是办好学校的根本指导思想。在这方面，王季愚校长是典范。无论在什么境遇中，她都从党和国家的大局出发，使学校的工作服从于党和国家的需要。从1946年到1953年，哈外专的目标是培养军政翻译人才，服务于国家军队建设和国防建设的需要。王季愚要求学生具有较高的政治觉悟、严格的组织观念和吃苦耐劳的精神。1953年以后，大规模的经济建设工作开始展开，哈外专、哈外院归高等教育部领导，学校要为国家培养教师和翻译人才。到1958年哈外院改建为黑龙江大学为止，哈外专、哈外院培养的外语人才分布在我国军政、经济、文教等领域。其中，大量的专家和学者已成为我国社会主义建设事业的骨干力量。当时，王季愚主持学校的工作。她在学校的重大决策中起到了关键作用。她指引着学校一直沿着正确的方向前进，始终坚持党的领导。她严于律己，宽以待人，继承和发扬了党的优良传统，使哈外专、哈外院形成了良好的校风，以及实事求是、不断创新的学风。1949年，哈外专从北京、天津等城市吸收了一批学生。这些学生的文化程度和政治思想状况都与前几届学生不同。王季愚对他们做了认真研究，这些学生具备一定的专业知识和文化水平，但是对政治思想教育不感兴趣，少数人有反感情绪。王季愚认为，如果这个问题不在学校解决好，那么他们到了社会上或到了工作岗位上就会遇到麻烦，也会给工作带来损失，因此，必须加强政治思想教育，加强理论学习，使学生初步解决世界观和人生观的问

题。她认为，首先应该把学生培养成一名革命者，在这个基础上再把他们培养成合格的建设者和俄语翻译人才。

王季愚始终坚信：一个国家没有民族精神，就不能自立于世界民族之林；一个人没有理想信念，就没有生活的目标和希望。没有正确的人生理想，就不能在艰苦的条件下学习与探索。在学生的三观教育上，王季愚始终坚持正确的政治方向，牢记使命，不失时机地对学生进行世界观、人生观、价值观的教育。王季愚在哈外专、哈外院所进行的德育教育包括系统的理论教育、结合形势的时事政策教育和日常的思想品德教育。这三个方面构成了德育教育的整个体系。

（二）将思想政治教育放在整个教学工作的重要位置

王季愚十分重视思想政治教育，始终把它放在教育实践的中心位置。她成功地运用了延安时期的办学经验，重视对学生进行世界观、人生观和价值观的教育，并在多年的工作实践中逐步形成了系统的政治理论教育体系。学校制订了较为完整的思想政治教育制度，每个班级配备政治助理员。学校定期召开政工会议，开设多门政治理论课，进行时事政策教育，组织各种社会实践活动和内容丰富的党团组织活动。王季愚始终把德育放在首位，亲自抓政治思想工作，亲自给学生讲授政治理论课。她是哈外专历史上第一个开设政治理论课的教师。她讲授社会发展史、中共党史、哲学和政治经济学等课程。她在讲课过程中突出重点，旁征博引，语言生动。她喜欢引用古今中外的典型事例进行论证，她的课具有极大的吸引力。她熟悉年轻人的心理特点，善于拨动学生的心弦。她的课发人深省，使人豁然开朗。她深知学生的想法，了解学生遇到的问题和困难，结合国际、国内形势，结合自身的革命经历，有的放矢地解决问题。她把马克思主义与中华民族优秀传统文化结合起来。这是她讲课的一个显著特点。同时，她邀请从延安来的老同志给学生讲政治课、形势课和任务课，介绍党的优良传统。她还有计划地培养政工干部和政治理论课教师。1950 年，哈外专成立了马列主义教研室，从政治助理员和学生中抽调了一批人担任政治理论课教员，并将其中一些教师送到中国人民大学和中央党校进行学习。学校开设了社会发展史、新民主主义论、中共党史、政治经济学、马列主义概论等课程。王季愚是哈外专政治理论教育的奠基人。1952年,《光明日报》记者郑笑枫还专门来到哈外专进行采访,报道学校开展政治思想工作的经验。

(三)坚持教书育人的教育观点

王季愚为全校教师树立了教书育人的光辉典范。王季愚之所以成为党的优秀教育工作者,是因为她具有学而不厌、诲人不倦的高尚品德。她的工作任务很繁重,但她从不放松学习,不断充实和提高自己。她认真备课,亲自为学生授课。她认为,开设系统的理论课是培养学生世界观的根本方法,是思想教育的重要途径。她要求,教师必须认真分析和研究每一批学生的思想实际,密切联系中国革命与建设时期的重大问题,加强思想政治教育。这是王季愚始终坚持的做法。她组织召开政治思想工作会议,认真听取有关师生思想情况的汇报。她要求每个级部、每个政工干部都要提出一篇书面报告。这些在学校当时创办的《教务工作通讯》上均有翔实的记载。

王季愚一生淡泊名利,艰苦朴素。王季愚在师生的眼中是德高望重的前辈。她爱校如家,爱学生如子女。她以高尚的人格力量赢得了人们的尊敬和爱戴。她与学生广交朋友,学生愿意和她倾心交谈。这就是她能够了解学生、有的放矢地进行政治思想教育的关键所在。王季愚一手创建的哈外专为国家培养了各类外语人才。他们回忆当年在哈外专的学习经历时说到,在哈外专所受的教育,可高度概括为忠于党、忠于祖国、忠于人民、忠于职守,这样的教育给人一种精神力量。

有关王季愚在哈外专、哈外院实施的一整套政治思想教育工作方法,在当年黑龙江省委、东北局和教育部主办的报刊上均有过详细的论述。

十、为国家培养了大批优秀的外语人才,为解放战争、抗美援朝的伟大胜利做出了不可磨灭的贡献

王季愚高瞻远瞩,预见到全国胜利之后必将有新的建设高潮和文化高

潮的到来，国家对俄语人才的需求不仅是必需的，而且是大量的。由于革命战争和建设新中国的需要，俄语人才供不应求，学生听候党的召唤，随用随走，这解决了党和国家的燃眉之急。当年，学校接到部队各兵种和国家各部委的请调函多如雪片，他们认为哈外专培养的学生政治素质高，实践能力强。哈外专为解放战争、抗美援朝战争、军队建设、苏联援建的156项重点工程、新中国的外交工作和高等教育事业都做出了不可磨灭的历史性贡献。

（一）为新中国的军队建设、抗美援朝战争做出的贡献

哈外专培养出来的翻译人才具有较高的政治素质和业务水平，哈外专为人民军队输送了大批俄语翻译人才。这保障了空军、海军等技术军兵种的迅速创建和抗美援朝战争的胜利。当时，军队系统各个兵种的首席翻译几乎都是哈外专的学生。

在空军初建时期，根据我国政府和苏联政府达成的协议，苏联派遣专家和顾问来我国帮助我们在陆军基础上建立空军。当时，苏联政府卖给中国400余架飞机，800多名专家来到中国，帮助建立航空学校和组建空军部队。1949年10月，从哈外专先调派30余名学员。从1950年开始，先后五次从哈外专调派300余名学员。在空军组建初期，空军翻译人员有800余名，其中一半是哈外专的毕业生。这支庞大的翻译队伍保证了苏联专家援助创建空军的艰巨任务的顺利完成，确保了航空学校在较短的时间内培训出合格的飞行员，也保证了抗美援朝战争的胜利和人民空军的全面建设。

在高射炮兵初建时期，1949年9月，哈外专奉命抽调15名学员赴沈阳高射炮学校参加高射炮培训翻译工作。他们承担的主要任务是跟随苏联专家培训高射炮指挥员。在工作初期，他们遇到了极大的困难。遇到的困难主要是缺乏炮兵专业知识，不懂军事术语。经过刻苦学习和顽强拼搏，他们配合苏联专家进行翻译，培训出10个团的高射炮指挥员。这10个高射炮团先后完成了保卫南京、上海等地的防控任务，部分高射炮部队参加了抗美援朝战争。哈外专培养的这些毕业生为军队建设做出了重要贡献。

在新中国海军建设初期，哈外专的毕业生根据国家需要被分配到海军潜艇部队做翻译。潜艇在海军兵力中具有重要地位和作用。1951年，海军

200余名学员到大连旅顺苏联太平洋舰队驻旅顺基地学习，当时配备的21个翻译中有8个是哈外专毕业生。翻译工作极其艰苦，冬天在舰桥上，寒风凛冽，夏天在机舱里，挥汗如雨。但是，翻译组的翻译们出色地完成了教材翻译、条例翻译，以及复杂的潜艇专业翻译等工作。1954年，中央军委批准成立海军潜艇独立大队。中国有了自己的潜艇。

在抗美援朝战争期间，哈外专为志愿军总部及所属各部队输送了近千名俄语翻译，这满足了前线作战和后方联络的需要，保证了苏式武器装备在战场上有效地发挥作用。哈外专为抗美援朝战争的胜利做出了不可磨灭的贡献。哈外专也是当时全国高等院校中赴朝参战人数最多的学校，涌现出许多优秀的学生。例如：孙维韬因抗美援朝战争爆发而提前毕业，参加志愿军，长期给空军司令员刘亚楼当翻译，并多次给彭德怀、叶剑英、陈毅等高级首长担任临时翻译，在朝鲜战场上因作战有功，荣获朝鲜人民共和国颁发的两枚军功章；1949年组建人民解放军空军时，章金树任空军司令员刘亚楼的秘书，在入朝参战中多次获得奖章、勋章、军功章；王新善于1951年参加抗美援朝战争，担任志愿军总司令部炮兵俄语翻译，在抗美援朝战争中因工作成绩优异，荣立三等功；邓光在抗美援朝期间与朝鲜战友共同粉碎了敌人的“绞杀战”，设计了“预应力军用梁”，创立了“铁路运输线”，由于工作突出，荣立三等功，并获得证书和奖章。哈外专的许多学生在抗美援朝战争中成了英雄人物，甚至有的学生献出了年轻的生命。

（二）为新中国外交事业做出的贡献

哈外专是为新中国培养高级外交人才的重要基地，在新中国的历史上拥有“外交官摇篮”的美誉。许多优秀的学生在学校学习的实际时间只有一两年，有的学生甚至仅仅学习几个月，便因工作需要走上了工作岗位，并在实践中继续学习，不断完善自己，成为新中国外交人才。新中国早期对外交往的国家以当时的苏联和东欧国家为主。哈外专充分发挥自己的地缘优势和专业特色，为国家培养和输送了大批在政治上忠实可靠、在业务上娴熟精湛的外交人才。他们曾出访世界各地，站在国际论坛上阐述新中国的对外政策，也曾与世界各国元首、政要、名流有着密切交往，结下了深厚的友谊，为中华民族屹立于世界民族之林做出了重要贡献。作为新中国的外交官，他们在俄罗斯、罗马尼亚、德国、乌兹别克斯坦、厄瓜多尔、立陶宛、白俄罗斯、匈牙利、乌克兰、以色列、斯里兰卡、马尔代夫、捷克、保加利亚、波兰、瑞典、朝鲜、委内瑞拉、吉尔吉斯斯坦、伊朗、哈萨克斯坦、日本等国家展示着新中国外交官的风貌，甚至冒着炮火和硝烟维护着祖国的尊严。他们是国家的骄傲，是新中国外交风云的亲历者，也是新中国的功臣。

从哈外专走出去的外交领域的优秀毕业生有很多，例如，阎明复、齐怀远、郑拓彬等一批杰出的外交家，曾经担任过驻俄罗斯、罗马尼亚、保加利亚等国大使李凤林，曾经驻捷克斯洛伐克、德国、南斯拉夫等国大使张大可，驻保加利亚大使腾绍志，驻厄瓜多尔大使王纲华，驻乌兹别克斯坦、立陶宛、俄罗斯等国大使关恒广，驻白俄罗斯、亚美尼亚、匈牙利大使赵希迪，驻乌克兰、南斯拉夫、以色列、吉尔吉斯斯坦大使潘占林，驻斯里兰卡、马尔代夫大使张联等。

（三）为新中国工业和国防建设做出的贡献

20 世纪 50 年代，新中国百废待兴。新中国实施了第一个五年计划，这是中华人民共和国奠定工业化基础的重要时期。从 1953 年开始，苏联帮助中国建设 156 个大型工业项目。随着成套的苏联项目的引进，苏联先后派来大批专家，帮助中国培养专业技术人员，大批俄文科技资料急需翻译出来。哈外专不辱使命，把一批又一批高素质的翻译人才输送到国家工业和国防建设最需要的地方，为新中国的建设服务。这些毕业生为新中国早期的工业和国防建设、为人民政权的巩固做出了巨大的贡献。

在科技和军事领域，从哈外专走出去的优秀毕业生有很多。例如，叶正大参与了我国五种型号飞机设计、研制的组织工作，获得了全国科技进步特等奖、中国人民解放军军事科研成果一等奖；于龙淮从一名空军翻译成长为著名的火箭专家；夏铭智是我国卫星监测基地所属监测站第一任站长，连续完成我国最初三颗返回式卫星的回收控制任务。

(四)在文学翻译领域的贡献

在新中国成立初期和社会主义建设时期,苏联的优秀文学作品影响着一代又一代中国人。从文学语言到艺术表现形式,翻译工作起到了重要的催化作用。哈外专培养的学生在翻译领域取得了突出的成就,翻译的大量作品脍炙人口,具有较高的质量,产生了深远的影响。他们就职于不同的单位,如中共中央编译局、高等院校、外交部、新华社、部队等。在这些学生中有百余位优秀的翻译工作者,他们有的被授予“中国资深翻译家”荣誉称号。

王桂荣,笔名力冈,1950 年考入哈尔滨外国语专门学校学习俄语。在 1979 年至 1996 年的 17 年时间里,王桂荣翻译了很多文学作品和传记。绝大部分是俄苏文学经典名作。其中,《静静的顿河》获 1986 年全国优秀畅销书奖。王桂荣在翻译的过程中追求敏锐的文思、细腻的美感。他的译作清新传神,既忠实于原作,又朗朗上口,深受读者喜爱。他成为我国当代影响很大的俄苏文学翻译家。

郝建恒,是新中国中俄关系史的开创人之一。他出版了俄语、俄苏文学、俄国历史和中俄关系史等方面的著作 37 部。主要著作有《沙皇俄国是怎样侵略中国的》(合著)、《十七世纪俄中关系》(第二卷)等。1996 年,俄罗斯科学院远东研究所授予他荣誉博士称号,以表彰他在中俄关系史研究方面与翻译、传播俄罗斯文学作品方面的卓越功绩。1999 年,他荣获了俄中友协颁发的俄中友谊功勋章。他不仅是中俄关系史学家、翻译家、俄罗斯学家,而且还是文化活动家。

张开,曾负责 1952 年以来苏联发表的政治、军事、经济、外交、理论、科学、文学、哲学、宗教等方面的文章评论的校订工作,以及国际共运重要文件和苏联领导人访华、苏联国庆招待会的中译文本的校订工作。主要译作有《资本主义国家经济情况》《南斯拉夫国家结构和社会结构》等。他的名字和经历已被收入《中国翻译辞典》《浙江古今人物大辞典》《中国人才辞典》。

佟轲,1957 年毕业于哈尔滨外国语学院研究生班,曾任《俄文友好报》翻译部副主任，莫斯科《苏中友好》杂志翻译组组长，中央广播事业局对苏联、东欧广播部副主任，国家广播电影电视部国际广播电台东欧部主任。他对苏联文学与俄罗斯著名作家有比较系统的研究，在翻译工作中做出了重要贡献，同时，在文学翻译领域和外国文学研究领域也取得了成绩。主要文学译作有《近卫军战士的荣誉》《瓦杜丁将军》等。1961 年，佟轲参加了《毛泽东选集》第四卷俄文版的定稿工作。

（五）为国家高等教育事业做出的贡献

哈外专是新中国外语教育的摇篮和人才培养基地。从这所学校整建制划分出去的师生先后组建了大连俄语专科学校（后来发展成为大连外国语学院）、北京俄文专科学校（后来并入北京外国语大学，即原北京外国语学院），以及王季愚领导的上海外国语学院，这几所大学的发展和壮大及其对国家做出的贡献都与王季愚的正确领导分不开。王季愚的教育思想在哈外专时期体现得尤为突出。王季愚将延安的革命精神和抗大的光荣传统传承、延续下来。王季愚使哈外专形成了刻苦钻研、勤奋学习、严谨治学、学以致用的优良学风，培养了众多的优秀毕业生。他们有的成为高等院校的领导，有的成为著名学者，有的成为高等院校的学术骨干。现列举一些哈外专培养的学生：北京外国语大学校长、语言学家王福祥，北京第二外国语大学副校长、语言学家王超尘，华中师范大学副校长、语言学家赵云中，南开大学副校长、天津师范学院院长、语言学家高静，黑龙江大学校长鲁刚，北京协和医院副院长艾钢阳，中国生产力经济学创始人之一、经济学家熊映梧，中共中央党校国际战略研究中心主任姜长斌，中央文献研究室主任傅也俗，我国第一位模糊语言学专家伍铁平，俄语词典学专家李锡胤，普通语言学、句法学专家华劭。这些优秀的毕业生都受到过王季愚本人的谆谆教诲。王季愚的学生们都尊敬她、爱戴她，都无限怀念她。学生们感念在哈外专受到的教育让他们受益终生。

十一、结语

在黑龙江大学即将迎来八十周年校庆之际，笔者全面系统地探讨了王季愚外语教育思想对新中国高等教育的引领，以及王季愚做出的突出贡献。王季愚为中国的外语教育教学、俄语教学留下了宝贵的财富，为黑龙江大学的师资队伍建设、人才建设、课程建设、教材建设、学科建设等提供了有价值的历史经验，为建设一流学科、培养一流人才提供了重要启示。

参考文献

［1］刘伟.《黑龙江大学校史（1941—2001）》［M］. 黑龙江人民出版社，2001.

［2］李凤琴，刘伟.《外语学刊》50 年——为黑龙江大学 60 周年校庆而作［J］. 外语学刊，2001（3）.

［3］刘伟.“哈外专—哈外院”俄语教学概况回顾［J］. 外语学刊，2010（1）.

［4］刘伟. 黑龙江大学俄语研究生教育历史研究［J］. 黑龙江教育（高教研究与评估），2017（5）.

［5］刘伟. 黑龙江大学俄语学科词典编纂历史探究［J］. 黑龙江教育（高教研究与评估），2018（3）.

［6］刘伟. 黑龙江大学哈外专—哈外院时期师资及教材建设历史探究［J］. 黑龙江教育（高教研究与评估），2019（11）.

［7］刘伟.“哈外专—黑大”俄语教育思想研究（之一）［J］. 俄罗斯语言文学与文化研究，2015（3）.

［8］刘伟.“哈外专—黑大”俄语教育思想研究（之二）［J］. 俄罗斯语言文学与文化研究，2018（2）.

［9］刘伟.“哈外专—黑大”俄语教育思想研究（之三）［J］. 俄罗斯语言文学与文化研究，2018（4）.

［10］刘伟.“哈外专—黑大”俄语教育思想研究（之四）［J］. 俄罗斯语言

文学与文化研究,2019(1).

[11] 刘伟."哈外专—黑大"俄语教育思想研究(之五)[J].俄罗斯语言文学与文化研究,2019(3).

[12] 刘伟."哈外专—黑大"俄语教育思想研究(之六)[J].俄罗斯语言文学与文化研究,2019(4).

王季愚、赵洵俄罗斯学教育理念述要及其时代新论

黑龙江大学俄语学院　葛新蓉[1]

进入新时代,党和国家事业的发展对高等教育的需要,对科学知识和优秀人才的需要,比以往任何时候都迫切。《国家中长期教育改革和发展规划纲要(2010—2020年)》提出:"适应国家经济社会对外开放的要求,培养大批具有国际视野、通晓国际规则、能够参与国际事务和国际竞争的国际化人才。"《教育部等八部门关于加快和扩大新时代教育对外开放的意见》进一步提出:"提升我国高等教育人才培养的国际竞争力,加快培养具有全球视野的高层次国际化人才。"面对世界百年未有之大变局,我国急需培养一大批具有全球视野和世界眼光、能参与各领域全球事务的专业人才。

全球视野和世界眼光包括四个维度,即熟悉本国历史与传统、学习世界优秀文明成果、在国际比较中认识中国特色、把握世界大势和时代潮流。高校要促进学科之间的交叉融合,搭建知识创新平台,创新人才培养模式,提高学生的全球理解力、全球表达力和跨文化沟通力。语言类高校要加快培养会语言、通国家、精领域的"多语种+"和"+多语种"人才,深化语言学科的内涵建设。以语言为研究对象,促进语言学科与其他学科交叉融合;以语言为研究工具,创新区域国别全球知识领域研究;以语言为研究方法,提升

① 葛新蓉(1975—),女,黑龙江绥化人,黑龙江大学俄语学院教授,文学博士,从事中俄关系问题研究。本文为黑龙江省高等教育教学改革项目"思政教育在俄语—区域学方向研究生教学中的探索"(SJGY20190532)、黑龙江省经济社会发展重点研究课题"高校俄语专业区域国别教育的探索及其与思政理念的融合"(WY2019017-A)的阶段性成果。

全球话语能力。

如今,俄语教学已经从单纯的语言教学转向语言与文化知识并重的综合教学,国内对俄罗斯的研究也逐渐走向综合化,向多领域和多学科相结合的方向发展,使俄罗斯学成为一门独立的学科。近几年,我们在教学中发现许多俄语专业的学生不仅对俄罗斯的历史文化不了解,而且对我国的文史哲知识也知之甚少,这不仅会对学生如期毕业产生影响,还会对学生未来的工作、成长与发展产生一定的影响。在外语教学的过程中,我们认为每一节课都应该是不同国家文化的交融过程,是跨文化交际的实践,是语言翻译转换经验的积累,是学生对语言国家进行深入了解的节点,是俄语语言文学方向区域国别问题研究的平台,但是传统的俄语语言教学方法很难达到这些目标。区域国别方向教学的推行可以让学生更好地认识并深入地了解俄罗斯,消除语言障碍、意识形态差别、对传统民俗缺乏了解等容易让学生产生误解的因素。

一、区域国别研究概述

区域国别研究是天然的交叉学科,是多学科、跨学科交叉融合的综合领域,是针对特定国家或者区域有关人文、地理、政治、经济、社会、军事等议题进行全面、深入的研究。区域国别研究对中国来说尤为重要,其研究水平的高低直接关系到中国在解决地域性、超国界性、全球性的现实问题时能否提出有说服力的中国话语,提供有效的中国方案。尽管中国已经是世界第二大经济体,国际影响力也在稳步提升,但我们对外部世界的理解与日益增长的国家实力、相应的利益诉求之间并不匹配,这在一定程度上对中国参与和引领全球治理议程具有消极影响。我国的国际角色正在发生深刻的变化,需要比以往更加全面、系统、深入地理解世界。在国别研究问题上,中国经过了以融入、学习为基本特征的“国际化”阶段,开始走为其他国家和地区提供经验、方法的“化国际”时代。这种历史性的转型要求中国在知识领域同样成长为一个规范性大国。一个没有扎实的区域国别全球知识体系支撑的国家不可能稳稳地登上世界舞台。区域国别研究是新时代条件下整合知识、创新发展、积极对接国家战略、服务国家发展的平台。

区域国别研究从诞生之日起就具有强烈的国家中心主义色彩和独特的战略价值。世界主要大国从国家安全的高度,把区域国别研究上升到国家战略层面,积极构建与本国发展的外部环境密切相关的国别、区域和全球知识体系。区域国别研究在欧美学术界有深厚的积累并呈现出不同的研究传统和发展路径。世界主要大国的区域国别研究有三个特点。首先是跨学科。学科交叉融合是区域国别研究的核心属性,相关学科之间的互联互通成为区域国别研究的前提条件,这是因为区域国别研究必须克服学科之间的隔离,尽可能全面地理解问题。因此,跨学科方法要成为区域国别研究的理论自觉,只有基于多学科、跨学科和学科交叉融合的理念,才能提供特定国家或地区的特殊知识。其次是全覆盖。这是世界主要大国开展区域国别研究的应有品格,是知识生产和利益链条互相匹配、相互支撑的必然要求。对任何一个世界主要大国而言,随着其商品、资本、技术、人员在全球范围内的流动,相关的利益自然会向外延伸,由此产生与之相适应的对区域国别知识的需求。同理,中国在全球的利益链条越长,就越需要高质量的、全覆盖的区域国别研究。最后是跨文化理解。起源于殖民时期的欧洲国家的区域国别研究带有鲜明的文明输出导向和文明等级制内核,更多的是从人类学、语言学、考古学等领域出发,先天地带有文化上的歧视性与政治上的压迫性,至今仍有历史烙印。美国的区域国别研究作为冷战的产物始终摆脱不了强烈的政治化色彩,以意识形态、价值观来划界,而不是地区和国家。与欧洲的区域国别研究相比,美国在这一研究领域的歧视性在减少,但对抗性在增加,并且由对抗性主导。即便如此,美国在区域国别研究发展初期形成了文化相对主义,即把美国作为世界的一部分,而不是与世界分离。但是随着美国霸权主义的深化,这一初心慢慢成为一纸空文。中国在建设自己的区域国别研究学科时,必须避免自我中心主义,强调跨文化理解和文明互鉴。

我国国内区域国别研究的发展主要分为四个浪潮。20 世纪 60 年代,"第一个浪潮"是中国区域国别研究的起步阶段,基本特征是国家主导、重点突出、分工明晰。北京大学侧重亚非研究,中国人民大学主要做苏联东欧研究,复旦大学主要做欧美研究的基本格局很快形成并获得了一大批优秀成果。1978—1998 年,“第二个浪潮”是中国区域国别研究的兴起阶段。中国社科院合并原中联部所属研究机构奠定了国际片研究所的基础,各大高校也纷纷建立区域国别研究机构。2000 年的“第三个浪潮”是中国区域国别研究的加速阶段。教育部社科司主导的人文社科重点研究基地计划包括 13 家区域国别研究机构。党的十八大以来的“第四个浪潮”是中国区域国别研究的壮大阶段。2011 年,教育部推出“国别和区域研究培育基地”项目,2012 年,正式批准设立 12 个国别研究培育基地。截至 2019 年 12 月,获得教育部批准立项建设的区域国别研究培育基地共 42 个,非正式备案中心 395 个,共计 437 个区域国别研究机构。

二、王季愚、赵洵区域国别教育理念综述

王季愚是人民教育家,是新中国外语教育事业的奠基者和开拓者。在办学治校的几十年间,她坚守政治信念,坚持办学规律,忠于外语教育事业,提出了一系列极具开创性的办学思想和教育理念,并付诸实践。赵洵与王季愚在哈外专、哈外院共事,王季愚校长主持学校工作并把握俄语教育方向,赵洵副校长主管俄语教学工作,两人都是精通俄语的外语教育家,通晓办俄语教育的规律。她们按俄语教学的规律和特点组织俄语教学,在俄语教育领域取得了令人瞩目的成绩。对王季愚、赵洵两位前辈在俄语教育领域的教育思想与教育实践进行深入研究,既具有重要的理论意义,又具有重要的现实价值。

王季愚、赵洵两位先生有关区域国别教育理念的研究主要表现在四个方面。第一,强调语言的背景知识在学习中的重要性。王季愚校长和赵洵副校长非常重视总结教学经验,平时注意吸收他人的教学经验,在总结教学经验中她们不断提高对外语教学规律的认识。她们认为,学生在掌握一门外语的同时要学习那个外语国家的各种文化背景知识,特别要注意学习与言语交际直接相关的文化背景知识,学生对这种文化背景知识的学习应分散、贯串在整个外语教学实践课的过程中。同时,学生还需要系统地学习那

个外语国家的历史、地理、政治、文学、艺术等方面的知识。第二,她们认为,没有实践的理论是空洞的理论,没有理论的实践是盲目的实践。王季愚特别强调通过系统的理论课培养学生马列主义世界观的方法, 这也是思想教育的根本任务。她要求理论课的设置必须从学生的思想实际出发,也就是从学生的基本政治立场、世界观、人生观、道德观这些方面出发,密切联系共产主义运动、中国革命与建设事业各个时期的重大问题,经过不断地调查、分析师生的思想实际,有针对性地加强思想政治教育。第三,她们都很重视外语类院校学生的思想政治教育工作。王季愚、赵洵两位校长可以妥善处理好政治教育与业务教育的关系,既坚持了思想政治教育的首要地位,又不会占用过多的学时,精简课程,讲求实效,突出重点。第四,王季愚教育思想具有当代意义。王季愚经历过解放战争到改革开放之初的重大历史节点,有执掌外语专科学校和综合性大学的丰富办学经验,培养出一批批俄语人才,建设俄语一流学科,最终打造出蜚声中外的一流外国语大学。

王季愚、赵洵两位先生不断地探索外语人才培养、教学方法创新、政治思想教育开展、科研创新与学科建设、师资与人才建设、学术建校与民主治校的新的发展路径,将体育、美育和智育相结合,坚持以教师和学生为中心的办学理念,这些都对现在的高校办学与管理具有重要的借鉴意义。她们非常重视外语类院校学生的思想政治教育工作,认为学生树立马克思主义世界观的根本方法是掌握系统的理论,这也是思想政治教育的根本任务。王季愚结合外语教育的特点开展外语专业的思想政治课,体现出外语院校的教学特色,她对思想政治教育工作的探索和做法值得我们借鉴。在国家"一带一路"倡议以及高校"双一流"建设的背景下,中国的外语教育事业肩负着重要的使命,同时也面对着挑战,有关外语教育规划的研究亟待深入。王季愚为新中国外语教育事业呕心沥血,在今天,她的外语教育规划观仍然对我国的外语教育具有重要的借鉴意义。

王季愚在总结新中国外语教育的办学经验时,提出了"三个依靠"的办学指导思想,即"一是依靠党的领导,二是依靠政治思想工作,三是依靠广大教师的积极性、主动性"。首先,她正确地处理了政治方向与业务教育的关系。在人才培养方面,她坚持教育为革命需要和社会主义建设需要服务的方针。但是,在实践中她没有一味地增加政治教育科室,而是采取了专题讲座、及时用俄文翻译重要政治文本、直接引进重要的俄文政治文本等方式,既保证了思想教育的首要地位,又不过多占用学时。其次,她制定了规律性与灵活性相结合的办学方针,充分体现了马列主义、毛泽东思想和我国外语教育具体实际相结合的思想,求实精神就是这一教育思想的核心。她针对新中国外语院校的生源、设备、教材等实际状况,不断地进行教学改革与创新,这些教学改革与创新既有因时而化、因地制宜的特点,又符合外语教学的规律,具有很好的外语速成效果,满足了当时国家对俄语人才的迫切需要。在社会主义建设初期,针对各行各业对俄语人才的迫切需要,她坚持以"我"为主,在借助俄侨教学的同时培养自己的师资队伍,并要求本国教师采用翻译教学法,弥补外教直接教学法的不足,以达到相辅相成的教学效果。再次,她坚持发扬抗大精神,艰苦奋斗、勤俭办学,在东北民主联军总司令部附设外国语学校时期,正值解放战争初期,条件极其艰苦,她号召大家发扬延安时期的艰苦奋斗精神,带领学员自己动手,自力更生,形成了继承和发扬抗大精神的传统。师生在学校掀起了一阵自己动手战胜困难、建设学校的高潮,这不仅保证了教学、生活的正常秩序,学校也在艰难岁月中团结、巩固。王季愚、赵洵两位先生非常重视学科结构与布局的互补性。她们在哈外院时期,就提出了多样化办学的构想与思路,初步建立了以俄语、英语为主体的多语种外语学科,同时,开始谋划马克思主义学科、汉语学科的建设与发展。在上海外国语学院办学期间,特别是恢复高考之后,王季愚顺应国内改革开放的大势,进一步强调多样化、综合化办学,提出外语加专业的办学模式,形成了建设多科性外国语大学、培养复合型人才的战略思路。实践证明,王季愚的这些办学理念极具前瞻性,对当代俄罗斯学课程设置和人才培养模式仍然具有极大的指导意义。

无论是一流学科的建设、一流大学的建设,还是一流课程的建设、一流专业的建设,既需要我们有面向世界和未来的长远发展眼光,也需要我们立足传统与现实、国情、校情来推进具有鲜明特色的现代化高水平大学建设。因此,对王季愚办学治校的思想和实践进行深入研究,对现在学校的建设既具有重大的理论意义,也具有鉴往知来的重要现实价值。

总之,我们认为王季愚、赵洵的外语教学思想无论是在当时,还是在今天都有着重要的指导意义和实践价值。进入新时期,国际形势已经发生了深刻的变化,我国的国际地位不断提升,正在以积极主动的姿态深度参与到全球治理当中,这对我国在国际社会中的规则制定能力、舆论宣传能力、统筹协调能力提出了更高的要求。对此,我们在外语教育工作方面必须主动作为,为国家各行各业输送更多更优秀的、熟悉党和国家方针政策、了解本国和对象国国情以及具有全球视野、熟练运用外语、通晓国际规则、精通国际谈判的专业人才。

三、如何使王季愚、赵洵俄罗斯学教育理念与黑龙江大学俄罗斯学科发展有效融合的建议

1. 培养具有全球视野和世界眼光的卓越人才,培养会语言、通国家、精领域的卓越“多语种 + ”和“ + 多语种”人才。语言不仅是人类的交际工具,也是人类的思维工具。全球话语能力不仅仅是交际能力、交往能力、沟通能力,其本质上也是一种理解纷繁现象的本质、适应时代和环境变迁、应对当前与未来的挑战、创造美好世界的知识生产与知识创新能力。基于此,学校应该以外语为特色和优势,推动学科专业优化升级,提升全球话语能力。当然,培养和发展外语专业学生的研究能力并不意味着弱化语言能力或其他能力,它们不是矛盾对立的关系,而是能够融合互补、相互促进。“读议写”将阅读、讨论和写作三个基本环节纳入课堂教学的内在组成形式中,能增强学生学习的自主性和探究性,有助于培养学生的创新精神和创新能力。在阅读方面,外语专业学生需要进行大量的阅读来培养研究能力,如读作品、查文献,特别是强调批判性阅读,在理解内容的基础上评价作者的立场、观点。在讨论方面,要求学生能够交流互动,汇报课题研究的内容、发现、结果,进一步展开的讨论也为提高口语表达能力提供了很好的训练机会。

2. 以语言为研究对象,促进语言学科与其他学科交叉。第一,优化学科专业设置。学校可以自设二级交叉学科“国别与区域研究”“语言数据科学

与应用”。通过“国别与区域研究”集合外国语言文学、政治学、管理学等学科力量，探索多学科、跨学科的合作模式，在构建学科理论体系、建设多学科跨学科合作平台、打造“多语种 +”“ + 多语种”国别区域人才培养体系等方面实现具有引领性的创新发展。“语言数据科学与应用”立足于学校的语言学传统优势，汇聚多学科力量，面向“新文科”，致力于培养语言数据科学与应用领域的高端人才，推进外语学科跨学科研究和数字人文研究，推动语言智能产业发展。第二，开展前沿交叉研究。随着 5G、人工智能等技术的发展，包括语料库、机器翻译、脑与认知、神经科学等在内的有关语言智能的研究将成为语言学科研究的前沿，语言学所带来的生产力革新将改变世界。以学科交叉的前沿研究引领科学研究，贡献时代新知。通过专业之间的融合创新，培养时代需要的卓越人才。

3. 以语言为研究工具，创新区域国别全球知识领域研究。第一，搭建知识创新平台。语言具有发现世界、描述世界、适应世界、塑造世界的作用，我们学习外语不只是为了掌握一种语言工具，更重要的目标在于更深刻地理解和体认其他文化。要积极打造全球治理与区域国别研究的智库群和专题数据库，推动多学科交叉协同开展区域国别研究，促进智库工作与学科发展、人才培养工作之间的密切结合、共同提升。

4. 创新人才培养模式。我们必须以语言为工具，向世界提供认识中国的途径，提供中国特色的知识体系。我们可以通过跨学科、跨院系、跨语种的课程设置，跨学校、跨国界、跨专业的师资配置，以及国内教学、海外留学和海外实地田野调查、科研与教学相融合的方式，努力培养能开展原创性区域国别研究的专业人才。

5. 以语言为研究方法，促进全球话语能力提升，讲好中国故事。讲故事不仅仅是讲事实，而且要在认识事实的基础上，遵循人的普遍认知规律和不同国别文化背景下群体的认知规律，进行理论抽象和话语创新，展现事物的联系性，揭示事物的深刻意义和本质特征。在信息过载、碎片化阅读的时代，我们特别需要这种思维。

6. 师资队伍建设需要“专才”。要形成区域国别研究的合力，一方面需要研究同一对象国或对象地区但分属不同学科的学者相互协调合作，另一方面也需要同一学科背景但研究不同对象国或对象地区的学者相互协调合作。相对而言,后者协调合作的难度更大一些,整合任务也更加迫切。区域国别研究领域的学者,最好能够同时具备两个身份:一个是某区域或国别的专家,另一个是某个学科的学者。在区域国别研究领域,如果不进行适度的整合,就很容易造成研究者分别强调对象国别和区域的特性、重要性的现象,相互竞争有限的物质资源和人力资源。"一带一路"倡议和建设项目、全球治理和跨区域国际合作都为国内研究者的协调合作提供了有利的条件。

7. 培养区域国别研究领域的人才需要从"横向"和"纵向"两个方向努力,既要培养通才、"杂家",也要培养专家、"工匠"。在课程设计上,既要显示各国、各地区的特性,又要突出它们的共性,据此完善课程设置和培养方案。比如,在观察区域与国别的政治情况时,可以发现当今世界绝大多数国家都自称民主国家,都有形式上的选举,都有国家元首、政府首脑、议会、法院、政党,司法独立,这是在近代西方国家占据全球优势地位之后形成的,是世界各国的共性。但是,各个国家的政治体制及其运作方式千差万别,具有各自的特性。

8. 区域国别研究需要通才。这里所说的通才是能够开设世界历史、世界经济、世界政治、世界文明与宗教之类通选课程的学者。区域国别研究方面的专家,则可以分为三种类型,可以用相应的不同学术标准来衡量。第一种类型是功能性研究领域的专家,同时对某个地区或国家有特殊的兴趣。他们未必需要对这个地区或国家的其他方面进行深入的研究。第二种类型是区域问题研究的专家,他们可能通晓除英语之外的一门外语(如阿拉伯语、俄语),发表过有关著述,游历过一些主要国家,但未必对某一国家有特别专深的了解。第三种类型是国别问题专家,比如俄罗斯问题专家、乌克兰问题专家等。我国的区域国别研究的学术资源和物质条件与过去相比已经得到了明显的改善。如今的问题不是缺乏资料和对外交流的机会,而是缺乏理论创新,缺乏学科间的融合。我们应当大力提倡跨专业、跨国别与区域的综合研究,开设一批高水平的课程,撰写相应的教材,努力培养更多的通才和专家。

9. 按照新要求建立区域国别人才培养的课程体系。课程体系所呈现出来的知识结构是按照一定的教学目标，以学科知识的发展逻辑或学生学习能力的成长过程而组织起来的，由浅入深、由易到难，使学生容易接受。长期以来，外语专业课程主要是按照学生语言能力的培养和发展逻辑组织起来的。要培养学生的研究能力，就要加强学科知识的发展逻辑，构建学生的知识体系。具体来说，按照《外国语言文学类教学质量国家标准》中的“培养方向课程”（包括外国文学、外国语言学、翻译学、外语教育、国别与区域研究、比较文学与跨文化研究、专门用途外语以及专门培养方向等类别）的标准，学校均需开设系列课程，以完整的知识体系为支撑，凸显专业特点。我们可以根据新的课程观念构建外语专业课程体系，同时注意遵循语言能力和学科知识这两条发展主线，加强学科知识类课程建设的力度，课程的设计以高深知识为支撑、高阶思维为导向，体现专业的本质和特性，反映学科的基本问题，表达学术性的核心概念和范畴。教学内容不仅具有信息传递和知识引导的功能，还注重培养学生的心智。通过系统训练，学生能够逐渐形成探索、研究、创新、创造的能力，从而在整体上改善外语专业的课程质量，增强外语学业的专业性和学术性。

结语

外语教育应当以国家战略、社会需求为起点。在这一点上，外语学界似乎已经达成共识，将外语学科放在一定的社会历史条件中进行论述。但是，面对新的社会需求，外语学科发展阻力重重，甚至出现被边缘化的情况，这与外语学科定位不明确有很大关系。在“一带一路”倡议的背景下，我国的外语教育不能仅满足于国内对外语人才的需求，还要重视精通沿线国家语言、具有国际视野、具备区域国别研究能力、能够进行跨文化沟通的人才培养。步入新时期，我们的外语教育应该为国家输送既懂专业又具备较强语言交际能力的大学毕业生，以满足国家在政治、经济、军事等各个领域的需求。语言学习的人文性与工具性不应被人为地割裂，国家既需要精通外语的各行业人才，也需要从事文学、翻译以及教学方法研究的研究型人才，但两者的比例应基于实际的需求调查进行适当的调整。具体而言，外语教育不但不能削弱,反而应该在培养的质量上得到加强。我们开设俄罗斯学课程体系,实际上就是在响应时代的需求。

在国家重大战略需求的驱动下,多学科交叉汇聚与多技术跨界融合将成为常态,并不断催生出新学科前沿、新科技领域和新创新形态。智能化将推进现代化的进程,人工智能等数字科技将与经济社会发展的各种需求紧密结合,产生一系列的影响。从国家急迫需要和长远需求出发,加紧布局多学科交叉汇聚的战略方向,既是应对变局、开拓新局的需要,也是面向未来、决胜未来的需要。

我们认为,王季愚、赵洵两位先生在外语人才培养、教学方法创新探索、政治思想教育开展、科研创新和学科建设、师资和人才建设、学术建校和民主治校、坚持教师和学生的办学中心地位等方面均有独特的创新理解和实践举措,对今天的高校办学与管理具有重要的理论意义和实践意义。她们高度重视外语类院校生的思想政治教育工作,对外语专业的思想政治课的探索和做法给我们以启示。在国家"一带一路"倡议以及高校"双一流"建设的背景下,中国外语教育事业肩负着重要的使命。

王季愚学术建校理念与研究生教育思想研究

黑龙江大学俄语学院　关秀娟①

人民教育家王季愚是我国外语教育的开创者和奠基人，1946 年担任东北民主联军总司令部附设外国语学校（黑龙江大学前身）负责人，1981 年逝世。她在我国外语教育战线上工作了 35 年，亲手开创并发展了黑龙江大学、上海外国语学院的外语教育事业，被两所大学的师生亲切地称呼为“老校长”。王季愚凭借实事求是、尊重外语教育规律的治学理念，卓越的胆识以及前瞻性的战略眼光，在哈外时期（哈外专、哈外院）开创了新中国俄语教育事业一系列的光辉业绩，确立了哈外（黑龙江大学）在全国俄语教学与研究领域中的领先地位，为国家培养了一大批优秀俄语专业人才，为全国外语教育院系和科研机构输送了大量的教学科研骨干，成为新中国俄语教育的“摇篮”。由王季愚、赵洵提出的“学术建校”的教育思想成为我国俄语教育事业发展的重要里程碑。

---

① 关秀娟（1975—　），女，辽宁沈阳人，黑龙江大学俄语学院副院长，教授，文学博士，从事翻译学、外语教育研究。本文为黑龙江大学王季愚教育思想研究专项项目“王季愚‘学术建校’理念与研究生教育思想研究”、黑龙江大学学位与研究生教育教学改革研究项目“黑龙江大学俄语研究生教育历史传承与新时代创新研究”、2020 年度黑龙江省省属高等学校基本科研业务费项目“抗战时期俄苏文学汉译规范研究”（2020－KYYWF－0903）、黑龙江省教育科学项目“OBE 教育理念下的俄语翻译人才培养模式研究”（GJB1319111）的阶段性成果。论文部分内容曾发表于《黑龙江教育（理论与实践）》2021 年第 1 期。

一、王季愚学术建校理念与研究生教育思想探索

王季愚学术建校理念与研究生教育思想形成于20世纪50年代初，经历了实践摸索、理念提炼、再实践、再发展的过程，其形成过程有其特殊的历史背景，体现出王季愚办教育的独特眼光，以及她具有的一切从实际出发、坚持按外语教育规律治学的马克思主义理论修养。

在解放战争时期和建国初期，哈外专的主要办学目标是培养军政翻译，学校更像是一个短训班式的革命干部学校。1949年，新中国开始为大规模经济建设和国防建设做积极准备。王季愚清醒地认识到，为适应国家建设的需要，也为哈外专的长远发展着想，必须走正规化办学的发展道路。要走正规化办学的发展道路，学校必须有合格的师资力量，形成具有一定理论水平和科研能力的教师队伍。经过深思熟虑，王季愚明确提出，要把学术建校提到日程上来，这是我国社会主义建设事业发展的要求，也符合正规化高等学校自身发展的规律，同时指出办学必须从学术研究着手，单靠改进教学方法还不够，根本出路在于提高教师的外语理论水平。毛泽东在1949年6月发表的《论人民民主专政》一文中明确提出，苏联共产党就是我们的最好的先生，我们必须向他们学习。哈外专应根据自身实际情况，结合“向苏联学习”，确立以加强语言科学的学习研究和科学教学法的探索研究为主要内容的学术建校之路。哈外专确立了教学与科研并重的建校模式，以学习先进理论、培养科研能力的方式，全面提高教师的学术素养、业务水平和解决实际问题的能力，提高外语教学的质量，培养出国家需要的、更高水平的外语人才。

在探索学术建校理念与教育思想的过程中，学校推出了一系列的重要举措。

（一）充实专业师资力量与提升教师的学术能力

1. 创办研究生班。为了培养、扩充专业教师队伍，学校制定了先办研究生班、副博士班，再到细化研究方向、培养研究生的计划。1950年11月，在

王季愚、赵洵的推动下，哈外专开办了新中国外语院校最早的研究生班，由政治过硬、业务出众的青年助教和优秀本科毕业生组成。经过近两年的学习，这一批学员于1952年8月毕业，大部分学员都选择留校担任教师，成为教学中的骨干，王超尘、信德麟、高静、钟鼎、余养才等都是教师中的杰出代表。哈外专在1952年开始又陆续开了5个研究生班，共计招收125名学员。学校根据实际需要，成立了研究生室，曲程任主任。起初，研究生班主要是从苏侨教师中选择经验丰富的教师任教，后来苏联专家来校，改由专家任教，为研究生讲授俄苏文学作品选读、现代俄语（包括形态学、结构学等）、语言学、教学法等课程。我国俄语学界早期的一些知名学者、专家、教授大多是这一时期的研究生班培养出来的。经过研究生班的培训，学员的学术意识和学术水平大大提高。在黑龙江大学成立后，由王季愚主管的外语系又继续在1959年、1960年招收了两期研究生班，对研究生的培养更加正规化，除不对学生进行学位授予外，在教学培养方面已十分接近现在的硕士研究生教育。学校按研究方向培养研究生，为学员配备学有专长的指导教师。学员需要撰写毕业论文，无论是实践课的教师，还是理论课的教师以及为学员配备的指导教师，均为哈外专时期培养的中国教师。

1956年，哈外院尝试招收副博士，由苏联专家讲课并担任指导教师，按苏联学制和模式对学员进行培养，向着培养具有更高理论水平的中国教师队伍迈进。第一期招收了5名学生，后因全国性政治运动的冲击，学员们只修完了必修课程，考试后提前毕业，未经过论文答辩的环节，也未授予学位。以上的诸多探索、实践都为改革开放后黑龙江大学的研究生教育打下了坚实的基础。

2. 依托苏联专家开展师资培训。这样做一方面是为了扩充学校的师资力量，一方面是为了全面提高教师的学术理论水平。1953年，乌汉诺夫（毕业于莫斯科大学，苏联俄语泰斗维诺格拉多夫院士的学生）应邀来校担任校长的科学顾问，截止到1956年哈外专聘请了11名苏联语言学专家来校执教。学校除了为全体教师和研究生班开设俄语理论课外，还开设了主修苏联副博士课程的教师高级学习班，并为学校分管教学工作的各级负责人开设了辅导班。1954年11月，学校抽调部分教师成立俄语理论组和俄苏文学组，专门培养俄语理论和文学课教师。另外，选派少数教师跟随苏联专家学习教学法。以上的各种培训开拓了教师们的理论视野，同时学校俄语理论水平有了很大的提高，为以后的俄语理论教学打下了坚实的基础。

3. 组织系统化的“请进来”“走出去”的教师进修。哈外专从 1954 年起，分期分批开展教师轮训。1955 年，学校成立了科学研究处，负责全体教师的进修和科研工作，由副校长赵洵直接领导科学研究处的工作。同时，学校为教职工制订了不同的学习计划。俄语教学领导干部的学习计划的时长是一年半至两年，主要学习俄语历史语法、俄罗斯文学语言史、俄罗斯文学史、普通语言学、语言科学史概论等 5 门课程。学校为教师业务进修制订了 4 年的学习计划，主要学习现代俄语、修辞学、语言学概论、俄罗斯文学、文学概论、教学法等课程。全体教师都参加教师进修业务学习，由苏联专家任教，课程结束进行正式考试。1954 年起学校陆续派出 4 批，共计 21 名教师到莫斯科大学、列宁格勒师范学院等苏联院校留学。1955 年，学校抽调 12 名教师到哈尔滨苏联侨民中学学习，以提高俄语实践水平和口语能力。1956 年，学校选派 2 名教师分别到华东师范大学和东北师范大学进修教育学。

（二）大力推进学术活动的开展

1. 召开俄语教学研讨会。1955 年 5 月 2 日召开了哈尔滨外国语专科学校第一届俄语教学研究会议，此次会议的召开是王季愚“学术建校”思想形成的重要标志。在会上，王季愚首次提出“学术建校”的思想，指明了学校的长远办学方针和战略目标，实现了哈外专由一个中心（教学）向教学和科研这两个中心的转变。校长王季愚的“开幕词”“闭幕词”和当时的哈尔滨市委书记郑依平讲话的中心思想都是“学术建校”。“学术建校”的关键是造就一支又红又专的教师队伍，培养称职的有独立工作能力的教师，而培养和提高教师工作能力的中心环节则是提高教师的语言科学理论水平与实际掌握俄语的能力，开展科学教学法的研究工作。通过这种普遍的、群众性的科研活动，可以极大地提高教师队伍的学术素养，是学术建校的重要内容，此次会议正是一个良好的开端。会议共进行了 5 天，会议的中心议题是正确处理本族语在外语教学中同外语的关系。哈外专教师伍铁平、王超尘、鲁刚和苏联专家乌汉诺夫在会上宣读了报告。会议还探讨了如何正确处理理论与实践的关系问题。会议提出没有正确理论指导的实践是盲目的实践,不顾实践的理论是僵死的理论,既要强调理论对实践的重要指导作用,又要坚持理论为实践服务的方向。会议认为科学研究是提高教师学术素养的根本途径,提出要把这样大型的高质量的学术研讨会制度化,教师可以将群众性的科学研究同定期的科研报告会结合起来。

此次大会是全国性的俄语教学研讨会,除哈外专全校的400余名俄文教学人员外,还有来自全国各地几乎所有的俄语教学单位的来宾80余名,如北京大学俄文系、北京俄专、上海俄专、中国人大俄文系、北京师大俄文系、东北师大俄文系等都专门派出代表团出席会议。应该说这是建国初期我国俄语学界的一次空前的学术盛会,在当时产生了广泛的影响。会议成果对全国许多教学单位的教学科研发展都产生了积极作用,它是中国俄语教学史、中国外语教育史中的重要一页。此次会议的召开更加激起了哈外专教师的科研热情,这种群众性的科研活动在校园里开展起来。

2. 创办学术刊物。1954年11月更名的《外专校刊》与其前身——1951年创刊的《教务工作通讯》相比,承担了开展科学研究的任务,开始具备学术刊物的雏形。之后全国发行的《俄语教学与研究》成为新中国外语院校最早的学报。《俄语教学与研究》主要介绍俄语研究成果,刊登本校及其他院校有关语言理论研究、教学经验的文章,开设的栏目主要有:普通语言学、语言学家介绍、苏联语言学、俄语词汇学、语法、教学法、翻译专题讲座等。后该刊又更名《外语教学》《黑龙江大学学报》,直到发展成现在的全国外语类核心期刊《外语学刊》。学术期刊的创办为教师和研究生提供了学术交流的平台,外语教学研究常态化,促进了研究者学术水平的进步和研究成果的积累。

3. 学术活动制度化。哈外院制订了科学工作规划,规定每年召开一次教学研究会,发动全体教师开展群众性的科研活动,并依托各教研室成立核心组,检查、指导科研选题的研究情况。在第一次"教学研究会"后,哈外院又在1956年、1957年召开了两次"教学研究会"。1956年11月召开的第二届俄语教学研究会议的主题是基础俄语教学内容的科学化问题以及与之相应的教程设计问题，主要报告人有信德麟、王鲁生、麻贵宾等。后来学校以教研室为单位分散开展教学研究，科学研讨会更加群众化，可以影响并带动更多的教师参与进来。在日常开展的群众性科研活动中，学校要求每个教研室成立科研核心组，发动并指导教师进行课题选题立项工作，并全程督促和检查科研项目的推进情况，使科研活动更加深入，涉及的人群更广。通过帮助与指导，教师们建立起进行科研工作的信心，明确了怎样结合教学工作来选择科研方向与选题，怎样开展科学研究。

总之，通过有计划、有步骤地开展各种形式的科学工作，孕育出适合哈外专、哈外院成长的科研土壤，逐步培养起教师的科研素质，学校结合教学、课程建设、教材建设，逐步形成了以俄语语言文学学科为主的诸多研究方向，各研究方向都有学术带头人、学术骨干，学术成果日益增多，学术成果的质量稳步提高。在王季愚、赵洵等老一辈教育家的不懈努力下，“学术建校”思想取得了显著的成效，完成了学校的正规化、学术化、现代化，形成了一支人数多、水平高、体系完备的干部队伍和教师队伍，为学校的俄语语言学科的发展积累了大量的理论知识和人才。学校位居当时全国俄语学科总体学术水平的前列。

（三）组建教研机构、搭建教研设施、营造教研环境

1. 成立教研室，构建教学研究的组织框架。哈外专先后成立了俄语专业翻译教研室、词汇教研室、语法教研室、理论教研室等教学与科研相结合的机构，细化科研目标和对象，培养不同专业方向的学术人才。

翻译教研室。1952 年冬，学校成立翻译教研室，这是哈外专历史上最先成立的由俄语专业的中国教师组成的教研室，它的成立与当时学校的培养目标——翻译有关。翻译教研室先后由鲁刚、麻贵宾、李石民、郝建恒担任主任，他们都对翻译教研室的建设做出了贡献。翻译教研室建设中教材建设是一个重要内容，李石民、郝建恒两人共同编写了教材的主要章节和内容，郝建恒还独立编写了国内第一部汉译俄教材。这个时期的翻译教研室人才济济，骨干教师有沈允、张达三、徐传熙、何兆源、王育伦、黄孝麟、王忠

亮、吴传真、卢兆泉等。

词汇教研室。词汇教研室的前身是俄语讲读课教研室，以苏侨教师为主讲教师，中国教师为辅助。1954 年以前，讲读教研室随级部而设。王季愚校长和赵洵副校长着手培养中国自己的讲读课教师，培养在职的讲读课教研室骨干，为中国教师逐步进入讲读课阶段创造条件，同时任命钟鼎、吴福生、陈楚祥等骨干教师为教研室的副主任。经过一年的试点工作，低年级讲读课主讲教师全部由中国教师接任，负责新生的主要教学任务。当时学校成立了一个大实践课教研室，由鲁刚主管，信德麟、高森负责具体业务，下设6 个教研组，每组负责 8～10 个班的基础俄语教学，组长有陈楚祥、刘仲亨、王鲁生、雷华歌、余养才等。到 1958 年，中国教师已经全部登上了一至四年级的俄语实践课的讲台，实现了逐步替代，一支中国自己的俄语实践课教师队伍就这样建立起来。

语法教研室。随着分科教学的进一步推行，1955 年成立了统一的大词汇教研室和大语法教研室，这两个教研室分别负责词汇教学和语法教学，侯育成、王鲁生分别为这两个教研室的主任，主要教师还有张会森、俞约法、白继宗、吕存亮等。

语言理论教研室。该教研室是系统的语言理论教研室，其前身为研究生室理论教研组，后来为了适应新的教学计划，正式在四年制本科组建，兼有研究生层次的语言理论教学工作。语言理论教研室主任为王超尘，主要成员先后有黄树南、高静、金晔、信德麟、华邵、王钢、张会森、徐翁宇、何荣昌等。语言理论教研室的成员是新中国的第一批俄语理论课教师，他们中的很多人成为我国俄语学界的学术带头人，为中国的俄语教育事业做出了巨大的贡献。

此外，哈外专还成立了政治教研室、国文教研室和体育教研室等。王季愚、赵洵认为，学生的思想政治教育和德育教育在教学工作中具有重要的地位。早在 1950 年，哈外专就成立了马列主义教研室（政治教研室的前身），抽调了一批人员担任政治理论课的教员，还从中选送一些教师到中国人民大学马列主义理论研究班和中央党校学习。学校开设了社会发展史、新民主主义论、中共党史、政治经济学、马列主义概论等多门理论课。王季愚经常提到，教师必须先受教育，学习马列主义理论一直被放在提高教师素养和业务素质的重要位置。

2. 加强教材建设与设施器材建设。学校在发展过程中不断推进编译室、理论教研室等教研单位的建设工作，开展学术研究活动，编写教材和工具书。1950 年，学校设置了教材编译科（编译室前身）。在编译科设置期间，教师们共编写俄语教材 45 种，约 560 万字，合计印刷出版 38.4 万册。1952 年，《俄语语法》（共三册）面向全国出版发行，该套书由赵洵副校长主编，郝建恒、刘耀武为主要编写人，当时全国许多高校、外语学校和中学都使用了这套教材，是当时我国自己编写的水平最高的工具书。

在哈尔滨外国语学院时期，王季愚、赵洵更加重视教材建设，把总结自身教学经验、反映教学水平、推广教学研究成果融进各门课程的教材编写中，作为“学术建校”系统工作的一项重要内容。20 世纪 50 年代中期，国家推行“统编教材”制度，学校派出贺善庸、俞约法、龙翔参加基础俄语实践课统编教材的编写工作，沈允、何兆源参加翻译课统编教材的编写工作，王超尘、王钢参加语言学引论课统编教材的编写工作。这些统编教材的编辑工作都如期保质保量圆满完成，对提高全国俄语专业课程的教学质量起到了良好的作用。王季愚、赵洵两位先生在教材建设上具有长远的打算，派出教师参加统编教材工作的目的是向兄弟院校和指导教材编写工作的苏联专家学习。教师们“取经”后根据自己学校的传统和特点，总结经验，采纳统编教材的优点，进而编写出更适合本校教学的新教材。基于这种考虑，学校成立了教材组，专门从事教材的编写工作。从低年级的基础实践课教材开始，由钟鼎、俞约法负责推进教材编写工作，他们与低年级教研室有经验的教师一起编写低年级的基础实践课教材，编写工作于 1959 年完成。1958 年，哈外院扩建后更名为黑龙江大学，王季愚、赵洵两位先生的自主编写教材的思想和计划为黑大时期的俄语教材建设打下了坚实的基础。

哈外专在开办研究生班时就开设了俄语理论课，这是全国开设俄语语言理论课程最早的院系。但当时并没有一部中国人自己编写的，并且适合中国人学习俄语特点的俄语理论课教材。为此，王季愚、赵洵两位先生将编写这一课程教材的任务交给语言理论教研室完成。由王超尘编写俄语语音学，黄树南、金晔编写语法学，高静编写词汇学，这是我国最早的，也是第一部中国人自己编写的俄语理论课程教材。20 世纪 60 年代初期，学校为了贯彻《高教六十条》，开始规划各门课程的高质量的统编教材的编写工作。鉴于黑大俄语理论教学和科研的强大实力，俄语理论教材的编写工作被全部委托给黑大俄语理论教研室来完成。王季愚把统编教材的编写任务同学校的语言理论课教材结合起来，亲自推进编写工作，并交由外语系主任曲程具体落实编写工作。当时还调动了理论教研室的王超尘、黄树南、信德麟等骨干教师。历时一年有余，圆满完成各门课程的高质量的统编教材的编写工作，最后由王季愚校长亲自审校定稿，交给商务印书馆出版，书名是《现代俄语通论》。这是我国第一部自编的，也是当时唯一一部俄语理论启蒙课本，获得学术界广泛认可。全国各高校使用此书有 50 多年(重新印刷多次)，还没有看到有一本可以完全代替它的教材。通过《现代俄语通论》教材的编写，参加编写工作的教师的理论水平和教学水平得到进一步提高，为今后黑大成为全国俄语学科基地打下了良好的基础。在出版这部教材的同时，学校还面向全国开设了俄语理论课教师培训班，成为全国俄语理论课的教学中心、研究中心以及俄语的研究中心。

图书馆历来是衡量高校办学能力的一个重要标志，其藏书的数量和质量是主要标准。哈外专从延安到哈尔滨，穿越了硝烟战火，没有任何图书。王季愚十分重视图书馆和教学科研资料室的建设，挤出有限的经费充实馆藏图书资料。1958 年，学校图书馆的俄文藏书数量与品种在全国大专院校中均位居第一。学校从 1952 年开始建立供教师专用的教学科研资料室(俄文资料室)，尽可能收藏国内外与俄语各门课程相关的教材、学术著作和期刊，把收藏的重点放在俄文原版(当时苏联出版的)图书和期刊上，包括成套购买俄苏文学名著、语言学专著、教材、期刊和各种报纸等。在资料室管理上，安排了数位学术水平高、科研能力强的教师在资料室负责教学资料整理工作和科研资料收集工作。1956 年，这个资料室在俄语教学科研资料的收藏方面处于全国领先地位。王季愚在 1963 年主持召开的黑龙江大学资料室工作会议上明确提出，办好系资料室是办好系的一半，图书资料人员要帮助别人搞学问，自己也要搞学问，这一资料室建设思想为俄文资料室的建设和发展指明了方向。这一思想至今仍在俄文资料室的建设中发挥着重要作用。

(四)王季愚学术建校理念的延续

1964 年,王季愚调任上海外国语学院院长,她将哈外专的"学术建校"思想和实践经验带到了上海外国语学院。但是由于不断的政治运动和随后而来的"文革",使得这一重要办学思想无法付诸实施。1976 年粉碎"四人帮"以后,王季愚重新恢复了领导职务,她的"学术建校"教育思想又有了施展空间。1977 年,上海外国语学院全面整顿教学秩序。1978 年 5 月,成立上海外国语学院第一届学术委员会,王季愚为主任。同年 10 月恢复学报,创办《外国语》,她作为主编撰写发刊词,号召"振兴教育事业,创造灿烂文化"。1979 年,她出版了《外语电化教学》,同年在教育部的支持下,上海外国语学院成立了外国语言文学研究所、外语教学资料中心、上海外语教育出版社。20 世纪 80 年代初,上海外国语学院成立苏联问题研究室,为学校之后的教学科研打下了坚实的基础。王季愚把师资队伍建设作为办好学院、发展学院的根本大事来抓,大力推进中青年教师的进修工作,通过各种途径帮助中青年教师提高业务能力,掌握新知识。1979 年前后,她组织了 40 名中青年教师出国进修,为学校开设新课程、新专业做准备,同时聘请了 12 个国家的 45 名专家来校任教,占了当时上海外籍专家数量的一半。1979 年底,在校庆 30 周年大会上,王季愚又为上海外国语学院规划出未来的发展蓝图,提出"对外语教育来说,除了必须遵循'三基'(基本理论、基础知识、基本技能),坚持'三中心'(以教师、教材、课堂)为中心,加强'三材'(教材、人才、器材)等教育的一般规律外,还需要突出一个'外'字"。[①] 短短几年时间,上海外国语学院的教学和科研就步入了正轨,快速发展。在她去世 7 年后,上海外国语学院就已经发展成为拥有十多个语种的语言文学专业和应用文科专业的多科性外语文科大学,实现了她在 1981 年中国外语教学研究会成立大会上的

① 赵劢坚、傅善卿、李良佑:《平凡人生:王季愚传略》,上海书店出版社 2006 年版,第 184 页。

设想。王季愚“学术建校”教育思想得到了很好的继承和发展,我国的教育事业又结出新的硕果。

二、王季愚学术建校理念与研究生教育思想的当代启示

王季愚在学术建校和研究生培养工作中进行了大胆的探索,为国家培养了大量优秀的外语人才,为外语教育留下了丰富的经验,对今天的大学建设和人才培养仍有巨大的借鉴意义。

第一,突破教学研究型大学建设。按照教学和研究的投入侧重划分,大学的类型有研究型、研究教学型、教学研究型、教学型之说。王季愚在校时期,黑龙江大学通过实施学术建校理念,加强学术研究工作,提升教学质量,使学校由教学型高校向教学研究型高校发展,为黑龙江大学的长远发展奠定了基础。当前的黑龙江大学,经历了改革开放以来40多年的发展,教学和科研得到了长足的进步,教学和科研成果丰富,学校的建设目标应由教学研究型改向研究教学型,旨在进一步提升学校的教学和科研水平,朝着“双一流”高校建设方向而努力。为此,外语院系应加强外语教学研究,特别是研究生教育培养,进一步提升外语教育水平,培养满足新时代发展需要的高水平人才。同时加强外国语言文学一级学科下各专业研究方向的前沿科学研究,以提高学校在该领域的国际学术影响力。

第二,引导科研成果的教学实践转化。王季愚所倡导的学术研究既包括语言文学研究,又包括教学法研究,其目的是提高教学质量,为国家培养急需的外语人才。的确,教学与科研本质上都是学术,教学研究和科学研究都是大学教师应从事的学术研究。科研的目的是教学,科研成果最终要用于教学,科研应与教学相结合,两者不可偏废,不服务于教学的科研是没有意义的,没有科研成果指导的教学是不科学的。对教学一线的教师而言,教学研究是学术增长点,是我们必不可少的研究方向。无论是教学研究型教师,还是研究教学型教师,都应使教研方向和专业方向协同发展,从中找到

更多的学术增长点。因此,应引导教师从事外语教育教学改革研究,加强教学研究,精于设计,将先进的教学法用于教学之中。教学改革的目的是解决教学中的难题,疫情期间的线上教学,后疫情时代的线上线下混合式教学,都应该成为我们的研究对象。同时,将自己的外国语言文学研究成果有效应用于教学实践,以专业高度为水准,提升教学质量。

第三,面向师资储备的研究生培养。王季愚重视研究生班学生培养,依靠苏联专家和俄侨教师指导研究生从事科学研究,主要目的是为外语教育充实高水平的中国教员,应以教师建设为中心,只有培养一支过硬的教师队伍才能实现教学质量的根本提高。今天研究生培养仍是师资储备的主要来源,应根据现实需要强化培养措施,在硕博研究生中培育出想研究、能研究、会研究,且理论与实践兼备的新教师。当前,很多高校缺少优秀的年轻教师,特别是经济欠发达的地区,如何留住年轻的好苗子是比较棘手的问题。可以通过学科专业一体化建设、本硕博一条龙培养,将发现的好学生,作为预留师资认真、全面培养,做到感情留人、资金留人、重点学科留人,使好学生因对母校的多年感情而留校,因良好的待遇而留校,因母校的学科领先而留校。

第四,促进学科专业一体化建设。王季愚注重外语人才教育培养的连续性,在教育实践中向前、向后扩展外语教育链条,本科之前开设了外语学校,本科之后开设研究生班、出国进修班,这些对我们当前进行学科专业一体化建设具有重要的借鉴意义。首先,应强化学科专业的一体化建设,全力推进本硕博一条龙的外语专业人才培养,使本科、硕士、博士期间的知识形成体系,能力培养形成梯度,使人才的成长自然顺畅。其次,应敢于向前延伸培养链条,勇于开发中小学外语专门教育,为外语院校选育优质学苗。再次,应加强出国外语培训基地建设,帮助有志出国深造的学生奠定语言基础,为社会提供优质的语言服务。

第五,提升教师课程思政教育能力。王季愚始终将学生的思想政治教育和德育教育放在第一位。而且强调"教育者必须先受教育",马列主义理论学习一直被放在提高教师素养和业务素质的重要位置。当前的思政课程建设对每一位专业任课教师都提出了思政进课堂的要求,但真正将思想政治教育和德育教育融入课程并非易事，教育者必须深入理解“思政”内容，而且能够巧妙地将专业知识和思政内容融为一体。这就要求课程和思政的一体化建设，两者都是课堂教学的重点内容，不可偏废。为此，教师加强理论学习是首要任务，每一位专业课教师都应该系统、深入学习思政理论知识，提升理论水平，思想政治理论水平应成为其业务水平评价的重要参数。

参考文献

[1]戴炜栋.爱心的回响——缅怀人民教育家王季愚[M].上海：上海外语教育出版社，1997.

[2]钱厚斌.关于教学研究型大学建设的思考[J].继续教育研究，2011(12).

[3]陈大兴.教学学术是大学教师专业发展的核心[J].评价与管理，2013(3).

[4]黄忠廉等.人文社科论文修改发表例话[M].北京：科学出版社，2020.

[5]关秀娟.创新新时代研究生教育培养方式[N].中国社会科学报，2020-09-14.

王季愚高等教育理论与研究生教育实践研究

黑龙江大学教育科学研究院　鞠然[1]　徐建华[2]

王季愚女士是新中国外国语教育的倡导者与奠基人，先后担任哈尔滨外国语专科学校校长、哈尔滨外国语学院院长、黑龙江大学校长、上海外国语学院院长，是一位远见卓识的教育实践家。在新中国成立之初，百废待兴，经济建设的风潮在全国范围内兴起。在国家非常重视各类人才培养的大背景下，党的工作重心由农村转向城市。在多年的教育实践中，王季愚校长始终坚持学校的办学传统，在不断地探索中形成成熟的办学经验，研究生教育工作的稳步开展为中国当代高等教育的新发展历程奠定了基础。

一、百废待兴，建国初期高等教育发展重心围绕解放区开展

解放战争之后，党和政府把培养管理干部的工作提上日程，要求迅速而有计划地训练出大批能够管理军事、政治、经济、党务、文化教育等事业的干部，把大量人才培养成管理干部，而培养管理干部的重要途径就是高等教

① 鞠然(1995—　)，女，黑龙江哈尔滨人，黑龙江大学教育科学研究院硕士研究生，从事高等教育学研究。

② 徐建华(1968—　)，女，黑龙江虎林人，黑龙江大学教育科学研究院教授，教育学博士，硕士研究生导师，从事教育管理、高等教育学研究。本文为黑龙江大学王季愚教育思想研究专项项目“红色教育家王季愚的教育思想与首创实践研究”的阶段性成果。

育。各解放区积极响应党的号召，解放区的建设需要大批高质量的管理干部，全国范围内即将开始的大规模经济建设也需要大量高质量的人才，高等教育的整顿与建设成为当时发展解放区教育事业的重要组成部分。

当时东北地区率先解放，东北地区是我国重要的工业基地，是中国稳固的大后方，对经济建设的需求十分迫切。东北地区是整顿高等教育和创办新式大学较早的地区。1949 年，《关于整顿高等教育的决定》一经颁布，东北地区全面进入经济建设和文化建设的进程，该决定在整顿一些旧式大学的基础上建立了一些新式大学，包括培养初等教育、中等教育的大学，培养艺术类人才的大学，这些新式大学中就有重要的专门培养俄语翻译人才和师资力量的哈尔滨外国语专科学校。

建国初期，各高校紧紧依托党的领导，发展高等教育。1951 年，政务院颁布的《关于改革学制的决定》中提到了培养高等学校的师资和科学研究人才的内容，要求大学和专门学院设立研究生部，修业年限为两年以上，招收大学和专门学院毕业生和同等学力者，与中国科学院及其他研究机构配合，培养高等学校的师资和科学研究人才。早在 20 世纪 50 年代初，新式大学中的俄语教学工作基本依赖苏联，由苏侨担任外教。当时中国高校教育的外语教学存在过度依赖国外教师的情况。王季愚凭借多年的俄语教育经验，在哈外专成立了新中国本土的研究室。

中华人民共和国建立初期，各高等学校纷纷设立教研组，作为高校高等教研基本组织，后来成为教研室。中国、苏联等其他国家的高等学校的课程按专业、专门组合，学校设置一门或多门的基本教学单位、科学研究单位。当时的研究室在教学负责人的领导和组织下，执行教学计划、编选教材、拟定教学大纲、编制教学日历、研究和改进教学工作，进行科学研究工作，开展学术活动，以及进行教师进修、研究生培养、实验室与资料室建设等工作。

1953 年，国家高等教育部发布《高等学校培养研究生暂行办法（草案）》，推动了新中国研究生教育事业的发展。1954 年，哈外专在王季愚校长的领导下已经可以培养出自己的教师队伍、干部队伍，并且能独立承担起全部的办学工作。哈外专是新中国首个开办研究生教育的外语学校，在国内外语教学领域率先开设研究生课程，培养专业化的俄语人才。可以说，王季愚开创了新中国研究生教育的先河。1958 年,哈外院改建、延伸后,成为不局限于只教授外国语的黑龙江大学,陆续培养出一大批优秀的外语人才,这些高等人才分布在我国军事、政治、经济、文化等各个领域,这些专业学者中有很多已成为我国社会主义现代化事业建设的骨干人才和中坚力量。

二、日新月异,高校开展高等教育理论与研究生教育蓬勃发展

新中国还缺乏开办社会主义学校的经验,帝国主义在经济上封锁我国,在严峻的国际形势下,中国只能向苏联学习。通过输送大批人才出国留学和引进外国人才,我国建立起新的教学体制和管理制度,稳定教学秩序,制定了符合中国国情的教学计划与教学大纲。

高等教育事业的发展势头强劲,各地高校办学主要依靠三个方面:党的领导、办学人正确的思想政治态度、广大师生的积极性。王季愚认为,高校培养人才要为党和国家的需求服务,不能没有限制而随意、自由办学,也不能为了个人利益或是凭借个人意向来办学。为了顺利接替苏侨教师的教学工作,王季愚校长和学校党委从长远利益出发,不断地从一批又一批的学生中选拔并培养出适应中国社会发展的优秀教师、优秀干部。

直到大批苏侨回国或迁居海外时,我国已经能够自己培养出在语言实践教学、语言理论教学等方面的研究生人才,师资队伍的过渡与交替工作顺利地完成。学校的学科门类趋于多元化,生源充足,培养出的学生的素质高,完全可以承担高校中的各项教学工作,并完成向国家各条战线培养高质量人才的任务。

王季愚的研究生教育理论与实践工作的完美结合显示出她的远见卓识和敢为人先的精神。她任职于黑龙江大学时指导学校办学教育工作逐渐步入正轨,在学校由训练班转变为正规院校的过程中,她通过开办研究生班培养高级外语人才,并借助国家的政策与力量开设语言课程、文学理论课程,提倡语言研究和实践并重。王季愚校长广纳人才,为学校积极地创造物质

条件,向全国各地的名牌大学学习先进的办学治校经验。她始终认为外语教育应该适应社会发展的需要。王季愚校长始终坚定“政治不转向”的决心,积极地开展教学工作,在长期的教育实践中,她坚持革命干部学校的办学传统,并进一步形成本校的办学特色。在教学中,她对教师与学生要求严格,注重教学质量,强调学习基础文化知识,重视外语的应用与实践,积极创造适合学生发展的教学环境,突破口语界限,全面培养学生的实践能力。她鼓励教师采用新的教育模式,在学习时要将教学与科研相结合。在学校管理中,她提倡精简机构,保留精干人才,使学校一直沿着正确的方向前进,将学校打造成办事效率高、团结一致的现代化高校。

三、标新立异,研究生教育实践活动逐步扩大至现代化高校

王季愚女士在俄语教育领域的突出成绩早已被国内俄语教育界认可,她的办学理论对本校教师、国内学者的教育理念产生了深远的影响。她坚持思想政治教育在教学工作中的首要地位,不过分占用学生学时,精简业务教育中的课程,讲求实效,突出重点,正确处理政治工作与业务教育的关系,并取得了成功。治校贵在给高校学生灌输先进的科学文化知识和鲜明的思想政治理念,这两者依赖于教师正确的引导,王季愚在充分调动苏侨教师积极性的同时,及时培养自己本校的师资队伍。她非常信任本校教职工,重视教师队伍的内部团结,反复强调学校“必须尽快培养一大批属于自己的青年教师,使教师在实践课和讲读课上完全取代苏侨教师,才能立于不败之地。”①

(一)倡导多元化办学,建设一支高水平外语师资队伍

中国当时的各个高校在外语教学上存在单一化倾向。高校在培养目

① 王季愚:《回顾与展望——为中国外语教学研究会成立大会准备的发言稿》,载《外国语》1981年第5期。

标、学制、规模、教学计划、课程设置、教材、教学法、人员配置等方面存在问题,特别是在教学内容和教学方法上各个高校大同小异,没有鲜明的教学特色。王季愚看清了教学上存在的问题,对教育理念和教学方法进行了反思。

首先,就学制而言,一般的外语院系的学制是四年,但在实际操作中高校应该根据不同的学生和社会需要制定不同的培养模式,实事求是,因材施教,在制定学制时具有一定的灵活性。例如,一些重点高等院校将外语院系的学制定为五年,这在一定程度上有利于培养出较高水平的翻译人才、研究人员和高校外国语师资队伍。其次,在教学方法上,外语教学形式单一,高年级与低年级外语实践课的课程体系基本相似,大都是分班制小班额授课,精读预设好的课本,教材的编写模式无法跳脱出已有的框架。王季愚认为语言是灵活多变的,在帮助学生学习外语时教师应该采用不同的训练方法和培养模式,具体问题具体分析,不必拘泥于一本既定的教材,但是不能否定教材合理的内容和教师合理的教育方法。

王季愚发现,要想普遍提高在校教师的教学水平,关键在于建立一支素质高、能力过硬的师资队伍。当时,一些高校已经拥有了一定数量、素质过硬的外语师资队伍,但这样的教师队伍还不能完全适应国家建设发展的需求。王季愚在上海外国语大学执教期间,学校的教师团队基本处于青黄不接的状态,低年级的教师多,高年级的教师少,能担任实践课和基本口语课的教师多,语言文学理论课的教师少。她结合现实情况,从教育规律着手,总结出教师培养的方法。

第一,从中青年教师队伍中造就一大批教学骨干和学术带头人,形成教学梯队。教师在提高外语水平的同时要注重提高自身的中外文化修养,提高语言修养。

第二,培养研究生。鼓励在职教师分期修习研究生课程,通过考试取得学位,不断提高教师的理论水平,打造素质过硬的教师团队,让优秀教师成为教师团队的中坚力量。在研究生教育制度的建设中,高校要为教师创造良好的条件,鼓励教师轮流深造。高校通过选派中青年教师攻读国内研究生、出国进修深造,或请专家来中国进行短期培训等,这些都是行之有效的方法。高素质师资队伍的建设离不开教材、教学法的改进。在办学过程中,王季愚不断地探索、改进研究生教育模式，为国家培养出数千名优秀的研究生人才。

第三，加强国际交流合作，王季愚提议创造条件为公共外语教师提供进修机会，鼓励本校教师队伍出国学习、考察，聘请外国专家来中国举办研讨会和进修班交流会。

（二）加强教师队伍建设，提高管理人员素质与质量

王季愚重点关注本校教师队伍建设，以教学为主，不断提高教学质量。她曾借鉴苏侨教师和其他高校的教学经验，确定符合本校发展的教育理念，她认为单靠改进教学方法还不够，办学的根本在于提高教师的理论水平。在20世纪50年代初，王季愚就组织过教职工文化补习学校，学员在学习基本理论知识的同时也学习一些其他课程，包括数学、现代语言、思想政治教育、古典文学与理论研究等。把俄语学科建设好是王季愚的初心，她积极创办学校，鼓励那些学习外语的学生。

（三）深入开展高校教师外语教学与科学研究工作

在王季愚、赵洵两位校长的倡导下，学校很快掀起了“学术建校”思想的实践高潮。王季愚、赵洵两位校长曾多次召开俄语教学研讨会，就语言理论和教学问题与教师们进行研究和探讨，得到了一系列高质量的科研成果。在学校深入开展科研工作既是提高教师素质的基本途径，又是践行“学术建校”思想的基本措施，高校应该既是教学中心，又是科研中心。

20世纪60年代初，王季愚带领学校开始全面贯彻执行《高教六十条》，针对学校存在的问题提出解决办法，受到了学校教职工与学生的拥护。从全校角度来看，提高管理人员素质的关键在于建立学校正常的教学秩序，以教学为主，提高教学质量。从教师队伍来看，要调动广大教师的积极性，让教师们都积极参与到教师职务评定与晋升的工作中去。在当时，高校中的一些教师从助教晋升讲师，再由讲师晋升副教授是一个普遍存在的棘手问题，王季愚的态度很明确，她根据教师实际的教学成果和学术水平，再结合教师在任教过程中的表现，对教师进行客观评价，最终给出令人信服的

结果。

王季愚非常重视教师的科学研究工作，强调教师在积极配合教学工作的同时应该开展科学研究工作，将教学与科研相结合，提高自身的教学与科研能力，要在专业上定点、定向，努力做到在某一方面学有所长。王季愚组织制定了学校教师的培养规划，扩建编译室用来编写俄文文学专著，招收副博士研究生，选派留学生出国深造，这些教学活动有力地推动并提高了学校教师的教学水平与科研水平。王季愚把理论与实践相结合，明确了教学与科研相互促进的关系，调动教师开展科研活动的积极性。此后，大部分本校教师可以独立进行科研工作，不断更新知识，吸收新的教学经验，掌握了科学研究的方法就可以顺利进行高质量的教学活动。

四、鉴往知来，新时代发展高等教育应从积极建设研究生教育出发

在新时代的背景下，科学技术发展突飞猛进，日新月异。我们应该认真总结新中国成立以来高等教育发展过程中的教学实践活动，借鉴以往的教学经验，立足长远，面向未来，高度重视高校学科研究与知识创新，培养高水平教师，不断提升学校的整体科研水平。

王季愚校长为高校学术建设提供了许多有价值的先进教学经验，在今天仍然值得我们借鉴与学习。高校不再是单纯的教学中心，更是现代科学技术中心与科研中心，要促进高校研究生事业与其他事业的良性互动。高校教学不再停留在教师经验传输的层次，应该提高到科学的层次，以课程建设为起点，以学科建设为目标，打造一门学科与交叉学科的学术型带头人和技术骨干。

高校不断为国家、社会输送人才，在新时代的背景下，我们应该加快研究生教育改革，借鉴以往高校办学治校的经验，直面新出现的问题，具体落实到高校各部门。今后，高素质人才队伍的培养将成为创新社会发展中的新常态。高校应该不断地深化改革，加强导师这一学术科研引路人的教育

职能，突破现有的技术支撑和学位授予制度，明确导师责任，同时为教师队伍提供应有的保障。

目前，高校的人才差异化培养与多渠道投入机制尚未健全，内部管控质量参差不齐，基础学科与重点学科的培养方式与保障体系不到位，一些与之相关的法律法规滞后。因此，师德师风建设任务应采取主体责任制，明确研究生培养机制。高校的教育实践活动应该与社会具体需求相辅相成，推动研究生教育深层次化，加快结构性变革，使研究生毕业找工作能拥有更多机会，做学术、搞科研能拥有更高的科研水平。为了适应新时代中国特色社会主义现代化建设，研究生教育改革迫在眉睫，高校要精准把握科技前沿领域，落实好国家关键领域对高层次人才的积极培养计划，保持底线思维与创新意识，培养出一批又一批符合国家需要的人才。

参考文献

[1]王季愚. 回顾与展望——为中国外语教学研究会成立大会准备的发言稿[J]. 外国语，1981(5).

[2]戴炜栋. 爱心的回响——缅怀人民教育家王季愚[M]. 上海：上海外语教育出版社，1997.

[3]俞约法. 王季愚、赵洵“学术建校”思想的首次实践——并纪念哈尔滨外国语学院首届学术研讨会 43 周年[J]. 外语学刊，1998(3).

[4]左毅，冯彬彬. 对王季愚校长教育思想和实践的片断回忆[J]. 外国语，1996(3).

[5]上海外国语大学. 一位杰出的教育家——王季愚同志生平及其教育思想简述[J]. 外国语(上海外国语大学学报)，1996(3).

王季愚“预科班”教学模式浅析

——基于皮亚杰认知发展理论

黑龙江大学教育科学研究院　许楠[①]　佟玉英[②]

1950年,王季愚先生首次在哈外专开设“预科班”,学员先在预科班学习两年,本科学习三年。这种针对早慧少年的培养模式曾为国家培养出急需的应用型人才,后人借鉴“预科班”的成功经验,经过多年的实践与发展,预科班演变为少年班,随后不断发展壮大。以中科大少年班为例,截止到2018年,少年班学院共毕业4140人,其中少年班毕业1589人。少年班已毕业学生中约90%进入国内外教育科研机构继续深造。这些数据引起了人们探究少年班的热情,并纷纷效仿少年班的做法,探究早慧学生的开发模式,并引发了一系列的思考。

一、独特的课程设计

(一)课程设置方式新颖

王季愚校长开办“预科班”的教育模式为后辈诠释了一种将创新教育与

① 许楠(1987—　),女,黑龙江哈尔滨人,硕士生在读,研究方向为中小学教育管理。本文为黑龙江大学王季愚教育思想研究专项项目“王季愚德育教育的思想与实践及当代价值”的阶段性成果。

② 佟玉英(1978—　),女,黑龙江大庆人,黑龙江大学教育科学研究院副院长,副教授,医学博士,从事高等教育学、应用心理学研究。本文为黑龙江大学王季愚教育思想研究专项项目“王季愚德育教育的思想与实践及当代价值”(HDWJY2003)的阶段性成果。

素质教育相结合的新型人才培优模式。王季愚校长"预科班"的教育模式与皮亚杰认知发展学说的内容有相似的地方。在哈外专的俄语课上,"预科班"的同学每天都要进行"听写"练习、"复述"练习。除了上面提到的常规练习外,在课堂上老师还会组织情景对话,学校会开展演讲比赛,举办俄语会话周等活动。教师在课堂上应该给予学生更多的表现机会,发挥学生的主观能动性,让学生建构属于自己的知识体系,用他们自己的方式更好地完成学习目标,这就是自我建构知识体系的过程,学生在自我层面上进行有效的提升。教师留给学生学习和讨论的东西要有一定的深度和广度,为不同类型的孩子提供不同的机会。不同的孩子有不同的学习方式,教师要帮助他们找到自己喜欢和擅长的东西,让学生产生越学越会,越会越学的良性循环。学生必须在头脑中主动建构知识体系,需要学生发挥主观能动性,通过自己对知识的同化和顺应,不断发展认知能力,完善和发展认知结构。皮亚杰认知发展理论强调儿童自身的主动性,强调在教学过程中,教师必须不间断地创设和改变学生已有的知识平衡状态,帮助学生建立新的平衡,这样才能促进学生认知能力不断发展。一方面,王季愚校长的教学方法提供了与学生已有经验相关的内容;另一方面,王季愚校长的教学方法提供了与学生已有经验相矛盾的内容。

(二)课程实施针对性强

哈外专"预科班"开设俄语课、政治课和语文课。最重要的课程是俄语课,每周上课5天,其中有4天均为俄语课,课程全部由苏侨教师全俄文授课。学生可以在学习动机的驱动下,结合教师给予的沉浸式语言环境,从一开始的听不懂到一个月后都可以和苏侨教师进行简单的俄语交流。这一教学过程印证了皮亚杰的认知发展观。人生来就有一种跟环境取得平衡的倾向,这种倾向使人不断地与环境进行同化和顺应以达到平衡状态。"预科班"的学生,凭借原有的内部认知结构,通过教师的引导和外界的环境刺激,产生新的知识经验网络。王季愚校长尊重了学生的认知发展过程,创设出符合学生自身发展规律的课程和授课模式。教学不能超越学生认知发展的进度,教学设计也只有在符合学生思维发展特点的基础上才能促进思维发展。

二、高效的培养方式

(一)分组合作促成长

“预科班”的学生会在课堂上开展俄语会话周活动,开展演讲比赛,小组之间进行情景教学等互动。这种定期的活动促进了学生之间的互动交流,让学生在交流中发现自己与同伴在思想上的不同点和相同点,逐渐开始自我思考,判断自己的认知是否正确。这一事例很好地诠释了皮亚杰认知发展理论中形式运算阶段的特点,这一阶段是儿童智力发展的最优化阶段,儿童能够根据逻辑推理,以概括或演绎的方式来解决问题,思维具有可逆性、补偿性和灵动性,开始对自己的自我为中心的思想进行评估和分析。这个阶段的儿童相互之间的交流可以有效地对其产生认知冲突,进而对自己的思想进行重新审视和认知,同时会顺应和平衡同伴的想法,使自己的认知能力得到进一步发展。

(二)主体客体相互影响

皮亚杰认为,合作学习是行之有效的教学方法,儿童需要在合作中相互交流,建立新的知识结构,以达到丰富和内化知识的目的。儿童如果不同他人进行思想交流与合作,就无法把他的运算组成一个连贯的整体。皮亚杰从智力与道德两方面来具体阐述合作的意义。皮亚杰认为,从理智的观点来看,这种合作最利于鼓舞儿童真正交流思想和进行讨论。这就是说,最利于培养儿童的批判态度,客观性和推理思考的能力。从道德的观点看,这种合作是儿童执行行为的原则,而不是只顺从于外在的约束。学生之间的协作和配合更是一种非常行之有效的学习方法,在不同的意见中相互取长补短,相互交流碰撞,面对相同的话题,可以有不同的观点,面对不同话题,可以各抒己见。在互通有无的过程中,学习者本身有不同程度的提高,最终达到教育的目的。

学生应该成为学习的主体。学生在学习过程中一直是被动接受知识内容的客体,但是教育的最终目的是要教会学生学习的方法,即授之以渔。在没有教师的引导时,学生也要会学习,具备一定的钻研能力,让自主学习贯穿学习的始终。教师可以给学生更多的空间,让他们通过自学和讨论,研究自己感兴趣的话题。随着学生与外部世界长期的相互作用,他们的自我中心观被进一步削减,产生不同的思想观念。

三、入学宽口径管理

(一)入学宽口径

1950 年,哈外专招收了 5 名学生,这些学生是从长春第四中学经选拔被保送到哈外专预科班学习俄语的学生。这是哈外专第一次开办预科班。王季愚校长大胆地迈出了培养早慧少年的第一步。所谓“早慧”并不是追求生源的低龄化,而是强调要重视创新人才的早期培养,保持培养的连贯性和长期性。近年来的脑科学研究表明,个体在逻辑思维、语言、想象力、创造力等方面的成长关键期在 12 岁以前。人的心理发展是主体和客体间的互相作用、互相制约的联动关系,两者缺一不可。王季愚校长尽心竭力,遵循了皮亚杰的认知发展理论,在入学年龄上实行“宽口径”管理,在学生进入“预科班”后因材施教,根据学生的不同兴趣开设相关课程,抓住学生学习语言的关键期,为学生营造出最佳的语言学习氛围,并在教学过程中不断打破学生已有的知识平衡状态,帮助学生建立新的知识平衡状态,帮助学生持续发展,建构知识体系。针对不同阶段学生的心理特点,教师应该了解学生的认知能力,根据实际授课后学生的反馈情况,及时调整授课内容的难度和进度,顺应学生的认知规律,采取行之有效的教学方式,有针对性地设计教学内容。

(二)毕业宽口径

1953 年 6 月,李凤林和他的同学们预科结业后,在本科只学习了一年就提前毕业了，毕业证上注明“提前四学期毕业”。因材施教就是要求教育工作者从每个学生的具体情况出发，根据每个学生的需要和兴趣进行差异化的教学和培养，激发每个学生的潜能，发挥专长。教师应该认识到个体差异，寻找学生的兴趣点，调动学生的积极性和培养他们主动学习的好习惯。“预科班”学生平时都在非常努力地学习，与其说他们有超出常人的智商，不如说他们有超乎常人的勤奋和努力，从来没有人因为自己是天才而不读书的，在积极环境的影响下，可以塑造出学生良好的特质。

四、结语

王季愚先生是新中国教育事业的楷模和先驱，她毫无保留地把一生都奉献给了教育事业。她培养人才，有教无类；重视人才，因材施教。她的思想具有跨时代的意义，且极具前瞻性，在一定程度上来说是遵循了人的认知发展过程的。教育是一门学问，在知识经济高速发展的年代，正确的教学模式显得更加重要。王季愚校长充分利用宽口径、精准定位、早培养的教育理念，为创新人才培养提供了最具代表性的蓝本，为人才培养探索出一条成功之路。王季愚校长合理运用教学规律，遵循学生的认知发展水平，正确把控教育的大方向，培养出大批专业型人才，她的教学模式对今天的教育事业仍然具有重要的指导意义。

王季愚历史教育思想及其当代价值

黑龙江大学历史文化旅游学院　綦岩①

历史是最好的教科书,也是最好的清醒剂。加强党史、新中国史、改革开放史、社会主义发展史的学习,对落实好立德树人的根本任务以及解决好“培养什么人、怎样培养人、为谁培养人”具有重要的指导意义。1958年8月,黑龙江省人民委员会“为了给工农业生产培养一定数量而又合乎质量的高级建设人才及高等学校所需要的师资科学研究部门所需要的研究人员”②,在哈尔滨外国语学院的基础上创办黑龙江大学,原哈尔滨外国语学院院长王季愚任第一任校长。在社会主义建设的探索时期,王季愚十分重视历史教育,如历史唯物主义、中共党史、社会主义发展史的教学,聘请著名的历史学家纪昌先生担任历史系主任,组建历史系,成立资料室,派教师进修,组织教学工作和科研活动,并收到了良好的效果。

---

① 綦岩(1986—),男,黑龙江哈尔滨人,黑龙江大学历史文化旅游学院历史系主任,副教授,文学博士(后),硕士生导师,主要从事中国近代史研究。本文为黑龙江大学新世纪教育教学改革工程项目“‘四史’精神铸魂育人机制研究”(2020C04)、黑龙江省教育科学规划党史专项重点课题“新时代龙江精神的传承与弘扬研究”(GJF1421029)的阶段性成果。

② 黑龙江省档案馆:黑龙江省人民委员会关于建立黑龙江大学及启用校印的通知(黑教字2854号),档案编号:54－3－451。

一、培养目标与课程设置

历史学专业基本的培养目标是培养历史教学、历史研究人才以及其他和史学有关的工作者。具体的培养目标有以下四点:第一,具有爱国主义和国际主义精神,愿为社会主义、共产主义事业奋斗。通过马克思列宁主义、毛泽东著作的学习和一定的体力劳动、实际工作的锻炼,努力树立工人阶级的阶级观点、群众观点、劳动观点和辩证唯物主义观点。第二,精通中国和外国历史所必需的基础知识,具有中国历史和外国历史某一方面的专门知识。熟悉马克思主义经典作家相关历史科学的著作,阅读过重要历史著作和资料,能初步做到马克思主义观点和资料的统一,有科学研究能力。第三,具有比较熟练的文字表达能力。能够阅读一般古籍,学一门外国文,达到能阅读历史书籍的能力。第四,有健全的体魄。

学制为五年,除了寒暑假三十五周外,共有二百二十五周,其中“教学一百六十一周,约占百分之七十一;生产劳动四十四周,约占百分之二十,集中于第七学期;科学研究二十周,约占百分之九,分散安排。按学生每周学习时间五十四小时计算,上课总时数和自习总时数的比例为一比二左右。”①历史学专业课程由共同政治理论课、专业课和其他课程组成,课程设置的比例分别为百分之十八、百分之五十六和百分之二十六。共同政治理论课包括政治学、政治经济学、哲学和思想政治教育报告,课程主要设置在前三年且要读完毛泽东选集。其他课程包括中国历史文选、写作、外国语和体育。专业课分为共同课和专门组课,课程设置的比例为七比三。共同课主要有马克思主义经典作家论历史科学,本课程以自学为主并进行若干次必要的讲解。中国古代史、中国近代史、中国现代史、世界古代史、世界近代史、世界现代史,使学生掌握中外历史发展的主要线索、历史事件、制度和人物,并通过具体事实帮助学生理解历史发展的基本规律。中国史学史、外国史学史

① 黑龙江大学教务处教学研究室:历史系历史专业教学方案(修订草案),黑龙江大学教学资料,档案编号:1963-4。

和史学名著选读，着重介绍并批判近现代外国资产阶级主要史学流派及其代表著作。专门组课要求学生在中国史、外国史或民族史中选择一门作为修读内容。科学研究设置要求一、二年级的学生结合课程学习内容撰写学习心得、读书报告和短篇文章，四年级学生撰写学年论文，五年级学生撰写毕业论文。此外，还可以参加史学界的学术讨论和教材、专著的编写。科学研究以个人钻研为基础，发扬集体协作精神，锻炼学生的分析批判能力，培养学生的革命性、科学性学风。

“历史系全部课程中，都与当前政治思想领域内的阶级斗争紧密结合，批判资产阶级学术思想，扩大马克思列宁主义、毛泽东思想在历史科学领域的阵地。”①此外，生产劳动和社会调查也是历史系课程内容的重要组成部分，学生在每个学年都必须下工厂、下公社进行生产劳动，这样每一个人都能成为既具备丰富的科学知识，又能掌握劳动生产技能，成为一名理论联系实际的历史科学工作者。

二、师资与招生情况

黑龙江大学历史系在组建初期分为中国史教研室和世界史教研室，中国史教研室教师有纪昌、张泰湘、朱光甫、段景轩、魏国忠、饶良伦、杨杰、唐志凯、张锡勤、韩玉鋈、李星海，研究方向全面，实力雄厚。世界史教研室教师有张尚谦、高士润、吴文衡、廖美珍、张秀兰、张雅琴、王志显、梁琦、陈春元，多数教师受阶级史观影响，研究方向多为古巴革命、德国革命、中世界农民战争、日本共产党等。1963 年，历史系停止招生后，教师大多转入本校哲学系、黑龙江省哲学社会科学研究所等单位。

在社会主义建设的探索时期，黑龙江大学生源主要来自本省，以男性为主，家庭出身多为贫农，民族多为汉族，其中少数民族学生以朝鲜族居多，年龄在十九周岁到二十九周岁之间。1960 年，黑龙江大学共招收历史学本科

① 黑龙江大学教务处教学研究室：黑龙江大学历史系专业介绍，黑龙江大学教学资料，档案编号：1961－2。

生39人。1961年,历史系开设历史学专业和中共党史专业,共计划招收本科生60人、代培生5人。

表1 黑龙江大学历史系1960年内招新生录取情况综合统计表①

姓名	性别	原来毕业院校(或工作单位)	年龄	民族	政治面貌	家庭出身	个人成分	志愿专业(按志愿顺序)	成绩
徐振桐	男	双鸭山矿业学院	26	汉	团员	贫农	学生	经济、哲学	120
李德方	女	阿城师范学校	24	汉	团员	贫农	学生	经济、物理、历史、中文	103
薛柱道	男	进化小学	28	汉	党员	贫农	学生	哲学、历史、经济	110
孙忠仁	男	哈铁中学	21	汉	团员	贫农	学生	中文、历史、哲学	102
王屏举	男	肇东一中	23	汉	团员	贫农	学生	经济	147
杨克伦	男	哈十中学	19	汉	团员	贫农	学生	经济	125
刘绍周	男	(记录不清)	23	汉	团员	贫农	学生	经济	101
宋化武	男	顾乡十五中	21	汉	团员	贫农	学生	历史	125
李国栋	男	河北高阳南岗中学	23	汉	党员	贫农	学生	哲学、中文、经济	124
王会敏	女	齐齐哈尔福文小学	29	汉	党员	贫农	学生	哲学、中文	123
马淑菊	女	齐齐哈尔初级师范	25	汉	党员	贫农	学生	哲学、中文、历史	120

① 黑龙江大学教务处教学研究室:黑龙江大学1960年内招新生录取情况综合统计表,黑龙江大学教学资料,档案编号:1961-2。

三、教学研究与学术研究

王季愚以社会主义建设探索时期的历史教育、社会主义教育为终极理想，将教学研究与学术研究紧密结合，以教学研究促进学术研究的发展，以学术研究推动教学研究的提升。

（一）教学研究

黑龙江大学历史系在建立之初就非常重视教学研究，每周定期举行教改讨论会，历史系全体教师出席，讨论内容涉及办学方向、培养目标、基础课与专门课程的设置、编写讲义的原则、如何确立优良系风，总结阶段性教学的缺点与问题等。教改研讨会上气氛热烈，学术氛围浓厚。例如，1961 年 4 月 17 日，在历史系讨论会上讨论中国科学院历史研究所主编的《中国通史》（初稿），有同志认为“把历次规模较大的农民起义放在有关篇章的开端能够更好地反映在封建社会农民起义推动历史前进的作用，有同志则认为这是一个大的缺陷，章节的安排、书的结构应该和历史客观逻辑相符合，农民起义是一定历史时期阶级矛盾日益激化的最后结果，是对历史时期的总结，应该放在有关该段历史时期的篇章的末尾”[①]。有同志认为《中国通史》（初稿）在处理中国社会由奴隶制向封建制过渡的问题上以及中国封建社会的分期问题上有不太妥当的地方，本书认为春秋战国时期奴隶起义是推翻奴隶制的主要政治力量，但列举材料却是一些规模不大且发生在小国的起义，秦国、晋国、齐国等生产力水平高、经济发达的大国却找不到大规模奴隶起义的材料。《中国通史》（初稿）以隋末农民大起义为界限把中国封建社会分为上下两期，一些同志认为这样划分封建社会的标准不明确，不能把中国封建社会发展、变化的规律性充分地揭示出来。有同志指出《中国通史》（初稿）对中国少数民族的历史予以极大的注意是突出的优点。

① 黑龙江大学教务处教学研究室：历史系讨论中国科学院历史研究所主编的《中国通史》初稿，黑龙江大学教学资料，档案编号：1960－3。

表 2　黑龙江大学历史系 1960 年教改讨论会情况①

时间	出席人员	会议内容
6 月 8 日、9 日、13 日	纪昌、杨春茂、战立功、郑天富、韩毓鋆、朴乙龙、唐志凯、朱光甫、陈春元、高士润、李星海、张尚谦、陈章范、张雅琴、廖美珍	集中讨论办学方向问题。着重讨论什么是党校精神，如何以党校精神办学，历史系学生的培养目标是什么。
6 月 14 日	全体教师	讨论、确定教改方案。
6 月 16 日、19 日	纪昌、战立功、陈章范、廖美珍、李星海、张忠孝、唐志凯、郑天富、陈春元、高士润、朴乙龙、张尚谦、韩毓鋆、张雅琴、杨春茂	基础课与专门化课程的设置问题，历史课的讲授是从古至今还是从今至古。
6 月 22 日、23 日	纪昌、杨春茂、胡健、张雅琴、张尚谦、张忠孝、张秀兰、高士润、朱光甫、唐志凯、李星海、秦隆文、韩毓鋆、陈章范、郑天富、战立功、张秀兰、陈春元、朴乙龙	编写讲义的原则，专门化课程的设置及其与基础课方向的关系，如何确立良好的学风。
6 月 28 日	纪昌、杨春茂、张忠孝、陈春之、程秩、郑天富、高士润、李星海、朴乙龙、廖美珍、陈章范、唐志凯、战立功、张尚谦	资料室工作方向与范围，确立规章制度。
9 月 5 日	纪昌、饶良伦、廖美珍、战立功、郑天富、关文彬、张秀兰、张雅琴、秦隆文、李星海、李贵香、高士润，胡健、周众、陈章范、朴乙隆、韩毓鋆、唐志凯、张尚谦、陈春元、朱光甫	讨论本学期教学工作计划。

① 黑龙江大学历史系：教改讨论会，黑龙江大学档案资料，档案编号：1960－1。

续表

时间	出席人员	会议内容
10月29日	张岂之、魏国忠、唐志凯、张秀兰、张占成、王万成、张泰湘、王鹏程、廖美珍等	讨论座谈下午办学的好处。第一,有利于改造个人的世界观,加速劳动化过程;第二,有利于消灭三个差别;第三,有利于理论联系实际,提高教学质量;第四,有利于身心健康。
11月3日	张尚谦、张秀兰、廖美珍、梁琦、周众、王鹏程、王万成、高士润、吴文彬	在下午教学期间制定教学方案。
	杨春茂、张忠孝、战立功、李星海、张雅琴	历史系过去一个时期的工作存在的缺点,系内领导干部的工作作风存在的问题。

黑龙江大学历史系在教学中注重学生对马克思经典著作的研读,例如,马克思的《资本论》、恩格斯的《反杜林论》《劳动在从猿到人转变过程中的作用》《家庭、私有制和国家的起源》、列宁的《国家与革命》、斯大林的《苏联社会主义经济问题》、普列汉诺夫的《论一元论历史观的发展问题》以及毛泽东的《毛泽东选集》等。黑龙江大学历史系注重唯物史观视域下的教材编写工作。例如,胡乔木的《中国共产党的三十年》、郭沫若的《奴隶制时代》、范文澜的《中国近代史》、翦伯赞的《历史问题论丛》、吕振羽的《简明中国史》、侯外庐的《中国思想通史》、胡绳的《帝国主义与中国政治》、金毓黻的《中国史学史》、杨宽的《战国史》、唐长孺的《魏晋南北朝史论丛》、岑仲勉的《隋唐史》、罗尔纲的《太平天国史事考》等。黑龙江大学历史系在中国史方面注重古籍的阅读。例如,司马迁的《史记》、班固的《汉书》、陈寿的《三国志》、袁枢的《通鉴纪事本末》、顾炎武的《日知录》等。黑龙江大学历史系在世界史方面注重苏联史学家著作的阅读。例如,塞尔格叶夫的《古希腊史》、科瓦略夫的《古代罗马史》、凯尔任策夫的《巴黎公社史》、伊凡诺夫的《伊朗史纲》、

库达科夫的《现代国际关系史》等。

（二）学术研究

在社会主义建设探索时期，黑龙江大学历史系大力学习马克思列宁主义，学习毛泽东的著作，以马克思列宁主义和毛泽东思想为武器，有领导、有计划、有步骤地在历史科学研究上开展马克思主义史学理论视域下的史学研究。1960 年 5 月 31 日至 6 月 5 日讨论中国农民战争的性质、作用、目的和纲领口号。农民战争自始至终都具有自发的反封建压迫的性质。封建社会的基本矛盾是农民与地主之间的矛盾，中心问题是土地问题，土地掌握在地主手中，他们对农民进行残酷的剥削。虽然历史条件、历史时代不同，具有反地租、反劳役、反封建化等不同的内容，但从根本上来说都是反封建的。对中国农民战争性质的表述自始至终没有体现出农民战争发展的阶段性。有的同志认为，历次农民战争提出的口号和土地纲领仅仅是一个愿望，大多是不能实现的乌托邦；有的同志则认为纲领口号代表农民革命运动的特点，如唐末的“天补平均”，到宋朝的“均贫富”，再到明末的“均田”，这些都反映出历史时期的阶段性特征，忽略了纲领口号的作用就等于忽略了农民革命运动的反封建性。1960 年 7 月 2 日，专题研习毛泽东的著作，学习毛泽东思想。集中学习了毛泽东的《改造我们的学习》《整顿党的作风》《反对党八股》和《中国共产党在民族战争中的地位》四篇重要理论文章，学习中明确以下几点，“第一，认识到过去教条主义式的学习态度及为以理论词句装饰业务理论水平的目的都是反映世界观上的不正确；第二，认识到今后学习必须有的放矢地指导业务，改造思想；第三，历史研究的方法应该是占有丰富资料，理论先行，理论联系实际。”①1960 年 7 月 30 日学习《列宁主义万岁》等三篇文章，讨论集中于战争与和平问题、和平共处问题。经过讨论后，大家对战争与和平问题达成一致，认为战争不是不可以避免的和战争不可避免这两种提法本身已表明原则性的分歧，我们党的看法是正确的。和平共处问题有以下分歧，“一种意见认为和平共产局面的出现取决于我们社会主义

① 黑龙江大学历史系：毛选学习座谈会，黑龙江大学档案资料，档案编号：1960 – 1。

国家的存在及其和平外交政策;另一种意见认为和平共处局面的出现取决于帝国主义和我们社会主义阵营两方面的情况。”①

四、教学反思与当代价值

历史教育的过程是动态的,充满创造性;历史教育的价值是连续的,具有时代性。教学反思是教师专业成长的动力源泉。教师只有经过反思,把自己原始的经验不断地放在被审视、被修正、被强化、被否定的思维加工过程中,历史教育的质量才有保障。教师只有在反思中形成正确的教育理念,历史教育才能为新时代的中国培养红色基因、书写红色篇章、传播红色声音、传递红色能量。

(一)教学反思

考试测评。1960 级的数学、化学和物理三个院系的中共党史课程考试采用开卷形式,这一考试形式受到学生的普遍欢迎,减轻了学生的考试负担,学生可以把更多的时间放在学习研讨等充分发挥独创精神的地方。学生普遍反映过去的考试靠死记硬背,教师教什么,学生背什么,等到考试结束,背诵的内容随着时间而遗忘,学习效果不好。采用开卷考试,学生“通过自己的艰苦劳动、看教材,研究著作,在理解的基础上,充分发挥自己见解。从而,进一步巩固了课堂上所学的知识,明确了观点,领会了主题思想,对某些问题理解地更加深了。”②在准备复习的过程中,学生可以相互交流学习经验,交流思想,是一个互相提高认识的过程。学生经过充分准备,以班级为单位进行讨论,然后教师针对共性问题进行系统的辅导和讲解,学生更加明确学习目的,利用理论解决实际问题的能力也不断提高。但在开卷考试中,有部分学生在复习过程中抄别人的复习提纲,这对平时学习勤奋刻苦的学

① 黑龙江大学历史系:政治理论学习会,黑龙江大学档案资料,档案编号:1960-1。

② 黑龙江大学教务处教学研究室:关于开卷考试中的一些问题,黑龙江大学教学资料,档案编号:1965-6。

生有失公平。对此,我们要继续加强教学改革,除改进教学方法外,在考试前不给出提纲,考试时间也适当延长。

辅导学生。在社会主义建设探索时期,历史系还是一个新的院系,配备的教师都是新组建的,执行的是新的教学方案,有些课程使用的是新教材。因此,那时的历史专业需要在正课基础上增加辅导课,指导学生如何读书,引导学生独立思考,培养学生的学习兴趣,解答学生提出的疑难问题。教师深入学生中,了解他们在学习上的困难,询问他们在课堂讲授中的建议,每周进行一次个别辅导,在每章的正课讲授后进行一次集体辅导。“集体辅导辅导流程如下,首先,粗略勾勒整体脉络;其次,重点讲授关键环节;最后,着重介绍课程对应经典著作、参考书目和学术界对这段历史的研究程度与学术分歧,培养学生学习兴趣和阅读能力,弥补课堂中未讲授枝干知识点。”①除此之外,我们可以组织学生到历史系文物室和省博物馆进行参观,加深学生对文物的直观印象,培养学生的家国情怀。

教师授课。历史系的教学目的比较明确,教师的教学态度认真,讲授内容符合政治方向,史学观点大体妥当,教师都能按照大纲的要求完成教学任务,达到一定的教学效果,学生基本满意。同时,在教学过程中大部分教师存在“系统性不够,内容比较平淡,重点不突出”②的情况,具体表现为教师没有处理好教材内容与参考资料之间的关系,有的教师照本宣科,不能很好地运用新资料。教师对课程体系、课程基本精神和内容掌握得不够熟练,学生反映讲授的每个朝代的农业、工业、商业、文化都千篇一律,未区分出每个朝代不同的特点。教师备课看材料的时候多,研读具体材料的时候少,不能提出有说服力的独到见解。教师讲授的内容系统性不强,有些课的内容比较凌乱,学生摸不着头绪。教师业务水平需要提高,教学理念需要更新,补充图书资料,编写历史教材,备课中要处理好个人钻研与集体研究的关系。

---

① 黑龙江大学教务处教学研究室:怎样对学生进行辅导,黑龙江大学教学资料,档案编号:1960-3。

② 黑龙江大学教务处教学研究室:新教师讲课存在的问题和改进意见,黑龙江大学教学资料,档案编号:1960-3。

（二）当代价值

理论和思想都是人们对客观世界的理性认识，教育理论和教育思想都是人们关于教育及其活动规律的理性认识，其特点是具有系统性和比较完整的体系。教育理念既是教育理论和教育思想的基石，又是教育理论和教育思想的高度概括和典型代表。黑龙江大学在深厚的历史教育积淀中形成“博学慎思、参天尽物”的教育理念。“博学慎思”贯穿学习的全过程，“博学”寓意广泛地涉猎知识、多方面地学习知识，“慎思”即慎重地思考、理解、消化知识；“参天尽物”潜移默化地影响一个人的人生历程，彰显人文精神的张力，社会中的人尽可能地发挥出自己诚信的本性，人类就能显现出人性的美好，万物亦能与人和谐相处。“博学慎思、参天尽物”的教育理念是新时代黑大人继承和发扬了延安精神和抗大传统，守土边疆、志存高远、爱国奉献、艰苦奋斗、自强不息的精神体现。在社会主义建设探索时期，王季思先生引领历史教育跨越历史与现实，坚持马克思主义指导地位，坚持社会主义办学方向，落实立德树人的根本任务，坚持教育为人民服务，扎根龙江大地办教育，培养出德智体美劳全面发展的社会主义建设者和接班人。

传统的历史教育注重教师和教材的权威性，教学缺乏生机、缺少人文关怀，容易让学生产生历史教育压抑无趣的感觉。要改变历史教育所处的尴尬境地，教师应重视学生的需要和学习愿望。历史教育的当代价值主要表现为对学生情感态度的培养，寻找情感共鸣的最大释放是人文学科的宗旨。王季思与社会主义建设探索时期的历史系都注重以学生为中心，考虑学生的学习感受，让学生参加教学评价。在那个年代，理科院系的历史教育实行开卷考试，文科院系的历史教育注重史料分析与批判，强调实践教学，带领学生到文物室和博物馆感知史学的磅礴与深邃。

毛泽东经典著作是马克思主义哲学、中国革命实践经验与中国传统哲学优秀成果三者相结合的产物，是中国共产党的立场、观点和方法的理论结晶，是指导中国革命、改革开放的法宝，研习毛泽东经典著作有利于培养新时代信念坚定、价值观正确的社会主义青年，有利于落实和开展学习“四史”教育。

劳动教育是青年实现梦想的现实基础和可靠支撑,青年通过劳动教育可以树立正确的劳动价值观,形成正确的劳动态度,掌握劳动技能,形成良好的劳动品德和劳动习惯。培养学生在实践过程中创造性地分析问题、解决问题的能力,将知识转化为劳动成果。劳动教育在高校立德树人的实施过程中要注意道德素质与日常实践的结合,专业学习与社会实践的结合,创业就业与价值实现的结合,锤炼品格与艰苦锻炼的结合,培养能担负起中华民族伟大复兴的高素质人才。

第四编

教育撷英

王季愚:抗日烽火中投身妇女运动

黑龙江大学教育科学研究院　常国良①

九一八事变后,20 世纪 30 年代的上海文化经历了从左翼文化到宣传抗日的转变,这两种不同的运动反映出不同时期社会发展的特点。一二·九运动成为这两种运动的转折点。王季愚 1933 年到上海,1940 年 8 月从上海撤离,她置身于蓬勃发展的上海文化环境中,顺应时代变迁,从参加左翼文化运动到妇女运动,为上海文化的发展做出了贡献。

一、王季愚与上海妇女救亡团体

1935 年 8 月 1 日,红军在长征途中,中华苏维埃中央政府、中共中央发表了《为抗日救国告全体同胞书》,即著名的《八一宣言》。宣言提出,全国各党派无论过去和现在存在任何政见和利害的不同,无论各界同胞有任何意见上或利益上的差异,无论各军队过去和现在有任何敌对行动,大家都应当停止内战,共同抗日。上海左翼文化团体在《八一宣言》的感召下,自觉调整和改组,以适应时代的需要。上海各界妇女也纷纷行动起来,成立了多种形式的妇女群众组织,逐步开展抗日救亡活动。王季愚参加了妇女群众组织,通过各种形式在妇女运动中积极进行抗日救亡活动。

① 常国良(1972—　),男,黑龙江讷河人,黑龙江大学教育学院教师,副教授,教育学博士,从事中国教育史研究。

(一)从青年妇女俱乐部到上海妇女界救国会

1935年3月,王季愚的次女力凡出生了。产后王季愚身体虚弱,到了六七月间才逐渐恢复。她不愿整天待在家里,想到社会上去做些什么。通过于伶的好友介绍,王季愚和于伶一起到私立正风中学教书,同时在好友白薇的介绍下,参加了刚刚成立的上海青年妇女俱乐部。上海青年妇女俱乐部是在中国左翼文化界总同盟的领导下成立的团结广大青年知识妇女的组织,由陈波儿、郁风、吴佩兰、熊狱兰等人于1935年发起创建。王季愚是上海青年妇女俱乐部的首批会员,首先参加的还有姜平、赵冰士、王汝琪、朱文央、于立群、胡蕴华等。会员最多时达数百人,有女工、女学生、女职员、女教师、家庭妇女等①,社会基础越来越广泛。上海青年妇女俱乐部设在吕班路(今重庆南路)靠环龙路(今南昌路)拐角大光明洗染店的楼上,它的宗旨是团结广大青年知识妇女共同参加抗日救国运动,开办上海妇女补习学校,经常组织学习,举行报告会、读书会,组织歌咏小组,排演抗日小调。王季愚在俱乐部内的主要工作是组织学习活动,经常请艾思奇、钱亦石、金则人、张仲实等进步人士人做报告,讲国内、国际形势,讲社会科学基本知识。②

1935年12月21日,上海妇女界在原有妇女组织的基础上成立上海妇女救国联合会,它是上海妇女界的抗日统一战线组织,由史良、胡子婴、沈兹九、王孝英、杜君慧等11人组成理事会,王季愚所在的上海青年妇女俱乐部是它的会员。在上海地下党文化工作委员会的领导下,上海妇女救国联合会团结各阶层妇女呼吁团结一致,停止内战,共同抗日,联合各妇女团体开展了各种爱国救亡活动,如组织宣传队深入市区和农村开展抗日宣传活动。1936年3月8日这一天,上海妇女救国联合会组织上海市各妇女团体,举行"三八"妇女节纪念大会,并在会后举行了声势浩大的示威游行,充分显示出

① 上海市妇女联合会:《上海妇女运动史(1919—1949)》,上海人民出版社1990年版,第161页。

② 赵邵坚、傅善卿、李良佑:《平凡人生:王季愚传略》,上海书店出版社2006年版,第26页。

上海妇女界的力量和斗争精神。在上海妇女抗日救亡运动中,涌现出像史良这样的妇女运动领袖,像杜君慧、沈兹九、罗琼等这样的妇女运动理论工作者。

王季愚一面参加妇女团体的抗日救亡活动,一面以各种形式组织、领导学生进行爱国运动。1936 年 11 月 23 日,国民党政府在上海逮捕了全国各界救国联合会的领导人,史称“七君子”事件。上海各界组织了几次大规模的营救“七君子”出狱的活动。当时,正风中学负责徐家汇一带的宣传工作,王季愚带领学们制作宣传品,训练宣传员。

(二)从妇女慰劳分会到妇女界难民救济会

在中国共产党的努力下,第二次国共合作正式形成,建立了以国共合作为基础的抗日民族统一战线,上海的妇女运动进入一个新阶段。1937 年 9 月,中共中央组织部发布了《妇女工作大纲》,提出这一时期妇女工作以动员妇女参加抗战,争取抗战胜利为基本任务。经过统一战线的活动与组织,团结各阶层广大妇女群众在党的周围,并特别注意发动与组织劳动妇女,为我党妇女工作的路线。总的目标是“从争取抗战民主自由中争取男女在政治上、经济上、文化上的平等,改善与提高妇女地位,反对一切封建束缚与压迫”。①

在上海妇女救国联合会的基础上,何香凝领导上海各界妇女在 1937 年 7 月 22 日成立了全国性的中国妇女抗敌后援会。该会发出的《中国妇女后援会告妇女书》表达了上海妇女界迫切要求抗战的心声,“不过同敌人抗战,是我们整个民族的责任。我们妇女同胞年轻力壮的,自然也有能奋身前线荷枪应战的,可是一般姐妹们,对于后援工作,如救护慰劳等等事情,人人都能做得来的……所以我们特地发起组织‘中国妇女抗敌后援会’,和男同胞们共赴国难。现在是我们民族争生存的最后关头,一切不愿做亡国奴的姐妹们,请都快快起来,我们有力的出力,有钱的出钱,能上战场的去上战场,

① 上海市妇女联合会:《上海妇女运动史(1919—1949)》,上海人民出版社 1990 年版,第 174 页。

能救护慰劳的就出来做救护慰劳的工作。”①

1937 年 8 月 1 日，宋美龄在南京成立了中国妇女慰劳自卫抗战将士总会。中国妇女抗敌后援会遂改称“中国妇女慰劳自卫抗战将士会上海分会”（简称慰劳分会），成为第二次国共合作旗帜下的上海妇女抗日统一战线组织。参加该组织的共有 22 个妇女团体，如上海青年妇女俱乐部、中国职业妇女会、中华妇女互助会、基督教女青年会、中华女子职业补习学校、中华妇女节制会、上海妇女运动促进会、中华妇女运动同盟会等。在慰劳分会的领导下，上海各阶层的妇女开始行动起来。在整个上海保卫战中，她们竭尽全力支援前线，为抗战将士服务，为淞沪会战做出了突出贡献。

“八·一三”淞沪会战失利后，中国守军撤出上海。日军占领了上海除了租界以外的所有地区，上海租界成为“孤岛”。为了团结“孤岛”上的妇女团体，由许广平出面，将之前由何香凝领导的上海妇女慰劳分会改名为上海妇女界难民救济会，以救济难民这个抗日色彩不很浓厚的名称为掩护，在中共江苏省委妇委的领导下，团结上海各妇女团体继续从事抗日救亡工作。上海妇女界难民救济会会址设在爱多亚路（今延安东路）浦东大厦 512 室。参加该会的妇女团体有中华妇女节制会、中华妇女互助会、上海职业妇女俱乐部、上海妇女运动促进会、上海基督教女青年会、《上海妇女》杂志社、上海女子同盟、上海女子书画会、青年妇女俱乐部、上海女子革新会、上海舞业妇女联谊会以及其他一些妇女团体。② 以上妇女团体联合组成了理事会，由各团体负责人担任理事，由许广平全面领导。上海妇女界难民救济会在中共江苏省委妇委领导下，从事抗日救亡工作，创办难民工厂，兴办难童学校，向社会各方募集御寒衣物和医药用品，支援前线将士。

在抗日烽火中，王季愚积极投身于妇女运动。1937 年七七事变后，王季愚和于伶离开了正风中学。王季愚的第三个孩子力常于此时出生，但不久

① 上海市妇女联合会：《上海妇女运动史（1919—1949）》，上海人民出版社 1990 年版，第 175 页。

② 上海市妇女联合会：《上海妇女运动史（1919—1949）》，上海人民出版社 1990 年版，第 192 页。

便夭折了。王季愚身体稍有恢复便立马投入到妇女工作中去，她是青年妇女俱乐部的重要成员，在上海妇女界难民救济会成立后，被大家推选为该会理事，并担任联络组副组长，负责联络和培训干部。她动员女生参军到前线抗敌，开设培训班，培训新四军急需的护士。王季愚作为“上海妇女社”理事和《上海妇女》编委会成员，参加筹备创办《上海妇女》半月刊。寒冬来临之际，她在报刊上撰文，积极呼吁上海妇女为前方将士募集御寒衣物：

> 战士们的衣不蔽体的七尺之躯，不但要抵御敌人的残酷炮火，还要同时抗拒无情的西北风的袭击呢。
>
> 他们披霜、踏雪、冒危险，出入腥风血雨之场，寝食于雪地冰天之中，究竟是为了什么呢？难道不是为了我们四万万五千万个人活下去，不做奴隶地活下去？
>
> 姊妹们，我们英勇的战士们此刻已在黄沙蔽天的太行山麓下，秋风秋雨的湘水之滨，用他们的头颅跟血肉争取我们的生存，我们能对他们漠不关心？
>
> 是时候了，姊妹们，我们大家起来，竭尽所能地给他们以御寒的武装——寒衣，我们踊跃地捐助寒衣，以报答他们于万一，否则我们的良心是有愧的。

二、王季愚与《上海妇女》

1938年4月20日，《上海妇女》创刊。它是上海著名进步商人董竹君与《大公报》女记者蒋逸霄联合许广平、姜平等上海妇女界活跃分子创办的，主要刊登各地妇女的抗战事迹，在团结、动员广大妇女坚持抗战，促进自身解放方面发挥了重要作用，被广大妇女誉为“孤岛明星”。[①] 作为主要撰稿人，王季愚在该刊上发表了大量的译作、时评等各类文章。

① 中华全国妇女联合会：《中国妇女运动史（新民主主义时期）》，春秋出版社1989年版，第526页。

(一)中国共产党直接影响下的妇女进步刊物

创办妇女报刊是近代妇女运动的主要形式。上海是近代妇女报刊的发源地,也是近代妇女运动的重要中心。抗日战争期间,各党各派的妇女以及妇女团体纷纷创办刊物,出现了中国近现代史上妇女报刊最活跃的局面。据初步统计,1931—1939年创办的妇女报刊约计130余种。就分布地区看,从前线到后方,从根据地到国统区、沦陷区,从大城市到中小城镇甚至农村都有妇女报刊。创办形式也是多种多样,有正式刊物,也有报纸副刊或专栏,还有油印刊物和壁报、伞报。这些报刊大多以宣传抗日救亡,动员妇女参加抗战为主题。

《上海妇女》是抗战中身陷"孤岛"的上海妇女界进步人士创办的,是在中国共产党影响下的进步妇女刊物。由于政治环境的突然变化,上海的出版市场一片萧条,上海与外界失去了联系,处于一种隔绝状态。根据创办人董竹君的回忆,"自从1937年8月13日沪战发动以后,上海的刊物如雨后春笋,曾经随着战争的高涨而蓬勃风行过一时。日刊、周刊、旬刊、半月刊种类颇多。但到了11月12日中国军队整个退出上海后,便近于销声匿迹了。停刊的停刊,迁移出版的迁移出版,在马路上,在便道的书报摊上,检视一下,除了几本若干年前出版的杂志、小说外看不见什么新读物。苦闷、孤寂,这恐怕是每一个平素爱买几本刊物读读的人们共同的情绪。至于真能代表妇女呼声者的刊物更不见世。"①

在这种情况下,出于经商者对市场敏感的特殊反应,董竹君和《大公报》女记者蒋逸霄共同商量创办《上海妇女》半月刊杂志。她们邀请了滞留上海的妇女界人士共12人为发起人,她们是姜平、许广平、王季愚、黄碧遥、朱文央、杨宝深、戚逸影、沈德钧、蔡楚吟、郭箴一、董竹君和蒋逸霄。这12人中,姜平、朱文央、蔡楚吟是中共党员,王季愚在1939年正式成为党员。许广平、姜平、朱文央和王季愚还是"妇济会"的领导骨干。董竹君负责经济事务和对外事务,蒋逸霄任总编辑,姜平既是副总编辑又是撰稿人,其余

① 董竹君:《中国"阿信"》,上海人民出版社1997年版,第304页。

的为该刊投稿人。《上海妇女》创刊于1938年4月20日，由于它定位准确，内容和版式设计精良，出刊后在上海乃至全国都受到了广泛的好评。《上海妇女》出版了三十六期，办刊历时十八个月，是“孤岛”上存在时间较长的妇女刊物。

《上海妇女》是全国抗战期间沦陷区进步妇女刊物的代表。沦陷区广大妇女在中国共产党的领导下，积极创办妇女报刊，宣传抗日，动员妇女参加抗战。进步的妇女报刊除了《上海妇女》外，在其他沦陷区还创办了《妇女生活》《战时妇女》《妇女前哨》《抗战妇女》《妇女呼声》《妇女旬刊》《妇声》《江西妇女》《孤岛妇女》《浙江妇女》《抗敌妇女》《香港妇女》等。①

《上海妇女》反映出上海妇女运动在抗战救亡中的时代特征。如前所述，自“九·一八”事变，日军侵华以来到上海华界沦陷前，为适应妇女运动争取民主自由和抗日救亡的时代需要，各种妇女报刊如雨后春笋般地大量涌现。但是，随着淞沪会战的失利和国民党军队的撤退，上海华界被日军占领，上海租界周边沦陷，英、法、美控制的租界地区在“中立”状态下形成“孤岛”。在“孤岛”初期，上海的各种报刊或停或迁，文化市场一片萧条。下表是1931年9月到1945年8月整个抗日救亡期间上海妇女报刊的创办情况。

表3　抗战救亡期间上海妇女报刊一览表(1931.9—1945.8)

报刊名称	刊行时间	刊期	创办者或主编
女学生	1931.10—1931.11	月刊	上海女学生社
女星(月刊)	1932.1—1941.5	月刊	上海广学会
德音	1932.4	—	上海私立崇德女子中学

① 中华全国妇女联合会:《中国妇女运动史(新民主主义时期)》，春秋出版社1989年版，第525页。

续表

报刊名称	刊行时间	刊期	创办者或主编
妇女生活与甜心	1932.6—1933.6	三月刊	陆浩荡、胡考
妇女之光	1932.2	周刊	上海妇女之光社
女声	1932.10—1948.1	(半)月刊	刘王立明、王伊蔚
妇女月报	1932.10—1932.11	月刊	上海妇女月报社
女朋友(画报)	1932.11—1933	—	胡考
摩登周报(画报)	1933.1	—	胡憨珠、郎静山
女子月刊	1933.3—1937.7	月刊	黄心勉、封禾子、高雪辉
现代妇女	1933.4	月刊	上海现代妇女社
妇人画报	1933.4—1937.7	半月刊、月刊	上海妇人画报社
现代女性	1934.7	月刊	上海今日学艺社
中华妇女节制会年刊	1935.1	年刊	凌集熙
妇女月报	1935.3—1936.6	月刊	上海妇女教育馆
新女性	1935.5—1937.5	半年刊	上海民立女子中学学生自治会
女神	1935.5	月刊	严次平
妇女生活	1935.7—1941.1	(半)月刊	沈兹九
妇女大众	1935.11	—	妇女大众社
上海妇女教育馆专刊	1936.4	—	上海妇女教育馆

续表

报刊名称	刊行时间	刊期	创办者或主编
女性特写	1936.5—1936.7	月刊	中国图书杂志公司特写出版社
舞园	1936.7—1937.7	—	舞园杂志社
妇女文化	1936.8	月刊	上海妇女文化社
新妇性	1936.9	半月刊	上海友安舞市联合出版社
电影与妇女	1936.11	周刊	电影与妇女周刊社
妇女知识	1937.1—1937.5	半月刊、月刊	妇女知识杂志社
女学生	1937.1	—	上海女学生杂志社
战时妇女	1937.9—1937.11	周刊	上海战时妇女社
妇女生活	1937.9—1937.10	旬刊	上海战时联合旬刊社
女兵	1937.10	旬刊	复旦大学
妇女家庭	1938.1	半月刊	妇女与家庭杂志社
每日译报·妇女专刊	1938.1	—	党的机关报
上海妇女	1938.4—1940.6	半月刊	蒋逸霄、姜平
妇女	1938.5—1938.9	半月刊	妇女半月刊社
孤岛妇女	1938.6—1939.2	双月刊	孤岛妇女社
海关妇联年刊	1938	年刊	海关妇联
大美晚报·妇女周刊	1938	周刊	—
大美晨报·妇女界	1938	—	—

续表

报刊名称	刊行时间	刊期	创办者或主编
舞场特写	1939. 1—1939. 9	—	虹影、白微
中国妇女	1939. 2—1941. 12	月刊	朱素萼、濮大江
职业妇女	1939. 3	—	杜君慧
妇女文献	1939. 4	—	上海文献社
舞声电	1939. 6	—	龚月雯
家庭与妇女	1939. 9—1941. 1	半月刊	王培真、龚月雯、丁禾菲
慈俭妇女	1940. 1—1942. 2	月刊	中国妇女慈俭学会
时代女儿	1940	月刊	朱文央
上海女青年	1940. 3—1940. 5	月刊	上海基督教女青年会
妇女界	1940. 3—1941. 12	半月刊	上海五洲市报社
大地女儿	1940. 7—1941. 7	月刊	王丹
新女性	1940. 11—1941. 1	月刊	上海新女性杂志社
中国女医	1941	—	中国女医杂志社
妇女周报	1941. 7	周刊	妇女周报社
妇婴卫生	1941. 11	—	妇婴卫生杂志社
女声	1942. 5—1946. 1	月刊	佐藤俊子、关露
时代妇女	1942. 12	月刊	中国图书杂志公司
紫罗兰	1943. 4—1945. 3	月刊	周瘦鹃

资料来源：赵蓓红《近现代上海妇女报刊史(1898～1949)》，华东师范大学2019年博士学位论文。刘人锋《中国妇女报刊史研究》，北京：中国社会科学出版社2012年版。

可以看出,从20世纪30年代初抗日救亡运动兴起,直到“八·一三”淞沪会战爆发,这些报刊以不同阶层妇女为阅读对象,从女学生到家庭主妇,报刊内容适应了妇女的多种需要,有的是直观易懂的画报、特写,有的是提倡女德、增进家庭幸福的,有的是满足都市上层摩登女性的生活需要的。这些报刊在1937年7月全面抗战后大多停办。在淞沪会战的3个月中,有《战时妇女》《妇女生活》《女兵》三种妇女报刊创办,报刊内容明显侧重宣传战时妇女生活。这三种报刊办刊时间非常短,随着上海华界的沦陷,也不得不停刊。

可以看出,在“孤岛”初期,在《上海妇女》办刊前,上海妇女报刊只有《妇女家庭》和《每日译报·妇女专刊》,后者是上海地下党组织以英商名义创办的,是党的机关报。“孤岛”容纳了数百万中外居民和难以计数的难民,还有大量流亡企业和来不及撤走的国民政府机构。“五百万人民,天天处于为活挣扎、为生奋斗,对周遭现实迷茫、苦闷和对未来追求、向往又不断幻灭的浓重情绪中。”①生活在“孤岛”上的上海人民迫切需要各种精神食粮,坚定民族自信心。因此,继《上海妇女》创办以后,妇女报刊在特殊环境下又出现短暂的生机。有许多报刊、新闻通讯社、出版社在“孤岛”上继续开展自己的业务,其中有很多不畏日军、汉奸特务的威逼恐吓,坚持发表反对日本侵略的文章、通讯报道和言论,进行抗战爱国宣传,受到日伪的威胁与迫害。《大美晚报》副刊编辑朱惺公由于发表《民族正气——中华民族英雄专辑》和《汉奸史话》等抗日文章,于1939年8月30日被日伪刺杀。上表显示,在1938年,创办妇女报刊8种;1939年,创办妇女报刊6种;1940年,创办妇女报刊6种;1941年,创办妇女报刊3种。在上海“孤岛”的4年时间里,共创办妇女报刊23种。但这些报刊出版发行时间普遍较短,很多妇女报刊只出了一期即停,而《上海妇女》办刊时间近2年,历时最久。

太平洋战争爆发后,日军进驻上海租界并占领英美资产,包括新闻出版印刷机构。日伪实行严格的新闻检查制度,取缔任何有抗日色彩的言论,残

① 袁鹰:《长夜行人——于伶传》,上海文艺出版社1998年版,第150页。

酷迫害进步作家和文化人士,“在严酷的政治环境下,进步作家和文化人或纷纷内迁或封笔,上海呈现出版荒和作家荒,出版界一片萧条,知识女性们再次肩负起妇女报刊的主持重担。”①在上海沦陷时期,妇女报刊创办呈现出前所未有的低谷,仅有《女声》《时代妇女》和《紫罗兰》三种妇女刊物得以幸存。

(二)以妇女解放为己任

《上海妇女》创办者中很多人是中共地下党员,她们办刊的目的是帮助“孤岛”上的妇女开阔眼界,激发人们的抗日爱国热情。《上海妇女》主要讨论妇女自身的问题,为妇女治家处事提供相应的知识,报道这个时代发生的事件对各阶层妇女生活的影响,揭露出被扔到黑暗角落里的妇女们的悲惨经历,刊载妇女青年们有关文艺的或学术的创作,为的是让广大妇女对未来充满希望。妇女的解放需要通过民族解放来进行,要争取我们的解放,就该为民族的解放而奋斗。

《上海妇女》的内容设计和撰写基本都由编委会完成。《上海妇女》的编委由许广平、蔡楚吟、朱文央、王季愚、姜平等人组成。该刊设置时评类栏目(报道世界动态、时事、通讯)、文艺类栏目(文艺园地、创作连载)、问答互动栏目(读者园地、家事顾问、信箱等),同时还根据情况出版了“五四运动”“卢沟桥事变一周年”“儿童节”“各阶层妇女”“战时妇女生活”“学生生活回忆”“追悼茅丽瑛女士”“纪念秋瑾”“出版周年”等多个特辑。它经常发表分析国际、国内形势和指导妇女运动的文章,如《为什么要长期抗战》《二次欧战的原因及演进》《抗战建设与妇女解放》等,通过这些文章宣传只要我们是一个中国人,尤其是一个中国女人,我们就必须参加为民族解放而斗争的抗战。它有力地回击了抗战初期国民党亲日派的“速胜论”和“亡国论”,宣传了中国共产党坚持长期抗战的正确主张。《上海妇女》反映出各界妇女的情况,特别注意女工、女职员的生活和要求,有力地反击了“妇女回家”的谬论,

---

① 赵蓓红:《近现代上海妇女报刊史(1898~1949)》,华东师范大学2019年博士学位论文。

提倡妇女独立。总编辑蒋逸霄长期关注职业妇女问题，曾经以《津市职业妇女的生活》闻名。在上海，她长期负责撰写“上海职业妇女访问记”专栏的文章，在成为《上海妇女》的主编后，针对上海海关、邮局不招聘女职员的情况，在该刊连续两期共发布文章，谴责这种歧视妇女的行为。《上海妇女》几乎每期都刊载各国妇女生活情况的译文，介绍苏联妇女的生活工作情况，描述日本妇女、朝鲜妇女的不幸遭遇，通过已获得解放的苏联妇女在革命工作和国家建设中取得的成就与帝国主义统治下日本妇女、朝鲜妇女的悲惨生活的鲜明对比，开阔了“孤岛”妇女的眼界，认清了斗争方向。《上海妇女》还刊载了许多介绍中国妇女参加抗战的报道，如《怒吼中的汉口妇女》《新四军女兵的生活》《革命女战士的熔炉——延安中国女子大学》等，这些文章都是反映抗日民族根据地的妇女地位和作用的真实报道，对“孤岛”中的上海妇女起到了极大的鼓舞作用，增强了她们坚持抗战的信心。

（三）王季愚发表在《上海妇女》的文章及其妇女思想

王季愚是《上海妇女》的重要成员和主要撰稿人。从 1938 年 4 月 20 日创刊，到 1940 年 2 月停刊，《上海妇女》几乎每期都有她的文章，如在创刊号上刊载了她的译作《催眠歌》。在近两年的办刊中，她在《上海妇女》用季子、西冷、季愚等笔名发表文章。下表是王季愚发表在《上海妇女》杂志上的部分译著目录。

表 4　王季愚发表在《上海妇女》杂志上的部分译著目录

	题目	笔名	期号	译/作	内容提要	出版日期
1	催眠歌	季子	1 卷 1 期	译	我们征服了黑暗和饥饿，敌人不敢剥夺我们的快乐。	1938.4.20
2	姨母的日记	季子	1 卷 1 期	作	—	1938.4.20

续表

	题目	笔名	期号	译/作	内容提要	出版日期
3	女人的受难	季子	1 卷 2 期	作	写女人的不幸遭遇。	1938.5.5
4	有“牺牲色相”的必要吗	季子	1 卷 3 期	作	—	1938.5.20
5	蔡特金的一生	季子	1 卷 5 期	作	为纪念蔡特金逝世五周年而作，记述蔡特金的革命活动。	1938.6.20
6	斯密尔诺瓦女士印象记	季子	1 卷 6 期	译	记述苏联国会女议员的成长过程。	1938.7.5
7	苏联内战中的女骑兵	季子	1 卷 7 期	译	E · 顾兹涅佐瓦自传，讲述苏联内战时期女战士的故事。	1938.7.20
8	苏联内战中的女骑兵(续)	季子	1 卷 9 期	译	E · 顾兹涅佐瓦自传，讲述苏联内战时期女战士的故事。	1938.8.20
9	家信	季子	1 卷 10 期	译	给当志愿兵的儿子写的家信。	1938.9.5
10	我们从黑海飞到白海	季子	1 卷 11 期	译	介绍苏联女飞行员奥西本琦珂的生平。	1938.9.20
11	苏联妇女与抗战	季子	1 卷 12 期	译	介绍内战时期几位苏联妇女的故事。	1938.10.5
12	征募寒衣捐	季子	2 卷 1 期	作	写募捐之苦，对友人之情，征富人之捐。	1938.10.5

续表

	题目	笔名	期号	译/作	内容提要	出版日期
13	从重庆到汉口	季子	2卷4期	译	苏联消息报驻中国记者爱尔敏汉口通信。	1938.12.5
14	在森林中	季子	2卷5期	译	记述苏联三位女飞行员在大森林中的生活。	1938.12.20
15	好妻子	季子	2卷7期	作	记述一位妇女送丈夫北上抗战的故事。	1939.1.20
16	一九三八年的苏联妇女	季子	2卷8期	作	评述苏联妇女在航空、医学领域的成就及地位的提高。	1939.2.5
17	春宵杂话	季子	2卷9期	作	不堪回首"三八";调虎离山;西班牙的同情者。	1939.3.5
18	新中国的新妇女	季子	2卷11期	译	介绍新中国妇女的活动。	1939.4.10
19	在重庆职业女中	季子	3卷3期	作	写1933年在重庆的情况	1939.6.10
20	荒场上	季子	3卷5期	作	写在荒场上遇到两个北方巡捕的故事。	1939.7.10
21	积私蓄装贫穷的二房东太太	季子	3卷6期	作	二房东太太为了钱,与丈夫打了架,而太太确实有私房钱。	1939.7.25
22	介绍新生女中	季愚	3卷6期	作	介绍新生女中的概况。	1939.7.25

续表

	题目	笔名	期号	译/作	内容提要	出版日期
23	忘不了的一天	西冷	3卷7期	译	记战火中的一天。	1939.8.15
24	一年容易又秋风	季子	3卷8期	作	号召妇女捐寒衣给前线的将士们。	1939.10.10
25	艺人康若青会见记	季子	3卷9期	作	记述剧社的活动。	1939.10.25
26	从煤矿到战场	季子	3卷10期	译	苏联内战中女机关枪手斐克莎鲁小传。	1939.11.10
27	我的老师	西冷	3卷11期	作	回忆1929年入北平大学前初学俄语的情况。	1939.11.25
28	早晨	西冷	3卷12期	作	抒写早晨的家庭故事	1939.12.10
29	少女与死	季子	4卷2期	译	—	1940.1.10
30	光荣的牺牲	季子	4卷3期	译	苏联内战中女英雄克赛尼亚小传。	1940.1.25
31	平凡的故事	西冷	4卷3期	作	乡下妇女到上海的故事。	1940.1.25
32	舞台艺人	季子	1卷2期	作	—	—
33	我的青年时代	季子	2卷11期	作	—	—
34	女教师	季子	4卷4期	译	苏联内战中一位坚强的女教师被敌人逮捕后的英勇表现。	—

资料来源：赵洵、赵邵坚主编《怀念我们的好校长——王季愚同志》，王季愚同志纪念文集编辑组1988年版。黑龙江大学编《王季愚文集》，黑龙江人民出版社2001年版。

这些文章有的是王季愚自己创作的,有的是她的译作。她的译作取材于苏联的《红星》《消息报》等报刊杂志,发表在《上海妇女》《译报》《申报》等上海报刊上。我们可以从这些文章中感受到她的抗日爱国精神。

1. 在创刊号上刊登译作《催眠歌》

《催眠歌》实际上表达了她对祖国无比的热爱,对敌人无限的憎恨。"睡觉吧,我的小宝贝,睡觉吧,我的女娃娃,——我们征服了黑暗和饥饿,敌人不敢剥夺你的快乐!""幸福不会升起,像天上的月亮;在顽强的战争中,艰苦的斗争中,人民才获得了自己的幸福,国家才取得了幸福的力量。"通过这首《催眠歌》,王季愚表达了坚定的抗战信心和对下一代能拥有幸福生活的期许。

2. 号召学习蔡特金一生为妇女事业不屈不挠的奋斗精神

为纪念世界妇女运动的杰出领袖蔡特金逝世五周年,王季愚在《上海妇女》上发表了纪念文章《蔡特金的一生》。克拉拉·蔡特金(1857—1933)是国际无产阶级女权解放运动的灵魂人物。王季愚在这篇文章中详细地描述了蔡特金的生平及其成长为社会主义妇女运动领袖的最初奋斗经历,描述了蔡特金在劳动妇女解放事业上所取得的伟大功绩,诉说了蔡特金反对帝国主义战争的反战精神以及她与革命导师列宁的战斗情谊。王季愚撰写此文的目的是以此来唤醒广大妇女学习蔡特金的斗争精神,起来反抗日本帝国主义的侵略,争取全民族的解放和妇女自身的解放。所以,在文章的最后,她提出纪念蔡特金的特殊意义:

> 今天,我们祖国正遭遇到人类历史上稀有的最悲惨的浩劫。我们妇女应该趁着还没有被屠杀、压迫与蹂躏到死去的时候,赶快学习蔡特金一生不屈不挠的奋斗精神,不畏劳苦,不存苟安的念头,不妄想人家来解放自己,不要小气,不要互相猜忌,大家赶快团结起来,用自己的生命与血肉争取我们全民族的解放,以及我们妇女自身的解放。只有这样才能安慰我们蔡特金的在天之灵,才能

对得起我们自己的良心。①

3. 介绍中国妇女在抗战中的英勇表现

王季愚在《上海妇女》上发表的《新中国的新妇女》《女人的受难》《从重庆到汉口》《好妻子》等文章,表达了对中国抗日战争中广大妇女的英勇斗争行为的赞美之情。她翻译了苏联《消息报》驻重庆特派通讯员卡尔敏在1938年3月7日的报道——《新中国的新妇女》,目的是从国际友人的最忠实的报道中,我们更加清楚地认识到我们英勇的姊妹们的新姿态,以激励"孤岛"中的妇女奋发图强,向先进妇女学习。抗日战争是全民族的战争,妇女不能置身事外,要勇于承担起救国的责任,今日中国的妇女或是无条件地踏上人民的伟大斗争之路,或是被事件的旋风卷进这种斗争中去,牺牲自己的亲人、孩子,而有时需要牺牲自己的生命。抗战中的妇女工作是极其艰苦的,她们的忍耐、顽强与果敢的精神是令人钦佩的,她们生活在严峻的环境里,每天在露天里,或者在精光的地面上过夜,除掉每天的一碗饭,她们多少星期都没有别的食物,随着一师一团,完成一段遥远而困难的旅程。战争开辟了中国妇女运动的新局面,"今日的中国妇女已不再是为着自己在国内的政治生活中的平等权利而斗争了……此刻她们为了祖国的自由与独立正同男子们手牵手儿地斗争着,有时候还逼着男子去作自我牺牲的与英勇的模范呢。"②显然,王季愚译介此文,蕴含了对国内"妇女回家"错误思潮的批评,也为"孤岛"中的妇女树立了学习的榜样。

4. 介绍苏联社会主义革命中妇女的英雄事迹

王季愚在《上海妇女》上发表《苏联妇女与抗战》《苏联内战中的女骑兵》《光荣的牺牲》《女教师》《从煤矿到战场——苏联内战中的女机关枪手斐克鲁莎小传》等文章。通过这些文章,她热情地赞扬了在社会主义革命中不畏牺牲的苏联女英雄。

《苏联妇女与抗战》是王季愚1938年10月写的文章。在文中,她以生

---

① 黑龙江大学:《王季愚文集》,黑龙江人民出版社2001年版,第9页。

② 黑龙江大学:《王季愚文集》,黑龙江人民出版社2001年版,第67页。

动的语言描述了俄国沙皇时代的妇女的命运，她们过着工作繁重、悲惨的非人生活。经过十月革命以后，才从根本上消除了压迫妇女的社会制度，把妇女变成草包、饭桶的沙皇法律被彻底扫除干净了，所有一直受压迫的俄国妇女从家庭中被解放出来，从苦工似的生活里走出来，在政治、经济、法律层面上与男子平等。因此，在内战中苏联妇女回忆起旧社会给她们带来的不幸，义无反顾地投入到保卫苏维埃政权的战斗中。当时的苏联妇女不管是在前线还是在后方，都凭借着果敢的精神与男子肩并肩打击敌人，做着各种各样的非常艰苦的工作：没收地主和富农的粮食供给红军，侦查奸细，破坏白军的交通工具，捉拿从前线逃走的逃兵，帮助出征或阵亡将士的家属，救护伤兵，收养和教育流浪儿童。必要时，她们也跟男子一样上前线英勇杀敌。她在文章中还重点介绍了内战中令人敬佩的女战士丹齐扬娜·梭罗玛哈、纳斯嘉·梅列钦珂的事迹。显然，王季愚撰写此文，目的是激励“孤岛”中的妇女乃至全国妇女以苏联妇女为榜样，抵抗日本帝国主义的侵略，争取妇女的解放。“我国妇女此刻应该赶快起来效仿伟大的苏联妇女，用自己的血肉来争取我们祖国抵抗日本帝国主义侵略的战争的胜利，只有这样，我们妇女本身才能获得真正的自由与解放。”①

5. 报道苏联妇女建设祖国的事迹，回击国内“新贤良主义”的谬论

王季愚在《斯密尔诺瓦女士印象记》《我们从黑海飞到白海》《在森林中》《一九三八年的苏联妇女》等文章中介绍了苏联妇女在社会主义建设中所创造的伟大功绩，借以表明苏联妇女已经取得与男子同样的社会地位，苏联妇女是世界妇女解放的模范。在《我们从黑海飞到白海》一文中，她记述了苏联三位女飞行员驾驶飞机完成从塞瓦斯托波尔至阿尔汉格尔斯克的飞行，创造了全苏联女子直线与曲线远航的最高纪录。这些女飞行员都是来自民间的具有强烈爱国精神的女子，玛丽娜·拉斯柯瓦出生于莫斯科，是音乐家的女儿，洛玛珂是铁匠的女儿，奥西本珂出生于贫农家庭。她们在社会主义社会中经过刻苦锻炼和努力拼搏，终于成长为苏联著名的女飞行家。《在森林中》进一步记述了女飞行家奥西本珂驾驶飞机从莫斯科出发到远东

① 黑龙江大学：《王季愚文集》，黑龙江人民出版社2001年版，第43页。

的不着陆飞行,中途因气候关系被迫降落在西伯利亚深山密林中。她在《一九三八年的苏联妇女》一文中记述了苏联妇女在航空、医学、政治领域中的活动与取得的成就。在她看来,幸福、自由、英勇、干练的苏联妇女形象与被战争机器压迫的法西斯国家妇女形成鲜明的对比,苏联妇女为被侵略国家的妇女指明了光明和幸福的奋斗前途。

王季愚在《上海妇女》等报刊上发表了介绍苏联妇女在各行各业取得成就的文章,意在证明中国妇女在抗战建国的伟大事业中同样可以和男子一样做出贡献,也是对那时国内舆论界鼓吹的“妇女回家”论和“新贤妻良母主义”的有力回击。

20 世纪 30 年代,蒋介石发起“新生活运动”,鼓吹尊孔读经,宣扬“四维八德”,目的是将妇女从革命运动和抗日救亡中驱赶回家庭,反对妇女解放,提倡妇女做封建主义的贤妻良母。当时舆论大肆鼓吹妇女回到厨房,去做贤妻良母,一个妇女,能让一般人对她产生尊敬之心,一定是一个尽职尽责的女子,或是孝女,或是良妻,或是贤母,“出嫁是女子最好、最相宜、最称心的职业。”[①]妇女界较有影响的杂志《妇女共鸣》甚至还出了一个“新贤良专号”,来宣扬新贤妻良母的合法性。“妇女回家”论表现在教育上则是鼓吹贤妻良母的教育,“对于女子教育,尤须确认培养博大慈祥之健全的母性”。[②]“妇女回家”论表现在社会上,则是反对女子走出家门就业,歧视职业妇女,各地刮起了禁用、限用女职工之风。

20 世纪 30 年代末,尤其是抗日战争进入相持阶段以后,国统区再度泛起“妇女回家”的逆流,重谈妇女回到家庭中去做“贤妻良母”的老调,“在现代的社会制度组织之下,……十分之九的妇女归根结底还是要在家庭里做主妇、做母亲的。……一个女子为了她自身的幸福,似乎也有权要求享受一个幸福的家庭吧,而这一种家庭最主要的是必须她自己先做一个好主妇、好

① 中华全国妇女联合会:《中国妇女运动史(新民主主义时期)》,春秋出版社 1989 年版,第 341 页。

② 中华全国妇女联合会:《中国妇女运动史(新民主主义时期)》,春秋出版社 1989 年版,第 341 页。

母亲……在小我的家庭中，安于治理一个家庭”。[①]

针对这种逆时代潮流的复古谬论，妇女界进步人士和进步舆论界从一开始就进行了坚决的批判。上海由沈兹九、杜君慧主编的《申报》副刊《妇女园地》、《妇女生活》杂志，南京妇女文化促进会主办的《新民报》副刊《新妇女》，厦门地下党员洪学礼、谢亿仁创办的《前进妇女》，抗战中由中共南方局领导的《新华日报》副刊《妇女之路》，以及“孤岛”上的《上海妇女》，这些进步的妇女报刊成为回击“妇女回家”论的主要阵地，努力把妇女运动引向正轨。中共南方局妇委负责人邓颖超亲自写文章进行反驳，在抗战需要更大动员的时候，每个中国好女儿都应该接替男子许多的工作岗位，而为国家民族服务。“妇女回家”论者“提倡并鼓励妇女回家庭，麻醉妇女的民族意识，要她们去做被玩弄、被压迫的奴隶，以松懈抗战的动员，……客观上，亦正和敌奸玩弄奴役妇女的办法，起了应声”。[②] 中国南方局书记周恩来也撰文批判“贤妻良母”主义。他把“贤妻良母”与“母职”“妻职”区分开来，指出“贤妻良母”成为一个固定的联结在一起的名词，是专门限于男权社会用以作为束缚妇女的桎梏。提到母职，这是生物社会绵延不绝的生命线，而人类社会更应自觉地认识母性的伟大和母职的重要。母职是妇女在人类社会中最光荣的天职。因此，“我们反对借口妇女应尽母职，因而取消其社会职业，使其陷于更大的困难，转致妨碍母职”。[③]

各种进步的妇女报刊纷纷发表文章，从舆论上大力声援受到失业威胁的女职工。在这种情况下，在中共地下党员领导下的进步刊物《上海妇女》特别注意女工、女职员的生活状态和要求。针对上海海关、邮局不招聘女职员的情况，该刊连续发表文章，谴责这种歧视妇女的行为。王季愚也是在这种情况下摘译了苏联报刊上有关苏联新社会妇女运动的文章，介绍了苏联

---

① 中华全国妇女联合会:《中国妇女运动史(新民主主义时期)》，春秋出版社 1989 年版，第 476 页。

② 中华全国妇女联合会:《中国妇女运动史(新民主主义时期)》，春秋出版社 1989 年版，第 478 页。

③ 中华全国妇女联合会:《中国妇女运动史(新民主主义时期)》，春秋出版社 1989 年版，第 481 页。

妇女在内战中发挥的积极作用，由衷地赞美了苏联妇女在各行各业中所取得的成就，既驳斥了国内“妇女回家”的反动舆论，又给中国妇女投身抗战救国增添了信心和勇气。

三、从上海撤离

“孤岛”时期，王季愚一边任教于新生女中，一边通过在《上海妇女》撰写文章从事妇女运动。上海是近代文化中心，“孤岛”时期还有大批文化人滞留在这里，共产党为了保护上海文化界的有生力量，曾经分批组织他们从上海撤离。王季愚和于伶按照党组织的安排，在“孤岛”前期一直留守上海。

（一）于伶与“孤岛”剧运

“八·一三”淞沪会战前夕，周恩来根据当时东部战场敌我力量的对比，估计到上海不可能坚守，战场形势将会发生重大变化，他要求上海的文化工作者迅速向全国转移。当时，上海有很多戏剧、电影、美术方面的人才，这批文化骨干需要转移到全国，保住革命的文艺种子。于伶是负责撤离戏剧工作者的主要组织者，他以上海戏剧界救亡协会的名义宣布成立十三支救亡演剧队，分赴各地。这十三支队伍的负责人分别是：

一队：宋之的，马彦祥。

二队：洪深，金山。

三队：郑君里，徐韬。

四队：陈鲤庭，瞿白音。

五队：左明。

六队：李实。

七队：丁洋。

八队：刘斐章。

九队：中国旅行剧团或影人剧团。

十队：辛汉文，王惕予。

十一队：侯枫。

十二队：石凌鹤（凌鹤去嘉兴后由尤兢、洪谟担任）。

十三队：陈铿然。①

留在上海的救亡演剧第十二队，原是石凌鹤担任队长，后来石凌鹤率领大部分队员到战地做服务工作去了，余下的队员又吸收一些暨南大学师生，由于伶任队长，洪谟任副队长，留在上海。上海虽然沦陷，但这里仍然生活着五百万的上海人民，他们期待着进步的、爱国的戏剧工作者能留下来继续演出。虽然报纸、杂志、电影都是可以利用的阵地，但戏剧演出在这方面显然具有不可替代的作用。"人心不死，我们一定筑一条精神上的防线，固守到最后胜利"②，这是于伶率领的救亡演剧第十二队坚守上海的使命。夏衍在桂林写就的以"孤岛"文化界斗争为题材的剧本《心防》，对此做了这样的描述：

> 我们的军队退出了上海，闸北的防线放弃了，沪西的防线放弃了，现在，南市的防线也放弃了。可是，还有一条防线，我们不曾放弃，而且永远也不能放弃……这就是五百万中国人心里的防线，精神上思想上的防线！……只要人心不死，就不怕没有事做。对的，现在摆在我们面前的问题，是如何死守这一条五百万人精神上的防线，要永远地使人心不死，在精神上永远地不被敌人征服。这就是留在上海的文化工作者的责任！③

为了"人心不死"，于伶在"孤岛"时期先后组织了"青鸟剧社""上海剧艺社"等专业剧团，上演了《雷雨》《日出》《女子公寓》《人之初》《爱与死的搏斗》《花溅泪》《夜上海》等大量剧目。一大批演员汇聚在他的周围，形成强大的演员阵容。"上海剧艺社"并不是孤军奋战，于伶作为"孤岛"上的剧运主持者，与其他专业剧团和更多的业余剧团彼此支援，共同推动剧运的

---

① 袁鹰：《长夜行人——于伶传》，上海文艺出版社1998年版，第110页。

② 袁鹰：《长夜行人——于伶传》，上海文艺出版社1998年版，第120页。

③ 袁鹰：《长夜行人——于伶传》，上海文艺出版社1998年版，第121页。

发展。

(二)撤离

1932年,于伶和王季愚在北平结婚,次年春天在上海正式安家。于伶是左翼文化界的领导人,负责左翼戏剧运动的组织工作,并进行戏剧创作,繁忙的工作让他很少有时间照顾家庭。王季愚不愿囿于家庭,遂出来教书,参加妇女救亡团体,办杂志,每天也很忙。

1940年3月,王季愚与于伶的第四个孩子王力平出生,女儿力凡这时已经五岁了。王季愚在工作之余还要抚育一双儿女,家庭的重担落在她柔弱的双肩上。在“孤岛”的特殊环境下,生活自然十分艰难。生活的困顿与生育,已经损害了她的健康。此前两个孩子的夭折,也给她的心灵造成严重创伤。她主动向组织申请去延安。

此前很多上海知识女性去往延安的情形使她对这个革命圣地更加心驰神往了。她熟悉的左翼作家丁玲已经在1936年到达延安,成为由国统区到达陕北的第一个作家。好友赵洵在抗战一开始就拒绝了党的出国安排,主动请缨到华北晋察冀边区的华北联大担任俄语教师。

1940年8月,在党组织的安排下,王季愚带着尚在襁褓之中的力平与力凡,怀着复杂的心情,与蔡楚吟夫妇等人一起离开了上海。自1933年来上海,她在上海已经生活了7年多。上海是她生命中的重要驿站,在这里她承受了生活和事业的双重磨炼。在生活上,她在这里成为母亲,体验着养育儿女的辛劳和幸福,也经历着生活的奔波与劳苦。在事业上,她从最初不断地译介苏俄的作品、从事创作,到翻译高尔基的世界文学名著《在人间》,俄语水平大大提高,以自己特有的方式成为左翼文化运动的一名女战士。她从家庭走向社会,先后任教于两所中学,这些都为她的教育生涯积累了宝贵的经验。在抗日烽火中,她积极参加妇女救亡组织,从青年妇女俱乐部到上海妇女界救国会,从上海妇女慰劳分会到上海妇女界难民救济会,她都是积极地参加各种活动。这些活动大大地丰富了她的人生阅历,锻炼了她的组织能力,并且培养了极其宝贵的社会关系。她与赵洵、许广平、董竹君、姜平、白薇、草明等人成为亲密无间的战友。她与鲁迅、夏衍、周扬、周立波、徐懋庸、艾思奇、沙汀、黄一然等左翼人士的交往和情谊也是从这里开始的。如今,她将要告别上海这里熟悉的一切,即将开始新的生活。

1941 年 10 月王季愚到达革命圣地延安,在那里从事新文艺人才的培养工作。

王季愚：左翼文化运动的女战士

黑龙江大学教育科学研究院　常国良①

1933 年 5 月，王季愚从重庆来到上海。上海是近代国际化的大都市，是中国近代民族资本主义经济发展的中心，也是中国近代文化发展的重镇。王季愚在北平法学院的经济系只读了一个学期，由于北方形势所迫便不得不辍学。虽然如此，她想成为社会科学家的热情并没有减退。她来上海的主要目的是继续求学。20 世纪 30 年代，时局的急剧变化以及家庭生活的困窘，使她的求学梦想化为泡影。在时代的感召之下，身处上海这样特殊的环境，王季愚投身于左翼文化运动和妇女运动中。在战斗中，她成为一名坚强的革命文化战士。

一、左联的“同路人”

早在北平读书时，王季愚就参加了北方的左翼文化运动。北平是国民党的政治中心，被白色恐怖的阴霾所笼罩，所以北方左翼文化各团体多数由青年学生组成，缺少职业作家和学者，左翼文化运动开展的广度和深度也不如上海。王季愚是社会科学家联盟（简称“社联”）北平分盟的盟员，参加了社联的很多活动，这是她参加左翼文化运动的开端。

王季愚 1933 年 5 月来到上海时，上海的左翼文化运动在经历创立初期的低谷后，在瞿秋白、鲁迅等人的领导下已经步入新的发展时期。继 1930 年

① 常国良（1972—　），男，黑龙江讷河人，黑龙江大学教育学院教师，副教授，教育学博士，从事中国教育史研究。

3 月中国左翼作家联盟(简称“左联”)成立后,中国社会科学家联盟、中国左翼戏剧家联盟(简称“剧联”)、中国左翼美术家联盟、中国左翼教育工作者联盟以及音乐小组、电影小组等左翼文化团体纷纷成立。这些联盟和小组共同接受中国左翼文化界总同盟(简称“文总”)和中国共产党江苏省文化委员会的领导。左翼团体的文化活动具有鲜明的革命性。“左联”除了进行革命文学创作外,还专门设置了“大众文艺委员会”“文艺大众化研究会”“工农兵通信运动委员会”等机构,具体负责开展文艺大众化运动。社联通过举办工人读书班、开设社会科学知识讲座等活动,向广大人民群众宣传马克思主义。在中国左翼戏剧家联盟,革命文艺工作者走向社会、走向群众,为工人、农民、学生演出,上演了许多揭露现实黑暗、展现社会矛盾的剧目,并以自己的专业技能,帮助工人、学生建立演出剧团。电影工作者在剧联的领导下组成工作小组,利用一些报刊的专栏,介绍先进的电影艺术理论和进步的电影作品,开展电影评论,并创办电影公司,拍摄并宣传具有进步思想的电影。音乐工作者们也纷纷深入群众,以工人夜校、基督教青年会为基地,积极开展群众性歌咏运动。

在上海的左翼文化团体中,王季愚与“左联”的关系最密切。“左联”是党领导下的具有统一战线性质的文学群众团体,是一个以鲁迅为首的、包括党员和非党同路人在内的统一战线的文艺团体。它的盟员很多是共产党员,也有很多进步的、非党的文学青年。根据现有资料可知,王季愚在上海没有加入“左联”,在组织上不是左联的盟员。但是她与“左联”的很多盟员交往密切,并且以自己的方式从事革命文学活动,可以说是“左联”的“同路人”。与王季愚有交往的鲁迅、夏衍、阳翰生、白薇、赵洵、黄一然,以及她的丈夫于伶都是“左联”的成员。

(一)王季愚与鲁迅一家

鲁迅是公认的左翼文化旗手。1927 年,鲁迅来到上海,随后与创造社、太阳社等文学团体之间发生“革命文学”之争。在党的领导下,这些进步的文艺团体在 20 世纪 30 年代初团结在鲁迅周围,组成新的统一的文学团体——中国左翼作家联盟。鲁迅是“左联”筹委会的12位委员之一[①],在左联成立大会上又被选为常务委员[②]。为了壮大左翼文化队伍,鲁迅一直十分重视对新作家的培养,他在左联成立大会上《对左翼作家联盟的意见》的演讲中就特别强调:“我们应当造出大群的新的战士”。[③] 在领导左翼文化运动中,鲁迅提出,要战斗就要有实力,“左联”的工作中心是要培养新作家。鲁迅本人在培养新作家方面付出了很多劳动,一些刚接触写作的同志向他请教,他都一一作复,有些新作家的作品不被刊物编辑重视,他热心地为其写序言。东北作家群的萧红、萧军、罗峰、白朗、端木蕻良、骆宾基、赵洵,青年作家白薇、徐懋庸等人都得到了鲁迅先生的指点。

王季愚在上海的文化活动受到鲁迅的指导和关怀,这也体现了鲁迅对青年新作家的态度。王季愚在上海与左翼文艺界交往密切,而鲁迅是左翼文化的领袖,在从事左翼文化事业的过程中,她认识鲁迅是很自然的事。她经常拜访鲁迅,聆听先生的教诲,与鲁迅一家建立了深厚的情谊。鲁迅一贯重视外国先进文学的翻译,王季愚在上海翻译高尔基文学名著《在人间》的过程中,曾经得到过鲁迅的帮助。王季愚还帮助一些刚开始从事文学翻译的女青年与鲁迅、许广平取得联系,她向鲁迅引荐赵洵,并请鲁迅亲自为赵洵翻译的肖洛霍夫的《静静的顿河》作序。1936年10月,鲁迅先生逝世后,王季愚受党的委托与许广平联系。

王季愚与鲁迅的夫人——许广平女士的关系十分密切。在抗日救亡运动中,王季愚与许广平等党内外人士共同参与到上海妇女运动中。王季愚是许广平领导的上海妇女界难民救济会的理事,她们在“孤岛”时期坚守上海,发起并创办《上海妇女》杂志。1940年,王季愚离开上海后,虽然和许广平一直分别在不同的地方工作和生活,但都彼此牵挂着对方。1949年,许广平把自己在1947年主持编辑、出版的一套《鲁迅全集》赠送给王季愚留作纪

① 左联筹委会的12位委员包括创造社的郑伯奇、冯乃超、阳翰笙、彭康,太阳社的钱杏邨、蒋光慈、洪灵菲、戴平万,还有鲁迅、冯雪峰、柔石、夏衍。

② 左联的常委有夏衍、冯乃超、钱杏邨、鲁迅、田汉、郑伯奇、洪灵菲。

③ 刘小清:《红色狂飙——左联实录》,人民文学出版社2004年版,第52页。

念。新中国成立后,许广平继续从事妇女工作,王季愚在东北办学,她们一直保持着联系。每当王季愚到北京出差,总会抽时间前去看望许广平,许广平之子周海婴亲切地称王季愚为“王姨”。1968 年,许广平去世前嘱咐周海婴夫妇一定代她去看看上海的王季愚。

(二)王季愚与夏衍

夏衍,原名沈乃熙,字端先,浙江杭州人。夏衍是上海左翼文化运动的主要领导人之一。他和鲁迅一样,是“左联”的发起人和常务委员。1930 年 8 月,他和田汉等人在上海发起组织“中国左翼戏剧家联盟”。1933 年前后,夏衍与阿英等人成立党的电影小组。夏衍与王季愚的丈夫于伶当时都在上海从事戏剧和电影运动,由于工作的关系,夏衍经常到王季愚和于伶的住处探讨工作。夏衍比王季愚年长八岁,参加革命时间早。

王季愚初到上海时,在家自学俄语,通过翻译一些苏联的短篇文艺作品,写短篇小说,向报刊投稿,换得微薄的稿酬以贴补家用。于伶在中国左翼戏剧家联盟从事繁忙的戏剧组织工作,两个人都没有稳定的经济收入,生活很困难。夏衍在生活上为王季愚一家提供帮助,不仅经常拿出钱来接济,还把自家的衣物拿来给王季愚。夏衍还在文学创作方面给王季愚提供宝贵的建议。王季愚到上海不久,夏衍就建议她翻译苏联革命作家高尔基的长篇小说。国外进步文学作品的翻译工作是左翼文化运动的重要内容,夏衍本人也翻译了一些苏俄的文学作品。王季愚便着手翻译高尔基的自传体小说《在人间》,并且在上海读书生活出版社出版。夏衍亲自为此书设计了封面并且题写了书名。为此,王季愚在该书的译后记中表达了对徐懋庸先生、夏衍先生的感激之情。

全面抗战爆发后,王季愚留在了“孤岛”继续从事妇女运动,而夏衍则去了香港从事文化工作。新中国成立后,夏衍与于伶成为上海文化战线上的主要领导人。

(三)王季愚与白薇

白薇,原名黄彰,中国近现代女作家。五四运动前,她为摆脱家庭的包办婚姻，只身逃往日本，在日本留学多年。1926 年冬，她满怀热忱回到祖国，投身于大革命。大革命失败后，她满腔悲愤到上海，决心用笔墨对叛逆进行无情挞伐。不久，她参加革命文艺团体“创造社”，之后得到鲁迅的教诲和精心培养。在“创造社”和鲁迅的影响下，白薇走上了革命文学创作道路，成为“左联”和中国左翼戏剧家联盟的早期成员。白薇的许多作品在鲁迅主编的《语丝》《奔流》上发表。在左翼女作家中，白薇与丁玲比肩，被誉为新文坛的一个明星。

“左联”成员中不乏享誉文坛的杰出女作家，除了白薇和丁玲外，还有“左联五烈士”之一的冯铿、以翻译英语言文学著称的杨刚、从诗人到“红色间谍”的关露、女兵作家谢冰莹，以及来自东北作家群的萧红、白朗。女性作家能够以自己独特的性别文化视角和生活经历解剖封建资本主义的黑暗，同时表现被压迫者的凄惨。王季愚作为“左联”的同路人，酷爱文学，也是左翼女性作家群的一员。白薇在戏剧创作上有不凡的成就，与同是剧作家的于伶相识，也成为王季愚的好朋友。白薇在事业上的成就令王季愚钦佩不已，更加坚定了王季愚走文艺道路的决心。抗战期间，王季愚与白薇一同参加上海妇女界救亡运动。这时，白薇不幸身患重病，引发了白薇朋友和读者的叹息和同情。为了爱惜这位进步的女作家的生命，使她早日恢复健康，王季愚、郁风、蒋逸霄、王莹、李兰、季洪、沈兹九、陈波儿、关露、董竹君等十九人合力为白薇筹款六百多元，去北京治病。[1] 新中国成立后，白薇到刚刚开辟的北大荒农场做调查研究，在那里整整生活 7 年，写出不少反映生活的作品。期间，王季愚担任哈外专的校长，与白薇往来极为密切，多次邀请白薇来学校为学生讲课。

（四）王季愚与赵洵

王季愚与赵洵从 1946 年开始共同致力于俄语教育，为我国俄语人才的培养做出了突出的贡献。赵洵与王季愚有着同样艰难而辉煌的革命经历和丰富精彩的人生阅历。她和王季愚一样，也是“左联”的“同路人”。她的丈

① 董竹君：《中国“阿信”》，上海人民出版社 1997 年版，第 312 页。

夫黄一然是“左联”盟员，而她与东北的左翼作家萧红、萧军的关系也很密切，把“二萧”视为榜样。

赵洵比王季愚小九岁，1917 年生于吉林省一个富有的满族家庭。1931 年底，她考取哈尔滨工业大学预科，并且开始参加共产党领导的抗日活动，从事抗联的秘密工作。在东北地下组织遭到严重破坏后，1935 年 5 月，赵洵断然拒绝了父亲为她提供的留学机会，历尽艰辛到达上海，加入鲁迅领导的左翼文化运动中。

赵洵和王季愚的相识是从上海左翼文化运动中开始的。1935 年来上海后，王季愚、于伶与赵洵、黄一然夫妇都在私立正风中学教书。赵洵在中学时代就读过鲁迅的《呐喊》《彷徨》等作品，对鲁迅倾慕已久。她在王季愚的帮助下认识了鲁迅，并在鲁迅的鼓励下翻译出版了苏联文学名著《静静的顿河》第二部。《静静的顿河》是苏联作家肖洛霍夫的长篇小说，共 4 卷，描写了俄国哥萨克人的生死命运。肖洛霍夫出生在顿河流域的维申斯克省，父亲是哥萨克的下级军官。他写作《静静的顿河》前后历时 14 年，直到 1940 年，这部鸿篇巨制才宣告全部完成。鲁迅十分重视外国文学的翻译工作，《静静的顿河》的创作早就引起了鲁迅的注意。1928 年，《静静的顿河》第一部在苏联《十月》杂志上发表。次年，鲁迅便约请贺菲翻译出版，并亲自校订、撰写后记。20 世纪 30 年代，该书又出版第二部。赵洵率先把第二部翻译出来介绍给中国读者。鲁迅对赵洵的翻译工作十分重视，王季愚把赵洵介绍给鲁迅，赵洵请鲁迅为她的译作作序，鲁迅慨然应允，并高度赞扬她应该把这部小说在中国翻译并出版。1936 年，赵洵翻译并出版《静静的顿河》时，这部作品尚未获得诺贝尔文学奖，甚至还存在颇多争议。这部作品真实地描写了哥萨克在革命与叛乱、真理与偏见、红军与白军中终于做出了正确的选择。1965 年，肖洛霍夫的《静静的顿河》才获得诺贝尔文学奖。

1937 年，在赵洵准备撤离上海去敌后根据地之前，“左联”的梅益将《钢铁是怎样炼成的》这部文学名著的俄文本交给她。不久，赵洵来到晋察冀边区，应成仿吾的邀请在华北联大担任俄语教师。她在华北联大紧张的战斗生活之余将该书翻译出来，在延安韬奋出版社出版，但还没有来得及对外发行，就被胡宗南的部队发现而全部烧毁。为此，王季愚一直责怪赵洵没有听她的劝告。

二、翻译苏联的革命文学作品

20世纪30年代的左翼文学涉及小说、诗歌、散文、杂文和外国文学翻译等诸多领域。王季愚在北平大学读书时学习的是俄文专业，有比较好的俄文基础。因此，她在上海从事左翼文化运动中，充分发挥自己的专业特长，主要致力于俄苏文学的翻译工作。自五四新文化运动后，受苏联“十月革命”的影响，俄苏文学的翻译成为我国译介外国文学的主流。

（一）五四前后的俄国文学翻译

在近代中国的不同发展阶段，由于时代主题不同，对外国文学翻译的取舍也不尽相同。清末民初，翻译的主要是英国、法国、美国、俄国、德国等国作家的作品，其中的政治小说、侦探小说、科幻小说等普遍受到晚清译者和读者的欢迎。梁启超提倡翻译政治小说，并自译《佳人奇遇》等书；严复翻译《天演论》，提出“信、达、雅”的翻译标准；林纾从《巴黎茶花女遗事》开始，采用意译的方式，陆续用文言文翻译了180多种欧美作品；鲁迅在日本留学期间从日文翻译《月界旅行》《地底旅行》，编译《域外小说集》，他们开创了中国翻译外国文学作品的先河。

五四时期，新文化运动的战士们开始扛起文学革命的大旗。文学革命把“庄严灿烂之欧洲”视为学习榜样，外国文学的译介成为中国新文学发展的重要动力。一方面，中国新文学的发展需要汲取外国文学的营养。外国文学作品的翻译介绍，新的文学形式（如新诗、话剧）和新式标点符号的引进，对中国新文学的发展和成长，都产生了很大的影响。另一方面，自维新运动以来，文学艺术被视为文化思想启蒙的重要教材，中国近代的文化启蒙需要中国新作家创造优秀的文学作品，同样也需要译介国外的优秀文学作品。正因如此，五四时期中国第一代新文学健将如鲁迅、胡适、周作人、沈雁冰、郭沫若、郁达夫、郑振铎等，他们很多人都是作家兼翻译家，他们在新文学创作方面和外国文学翻译方面都做出了贡献。

这一时期的文学翻译呈现出一个鲜明的特点，俄国文学作品的译介数量遥遥领先于其他各国。俄苏文学成为此时中国新文学发展的营养之源。1932 年，鲁迅在《祝中俄文字之交》一文中谈到当时的情景时说："俄国的作品，渐渐的绍介进来了，同时也得到了一部分读者的共鸣，只是传布开去"。茅盾在《果戈理在中国》一文中也提到，俄国文学的爱好，在一般知识分子中间，成为一种风气。俄罗斯文学的研究，在革命的知识分子中间，成为一种运动。共产党的早期领袖、上海左翼文化运动的重要领导人瞿秋白在1920—1922 年以北京《晨报》记者的身份旅居苏联，他在《俄罗斯名家短篇小说集》的序中提到，俄国文学的研究在中国确已似极一时之盛，何以故呢？最主要的原因，就是俄国布尔什维克的赤色革命在政治上、经济上、社会上生出极大的变动，掀天动地，使全世界的思想都受他的影响。大家要追溯他的原因，考察他的文化，所以不知不觉全世界的视线都集于俄国，都集于俄国的文学。而在中国这样黑暗悲惨的社会里，人人都想在生活的现状里开辟一条新道路，听着俄国旧社会崩裂的声浪，真是空谷足音，不由得不动心。大家都要来讨论、研究俄国，于是，俄国文学就成了中国文学家的目标。

最早被翻译过来的俄国文学名家的名著是 1903 年上海大宣书局发行的普希罄的《俄国情史》(今译普希金《上尉的女儿》)。在辛亥革命前，俄国文学作品的翻译数量不多，翻译过来的主要是一些著名作家的作品，如列夫·托尔斯泰、莱蒙托夫、契诃夫、高尔基、迦尔洵、安德烈耶夫的作品。民国初年到五四运动前，这种情况仍然继续存在，这期间的译作主要有马君武翻译的托尔斯泰的《心狱》、林纾和陈家麟合译的《罗刹因果录》、朱东润翻译的《骠骑父子》、马君武翻译的《绿城歌客》、刘半农翻译的屠格涅夫的散文诗《乞食之兄》、陈家麟翻译的契诃夫短篇小说集《风俗闲评》、刘半农翻译的高尔基的《廿六人》等。到了五四新文化运动的发展期，主要是 20 世纪 20 年代前期和中期，俄国文学作品的译介在中国"极一时之盛"。"据《中国新文学大系》(史料索引卷)不完全统计，1920 年至 1927 年期间，中国翻译外国文学作品，印成单行本的(不计综合性的集子和理论译著)有 190 种，其中俄国为69种。”[①]托尔斯泰、契诃夫、屠格涅夫、安德烈耶夫的作品继续受到青睐。俄文作品翻译不再单纯依靠英、德、日、法等国语言来进行转译，一批以瞿秋白、耿济之、沈颖、韦素园、耿式之、曹靖华等为代表的精通俄语的翻译队伍开始形成。

（二）左翼文化运动中的俄苏文学翻译

1927年大革命失败后，随着中国左翼作家联盟的成立，翻译文学进入新的阶段。伴随着国内进步文学界关于“革命文学”的论争，苏联的无产阶级文学和各国进步的革命文学、文艺理论大量地被介绍进来。鲁迅从留学日本起到1936年逝世为止，始终从事外国文学翻译，是名副其实的翻译家。在左翼文化运动中，为了建立中国的革命文艺理论，他克服了不懂俄文的困难，通过日文或德文的转译，译介了苏联的文艺批评和文艺政策，翻译了普列汉诺夫的《艺术论》和卢那察尔斯基的《艺术论》等文艺理论著作，翻译了苏联新兴作家法捷耶夫的长篇小说《毁灭》、雅各武莱夫的中篇小说《十月》，以及19世纪俄罗斯现实主义作家果戈理的《死魂灵》。鲁迅在左翼文化运动中不遗余力地译介俄苏文学，是因为他认为俄苏文学和中国左翼文学一样，都是被压迫者的文学，俄苏文学的道路也是中国文学的道路，他提到，俄国文学是我们的导师和朋友。因为从那里面，看见了被压迫者的善良的灵魂、酸辛、挣扎，还和20世纪40年代的作品一同烧起希望，和20世纪60年代的作品一同感到悲哀。我们从文学里明白了一件大事，是世界上有两种人：压迫者和被压迫者。俄苏文学是值得中国乃至世界各国人民来学习的，“十五年前，被西欧的所谓文明国人看作半开化的俄国，那文学，在世界文坛上，是胜利的；十五年以来，被帝国主义者看作恶魔的苏联，那文学，在世界文坛上，是胜利的。这里的所谓‘胜利’，是说：以它的内容和技术的杰出，而得到广大的读者，并且给予了读者许多有益的东西。”[②]

除了鲁迅外，左翼文化运动中，瞿秋白、耿济之、郭沫若、姜椿芳也翻译

---

① 陈建华：《二十世纪中俄文学关系》，学林出版社1998年版，第66页。

② 中国青年出版社：《鲁迅选集 第3卷》，中国青年出版社1958年版，第168页。

了大量的俄苏文学作品，茅盾、夏衍、周扬、周立波、梅益、丽尼、王季愚、赵洵等“左联”成员也翻译了俄苏的文学名著。据有学者统计，从1917年到1936年的20年间，俄苏文学翻译书目数量跃居国别文学的首位，共425种，而法国、英国、欧洲各国家的文学翻译数量分别是315种、284种和262种。

20世纪30年代前后，苏联的文学作品大量被介绍进来，其中以高尔基的作品影响最大。如夏衍翻译的高尔基名著《母亲》，对教育和鼓舞广大的青年读者走上革命的道路起了很大的作用。鲁迅翻译了高尔基的童话作品《俄罗斯的童话》，从各方面描写了俄罗斯国民性。瞿秋白翻译了《高尔基论文选集》《高尔基创作选集》，以及《二十六个和一个》《马尔华》《市侩颂》《克里慕·萨莫京的生活》等高尔基的作品。

高尔基是苏联无产阶级文学的奠基人，他的文学作品早在清末民初就被中国文学界陆续译介过来。根据目前发现的资料来看，高尔基最早的中译作品是1907年在《东方杂志》上连载的《忧患余生》。其他作品的中译情况：中译的小说有《阿尔达莫诺夫家的事业》《福马·高尔杰耶夫》《克里姆·萨姆金的一生》《母亲》《童年》《在人间》《我的大学》《夏天》，中译的剧作有《底层》《仇敌》《小市民》，中译的散文诗有《海燕》等，中译的作品集有《高尔基文集》《高尔基小说集》《高尔基短篇小说集》《草原故事》《俄罗斯剪影》《高尔基戏剧集》《高尔基剧作集》《高尔基代表作》。主要译者除了瞿秋白、鲁迅外，还有周瘦娟、耿济之、巴金、丽尼、芳信、焦菊隐、汝龙、李霁野、夏衍等。①

（三）王季愚翻译高尔基《在人间》

1. 翻译缘起

王季愚刚到上海不久，从1933年春天开始翻译高尔基的自传体小说《在人间》，到1934年底才全部翻译完毕。这中间，她因为生活的不安和许多意外的事情，翻译工作时断时续。她之所以选择翻译这部小说，一方面因为高尔基是“无产阶级革命文学导师”和“无产阶级艺术最伟大的代表者”，

① 陈建华：《二十世纪中俄文学关系》，学林出版社1998年版，第350页。

他的作品在20世纪初就开始被译介进来,五四运动以后甚至形成"高尔基热"。另一方面,王季愚翻译这部作品是因为"左联"领导人夏衍的建议。由于共同从事左翼文化运动,夏衍和王季愚一家交往甚密。夏衍不仅向王季愚提出翻译的建议,在出版之际还亲自设计了该书的封面,题写了书名。另外,王季愚选择翻译《在人间》,或许是她感觉自己与高尔基小说的主人公有着思想上和情感上的共鸣。小说的主人公阿廖沙是19世纪70年代俄国社会底层的劳动者,在儿童时期父母双亡,11岁便不得不外出谋生,饱尝了"在人间"的种种悲苦,经过自己努力,终于成为一代文化巨匠。这和王季愚的成长历程有着很多的相似之处。

2. 小说梗概

表5 《在人间》各章内容

第一章　到鞋店当学徒	第二章　柳德米拉	第三章　走进大森林
第四章　我的新主人	第五章　做洗碗的小伙计	第六章　难以忍受的事情
第七章　来到外祖父身边	第八章　我想读书	第九章　五颜六色的小书
第十章　小女孩儿	第十一章　又做洗碗工	第十二章　当学徒
第十三章　在作坊	第十四章　弄书	第十五章　命名日
第十六章　继父死了	第十七章　在绘图师家干活	第十八章　奥西普
第十九章　克列绍夫	第二十章　两个人	

《在人间》是高尔基自传体小说三部曲的第二部,其余两部为《童年》和《我的大学》,写于十月革命前夕。小说描述的是主人公阿廖沙(高尔基在文中的名字)从1871年到1884年的生活。阿廖沙11岁时,母亲不幸去世,外祖父也不幸破产。他为了生活,靠与外祖母一起摘野果出去卖来糊口度日。他不愿意继续过寄人篱下的生活,便走上社会,到人间去独立谋生。他先后

在鞋店、圣像作坊当过学徒，也在轮船上做过杂工，饱尝了人世间的痛苦。在轮船上当洗碗工时，阿廖沙结识了正直的厨师，并在他的帮助下开始读书，激发了他追求正义和真理的决心，并且决心做一个坚强的人，不屈服于环境的人。5 年后的秋天，阿廖沙决定到卡山(今译喀山)去，希望能够进学校读书。

小说用细致的语言刻画了人们的悲惨生活，描绘了一个孤儿如何奋斗，并在社会上艰苦生存，追求纯真理想的过程。在小说中，作者不仅再现了形形色色的市民和他们的生活习俗、道德观念和精神世界，而且塑造了一系列体现劳动人民智慧才能的人物形象，广泛深刻地再现了广大下层劳动者的悲惨生活和他们的思想情结。它不仅是作者童年时代的自传，而且是俄国社会一个时代的缩影，反映了俄国工业资本主义成长引起的小资产阶段手工业的瓦解过程。

3. 翻译风格

王季愚的这部译著在 1936 年 9 月由艾思奇推介，在上海读书生活出版社出版。王季愚与艾思奇都是“社联”盟员。艾思奇是中国共产党的马克思主义理论家，在马克思主义大众化方面做出了突出贡献。

翻译《在人间》这样的世界文学巨著，对王季愚来说确实是一个巨大的挑战。这是她第一次翻译外国文学名著，翻译经验和水平还有待提高。她曾提到，以自己的能力与经验，一开始就翻译高尔基的作品确实有些“胆大妄为”。她的俄语水平虽然比较好，但高尔基的原著中许多地方的语句繁复到超乎文法，或者土话、俗语和不完整句达到难以捉摸的程度，给她的翻译带来极大的困难。在翻译过程中，她严格按照严复提出的“信、达、雅”的翻译原则，但她更接受鲁迅的文学翻译理论和审美思想。

鲁迅有着丰富的翻译经验，十分重视高尔基作品的翻译。早在北平时，他便常常希望青年译者们能够多翻译高尔基的作品。因此，王季愚《在人间》的翻译自然得到同鲁迅的热心指导和帮助。鲁迅认为，凡是翻译，必须兼顾两面，一是力求其易解，一是保存原作的丰姿。“信”和“顺”是鲁迅坚持的翻译标准，他要求翻译既要通顺易懂，又要忠实于原著的内容和形式。在“信”和“顺”不能两全时，鲁迅提出“宁信而不顺”，也称“硬译”，就是译文宁可不顺也要忠实于原文，绝不欺骗读者。鲁迅的这些翻译理论在王季愚的翻译中得到了很好的体现。她在译后记中描述了自己的翻译体验，认为自己感到最不满的是一味想忠实原文，多保留原作精神，导致译文不够通俗，只能等将来翻译经验多一些再弥补了。在翻译中，忠实于原文是最重要的，但语言和文化的隔阂使她不能将原文通俗易懂地翻译出来，这也体现了鲁迅“宁信而不顺”的翻译思想。

鲁迅在左翼文化中既重视新作家的培养，也重视扶持新生的翻译力量。他对王季愚的翻译作品的影响是他扶持青年译者的一个说明。他经常亲自校阅青年译者的译稿，那些经他之手校阅过译稿的人，有很多后来都成为著名的翻译家，如李霁野、白莽、胡风、韦素园、韦丛芜、曹靖华、徐梵澄、柔石、孙用、董绍明、蔡咏裳、冯雪峰等一大批译者。青年译者贺非根据德国奥尔加·哈尔佩恩的德译本转译了苏联肖洛霍夫的长篇小说《静静的顿河》的第一部，鲁迅不仅为这部译著书写封面，还校阅译稿。1935 年，赵洵和丈夫黄一然从东北到上海，上海的文化界对他们还比较陌生。次年，当他们从俄文和英译本合译完《静静的顿河》的第二部时，通过王季愚的引荐，鲁迅亲自为该书撰写序言，这部译稿得以顺利地在上海光明书局出版。

三、加入中国文艺家协会

在 20 世纪 30 年代初期的上海，左翼文化是代表着进步倾向的文化主流。左翼团体的革命文化运动是对国民党文化专制主义的反抗，是国民党政治上实行反革命“围剿”、文化上进行专制独裁的产物。在共产党的影响和领导下，左翼文化以批判国民党的文化专制主义，建设无产阶级革命文化为主要任务。他们宣扬无产阶级革命文化的可贵工作，在蒋介石国民党白色恐怖的统治区域里，树起一面鲜艳的革命红旗。王季愚通过与左翼文化人士的密切交往和自身的文化活动，成为上海左翼文化运动的一名战士。在此期间，她的奋斗经历是左翼文化运动发展的一个缩影。

继九一八事变日本侵占东北后，1935 年华北形势又告危急，爆发了“一二·九”抗日救亡运动，建立抗日民族统一战线成为全国人民及国内各界人士的共同愿望。“左联”等左翼文化团体一直坚持到1936年初才自行解散，原左翼文化工作者受时代的感召面临新的历史任务。伴随着民族矛盾的上升，他们走上了抗日救亡的新战场。1936年，中国左翼作家联盟宣布解散后，上海进步文艺界人士为适应抗日救亡运动的需要建立“中国文艺家协会”。这是一个新的具有抗日文化统一战线性质的文艺界组织，于伶、王季愚夫妇由于具有左翼文化成员的身份自然参加了成立大会而成为首批会员。

中国文艺家协会的成立经历了一个比较复杂的准备过程。“左联”解散后，上海的左翼人士就酝酿新的文艺组织。原“左联”党团书记周扬作为组织者考虑到当时进步文艺界不团结的现状，请茅盾、郑振铎和傅东华出面，联系王任叔、叶圣陶、曹聚仁、夏丏尊、徐懋庸、邵洵美、洪深等人作为新团体的发起人。但遗憾的是，由于在文学口号和“左联”解散等一些问题上与“左联”产生了误会，作为左翼文化领袖的鲁迅拒绝加入新组织。由于鲁迅在文艺界有巨大的影响力，这导致了相当一部分文艺界人士没有加入文艺家协会。

1936年6月7日下午，在四马路大西洋菜社的一个大厅内，中国文艺家协会召开成立大会。到会代表近百人，于伶、王季愚参加了这次会议。夏丏尊被推为主席，傅东华报告筹备经过，并讨论通过了协会《简章》和《宣言》。《宣言》强调，中国文艺家协会坚决拥护民族统一战线的最低限度的基本要求，团结一致，抵抗侵略，停止内战，言论出版自由，民众组织救国团体的自由。中国文艺家协会摆脱了左联时期的“左”倾关门主义，尽可能地团结文艺界进步人士建立广泛的民族统一战线。《宣言》提议，在全民族一致救国的大目标下，在文艺上主张不同的作家们可以是一条战线上的战友。在文艺上的主张不同，并不妨碍我们为了民族利益而团结一致，是全民族一致救国的要求，使我们站在一条线上。会议在通过《简章》后，选举了夏丏尊、傅东华、洪深、叶圣陶、郑振铎、徐懋庸、王统照、沈起予、茅盾为理事，郑伯奇、何家槐、欧阳予倩、沙汀、白薇为候补理事，茅盾为理事会召集人。虽然这个新的文艺界组织由于一些人没有加入而稍有缺憾，但它却是在救亡运动正在代替左翼运动成为文艺界主要战斗任务后，文艺界建立的真正广泛联合起来的统一战线的过渡组织。在该协会中,原来未加入“左联”的大量“文学研究会”成员,如叶圣陶、郑振铎、胡愈之、傅东华、夏丏尊、丰子恺、谢冰心等全部成为新组织的成员。1936 年 10 月,在中国文艺家协会成立三个月后,以《文艺界同人为团结御侮与言论自由宣言》发表为标志,最终形成文艺界统一战线。

随着时代任务的转换,王季愚紧跟时代的步伐,由左翼文化运动加入到妇女界抗日救亡运动中,成为妇女运动的一名战士。

四、任教于正风中学和新生女中

1933 年,当王季愚和于伶初来上海之时,王季愚通过翻译和写作获得微薄的稿酬,而于伶每天忙于中国左翼戏剧家联盟的组织工作,两个人都没有稳定的职业,所以生活是非常拮据的。他们的第一个孩子在 1933 年底出生不久就患上了肺炎,由于缺钱医治,不幸夭折。为了更好地从事革命文化工作,他们需要寻找合适的职业以获得稳定的经济收入。1935 年的秋天,经过于伶的朋友、正风中学的校长胡昌治和教务主任刘秉彝的介绍,王季愚和于伶一起到上海私立正风中学任教。

正风中学是在 1926 年由民国时期江苏省省长韩国钧、民政厅长胡朴安和《新闻报》秘书王蕴章等在南市老西门大吉路创办的一所私立中学。1929 年,学校迁至胶州路 1 号,改名正风文学院,院长是王蕴章。王蕴章是“鸳鸯蝴蝶派”的著名作家,曾经主编过商务印书馆的著名杂志《小说月报》和《妇女杂志》。王蕴章为了集中精力办好文学院,就把正风中学从正风文学院分离,正风中学成为一所独立的中学校。根据许晚成编辑的《上海大中小学校调查录》,正风中学设有普通科、商科,学生有 300 人左右,教员有 30 人。[①]独立后的正风中学最初由王淼接办,王淼不久去江苏省教育厅任职,学校由胡昌治担任校长。根据胡昌治撰写的《我接办上海私立正风中学始末》,胡昌治在接办学校过程中,于伶一开始就参与进来。在接办后,于伶、王季愚

① 常国良:《近代上海商业教育研究》,黑龙江大学出版社 2008 年版,第 50 页。

同志都到正风中学任教，并从中国中学带来了一些进步同学。

在正风中学，王季愚担任初中两个班级国文课的教学。她教这门课驾轻就熟，因为她有非常好的中国文史功底。在上海，她的古文功底得到进一步提高，曾经在业余时间为商务印书馆点校过《二十四史》。赵洵1935年到上海，她的爱人黄一然与王季愚是同事，都在正风中学任教。赵洵在《和季愚相处的日子》一文中，回忆那时的王季愚是一个平易近人、中国文学修养甚高的老师。她穿一身蓝色毛料的旗袍，蓝色的皮鞋，一个皮包也是蓝色的，端庄高雅。

胡昌治从1935年7月担任正风中学校长，1937年5月因为支持学生的爱国运动被国民党教育当局解除职务，主持正风校政只有一年多。在此期间，他积极支持进步师生的爱国行动，聘请的教师除了王季愚、于伶外，还有聂绀努、陈家康、周立波、沙汀、刘橘昌、章汉夫、江文源、曹淑仪、黄一然等人。这些人很多是左翼文化界的知名人士，有不少人还是共产党员。

在胡昌治的支持下，正风中学是上海中等教育界学生救亡运动的先驱和主力。在一二·九运动之前，上海地下党在学生中的党员还比较少，而正风中学的陶志明、陈佩兰、倪之朴、柯刚、梅曼章等一些学生都是中共党员。"当时进步教师和学生力量较强的学校有：复旦、暨南、大夏、同济、交通、税专、大同等高等学校和正风、麦伦、惠平、爱国、中国、务本、培明、光实、光华附中等中等学校。其中，正风中学校长胡昌治、麦伦中学校长沈体兰、中国女中创办人罗叔章，都是自愿接受党的领导的进步人士，他们公开宣传抗日，聘请进步教师，支持并保护学生爱国活动，经常邀请爱国人士来校讲演。"①"一二·九"北平爱国学生运动爆发后，上海各高等学校和中学学校的学生首先奋起响应。在上海中等教育界，由正风中学、麦伦中学、爱国女中等校发起，在正风中学成立了上海中等学校学生救国会联合会，简称"中学联"，领导中等学校学生的抗日救国活动。

王季愚热情支持学生的抗日救亡活动。她除了在学校上课外，还负责

---

① 中共上海市委党史资料征集委员会：《抗日战争时期上海学生运动史》，上海翻译出版公司1991年版，第6页。

读书会的工作。在胡昌治校长的支持下，各年级都设有读书会，向同学们宣传抗日思想，对学生进行进步的思想教育。国民党政府经常伙同法租界当局对学生活动横加干涉，甚至逮捕学生。1937年上半年的国际劳动节，学校大批学生参加了上海学生救国会领导的大游行，与国民党军警发生了流血冲突，以正风中学为首的学生甚至发起了罢考运动。王季愚利用各种社会关系，积极营救被捕同学。“七君子事件”发生后，上海各界组织了几次大规模的营救活动。王季愚在法租界带领学生制作宣传品，训练宣传员，在学生中开展抗日救亡的组织和宣传工作。

胡昌治支持师生的爱国运动，受到国民党上海当局的敌视，胡昌治和国民党教育局之间多次发生正面冲突。上海学生每次举行游行示威，国民党教育局都要训诫学校校长，要校长负责禁止，但胡昌治从不接受命令。在胡昌治被解除校长职务后，许多进步教师也相继离开了正风中学。王季愚和于伶不久也离开了正风中学。

1938年秋，王季愚由朱文央介绍，到私立上海新生女中任教。这时上海的社会环境已经发生很大的改变，从1937年底开始，上海华界被日军占领，成为沦陷区，上海的英美公共租界和法租界由于特殊的地位而成为“孤岛”。这种局面一直持续到1941年底太平洋战争爆发后，日军占领租界，上海全面沦陷。当时，王季愚正在担任《上海妇女》杂志的编委，在“孤岛”上从事妇女运动。

根据王季愚在《上海妇女》上发表的《介绍新生女中》一文，新生女中由中华妇女节制会创立人刘王立明女士创办于1932年。刘王立明，本名王立明，是上海著名教会大学沪江大学校长刘湛恩的夫人。1938年4月，刘湛恩因为支持学生的抗日行动被日伪刺杀，王立明为继承丈夫的遗志，改名刘王立明。刘王立明是我国近代基督教妇女运动的重要领导人，她努力创办书刊，宣传妇女解放思想，争取中国富强。在抗日战争时期，她在上海、成都、香港等地创办妇女职业学校、妇女文化补习学校、工艺社、赈救工业社等妇女事业。新生女中就是刘王立明以中华妇女节制会名义在上海创办的女子职业学校，目的是提高妇女的生活知识，增进谋生技能。学校原设有家事科，为适应环境需要，又添设商科、幼稚师范科以及普通科。

在王季愚到新生女中任教时,刘王立明正在重庆出席国民党组织召开的国民参政会,所以学校的校长由热心女子教育的杨美真担任。杨美真聘请国内外著名大学的女毕业生担任各科教师。除了王季愚外,还有"前浙江教育厅科员朱文央女士,现任该校国文教员,朱在沪杭等地服务教育界达二十年,教学经验,极为丰富。姚贤惠女士任幼稚师范科主任,姚是美国本雪凡尼大学教育硕士,对于儿童教育颇有研究。商科主任是光华大学商学士李杏春女士。沪江大学文学士钱素英女士,任训导主任兼音乐教员,沪江大学文学士宋珍宝女士,任英文教员,福建协和大学理学士王雅子女士,任数理化教员,商科教员麦超兰女士,体育教员张诵芬女士,均为埠上教育界之名流。"①

在新生女中,王季愚在抗战热潮的感召之下,受刘王立明、杨美真、许广平等沪上杰出妇女的影响,积极从事战时妇女运动。王季愚和学校中一些志同道合的同事利用教员身份作掩护,动员女学生参加新四军。运用在"妇济会"开设培训班的经验,为新四军培养了一批护士。

① 黑龙江大学:《王季愚文集》,黑龙江人民出版社2001年版,第83页。

王季愚办刊思想及其当代启示

黑龙江教育杂志社　田景新[①]

作为新中国外语教育的奠基者，一位忠于人民事业的教育家，王季愚一生的重要经历都与期刊密不可分。从最初的苏联红色杂志《红星》《城外》，到党刊《东方红旗》、有"孤岛明星"之称的进步期刊《上海妇女》《译报》《申报》，再到后来的《东北日报》《教务通讯》《外国语》等刊物，可以说，正是这些期刊让王季愚形成了进步的世界观、价值观，明确了共产主义的人生方向，直至成为王季愚为之奋斗的阵地、教育思想传播的平台。这些期刊见证了王季愚不同人生阶段的思想成长，本文将以此为线索，系统研究王季愚教育思想的形成与传承，以指导时下教育学术期刊的建设和发展。

一、从进步杂志期刊汲取营养，明确共产主义人生方向，红色思想奠定了王季愚一生的工作理念基础

红色期刊：《红星》《城外》《北方红旗》。

1930年，就读国立北平大学法学院俄文班预科期间，王季愚是班级最刻苦的学生，为提高俄文水平，养成了每天坚持看苏联报刊的习惯，还参加了北平法学院成立的俄文读书会。这期间她接触到一些苏联文艺作品和国内的"左翼"文艺作品。如苏联进步刊物《红星》《城外》，这些红色思想是王季

① 田景新(1971—　)，男，黑龙江双鸭山人，黑龙江教育杂志社社长，总编辑，哲学硕士，主要从事编辑出版、信息管理研究。本文为黑龙江大学"王季愚教育思想研究"专项"王季愚创新刊物办学载体的思想与实践及其启示"(2020)的阶段性成果。

愚革命思想的启蒙。

1931 年，九一八事变爆发，中国社会受到剧烈震动，广大民众和各界人士以各种形式积极投身抗日救亡运动，王季愚与其他热血青年一样，也投入到抗日救亡运动的洪流中。

1932 年 8 月，经同学介绍，王季愚参加了中国共产党组织、领导的左翼文化团体社会科学家联盟(以下简称“社联”)北平分盟。作为“社联”的盟员，她可以看到一些党内的刊物，如《北方红旗》等。王季愚如获至宝，她废寝忘食地阅读这些刊物，知道了一些中国共产党、中央苏区、中国工农红军的事情，从这些进步刊物中汲取了先进思想。

可以说，王季愚正是通过红色杂志和进步期刊完成了思想启蒙，接受了共产主义进步思想，奠定了自己为之奋斗一生的人生理想，明确了自己今后的人生方向，也为她在后来的工作中一贯重视思想政治教育的“方向盘”理论打下了坚实的基础。

二、创办进步期刊，引领、传播进步思想，点亮孤岛明灯

进步期刊及党办杂志：《上海妇女》《译报》《申报》。

创刊于 1938 年 4 月 20 日的《上海妇女》是“孤岛”中的进步期刊，当时出版环境虽然恶劣，但是期刊仍然坚持“为受压迫被奴役的各阶层妇女讲话，为抗战讲话”的办刊宗旨，记录了困境中各阶层妇女的战时生活和战争体验。王季愚作为这本半月刊的编委，用季子、西冷、季愚等笔名，翻译了苏联的《红星》《城外》杂志上的很多文章，当时刊登在《上海妇女》上介绍苏联情况的译文，几乎都是出自王季愚之手。此外，王季愚在《译报》《申报》上也经常发表进步思想文章。

此时的王季愚已成长为党的革命战士，以笔为戈，以期刊杂志为阵地，充分发挥期刊的力量，传播进步思想和革命精神，在上海“孤岛”时期，成为黑暗里的一盏明灯，指引着阴云笼罩下的国人，向着党的方向聚拢、进步。

这段时间的工作经历，进一步完善了王季愚的办刊理念，加深了其对期刊的认识和理解，为她以后在教育战线上继续发挥杂志期刊的力量做好了充分的准备。

三、“学术建校”，以学术期刊为阵地，系统梳理并传播推广教育理念精髓

学术期刊：《教务工作通讯》《俄语教学与研究》《外国语》《外语电化教学》《阿拉伯世界》。

（一）创办《教务工作通讯》，成为思想政治教育工作的理论阵地，指导、完善和建立了思政教育体系

多年的革命工作经验与马克思主义思想的熏陶，让王季愚校长非常重视思想政治工作在教育事业中的重要指导作用。她形象地将大学生的思想政治工作描述为青年学生的“方向盘”。当时，人民群众刚刚从国民党的苦海中逃脱，他们的思想意识受到传统文化中不利因素的影响和侵蚀，对这些错误思想必须予以消灭和铲除。红军大学与中国人民抗日军事政治大学行政人员的培训色彩浓厚，尚未系统地撰写过有关高等教育、现实模式以及大学生思想政治工作的文章。在缺乏既有教育模式的指导和参考的情况下，王季愚在1950年底的工作总结中指出，学生学习政治课程的目的是在毕业后拥有正确而广泛的政治视野，能够使用马克思主义联系实际，以一种新的民主视角分析世界上可以为人民服务的所有重大事件。它从不同的角度反对有影响力的教育，取而代之的是将“为军事、政治和经济发展培养翻译执行官以认真服务人民”作为教育指南。

王季愚校长还推行了政治工作会议制度，学校每个学年都要召开一次政治工作会议，各个级部、每个政工干部都要提出一篇书面报告，或是对学生思想的调查，或是对工作经验的总结，或是对某些问题的深入研究，这些在学校教务处当时创办的《教务工作通讯》上均有详细的记载。《教务工作

通讯》是王季愚校长教育思想得以记载、梳理并推广、传承的载体,在王季愚校长的教育工作过程中起到了重要作用。

(二)编纂俄汉词典,奠定了中国俄语教学的基础

在辞书编纂方面,王季愚也倾注了巨大心血。解放之初,由于各方面建设的需要,在全国掀起了学习俄语的热潮。当时工具书十分缺乏,一本《露和辞典》被奉为至宝,但此书是日文解释,使用起来很不方便,同时,它本身也有编写上的不足,无法满足新中国俄语教学与研究的任务需要。王季愚和她的革命伙伴赵洵先生看到这种情况,立志要编写一部可以真正助力教学科研和学生学习的工具书。1950 年 12 月,王季愚组织成立编译室,为编写辞书建立组织机构和进行人员准备。1952 年筹备编译《俄汉成语词典》,1958 年开始编纂《俄汉详解大辞典》的工作,虽然在特殊年代编纂工作停滞8 年之久,直至 1981 年《大俄汉词典》终于编成,王季愚校长留下的精神遗产为中国俄语教学奠定了重要的基础。

(三)创办学术期刊,全面贯彻学术建校思想,将教学工作与理论研究相结合,奠基现代大学教育的新体系

在哈尔滨工作期间,学校各项建设逐步走上正规化。此时,王季愚根据学校的现状提出了“学术建校”的思想,倡导将教学工作与科研理论研究相结合。她指出,办学校必须从学术研究着手,单靠改进教学方法还不够,根本出路在于提高外语理论水平。王季愚认为,外语教师的学术活动应该建立在科学研究与教学工作互动的基础上。她鼓励大家开展科研工作,通过总结教学实践中的经验和教训,将教学过程中发现、积累的值得研究的新问题、新课题进行总结和提炼,并将其上升到理论层面,通过教师之间的研讨和思考寻找解决方法,从而为教学提供新内容、新观点和新方法,实现以科研促进教学。“学术建校”这一思想,要求教师们不断更新教育理念和知识结构,增强科学研究意识与能力,在实践中改良教学方式,在无形中提升教师的教学水平,实现学校教学工作的良性发展。就如《礼记 · 学记》中关于

"教学相长"的著名论断,"学然后知不足,教然后知困。知不足,然后能自反也;知困,然后能自强也。"在王季愚校长的指示和领导下,学校编辑出版了学术刊物《俄语教学与研究》,有力地推动了学校教学的发展和教师科研水平的提高,一批理论与实践兼优的俄语中坚力量脱颖而出。

1978 年 8 月,王季愚被任命为上海外国语学院院长兼党委副书记。在此期间,她继续秉承学术建校的思想,提出创办学术刊物,为教师提供发表学术研究成果的园地。1978 年 10 月,主持恢复学报《外国语》,王季愚作为主编亲自撰写发刊词——振兴教育事业,创造灿烂文化。1979 年出版《外语电化教学》,1978 年 12 月创办《阿拉伯世界》,指导创办《外语语言教学资料导报》,并在教育部的关心和支持下,成立了学术研究和出版机构:上海外国语言资料中心(1979.2)、上海外语教育出版社(1979.12)、苏联问题研究室(1980.1)、外国语言文学研究所(1980.5)。在短短的两年时间里,创办研究机构、出版机构、杂志期刊,在新中国教育战线具有里程碑式的重要意义。实践证明,这些刊物、机构的创办对学校的进一步发展,对优秀教育理念的推广和传播奠定了坚实的基础。

四、王季愚办刊思想的当代启示

王季愚作为老一代的革命家、教育家,为新中国的外语教育事业的发展做出了巨大的贡献。我们以期刊为线索,梳理王季愚先生不同时期的思想和精神脉络:王季愚充分发挥学术期刊对科研工作和教育事业的作用,对当今高校学术期刊的建设具有重要的指导意义。王季愚主张教育工作要把好青年思想的"方向盘",主张期刊建设在服务学科、服务学术的同时要坚持正确的政治方向。在新时代,我们应该把握正确的政治方向和学术导向,加强期刊的思想政治建设和内容质量建设。"文章合为时而著,歌诗合为事而作",学术研究必须为国家的发展战略服务,坚持建设社会主义文化强国的目标,通过学术研究和思想传播增强政治自觉和文化自信,这是当前高校学术期刊的时代使命。党的十九大报告指出,必须坚持马克思主义,培育和践行社会主义核心价值观,不断增强意识形态领域的主导权和话语权,构筑中国精神、中国价值、中国力量，为人民提供精神指引。学术期刊作为党和国家重要的思想阵地，在为学术研究提供平台的同时，要强化它的政治引领作用，固根守魂，把广大知识分子的心凝聚在一起，涵养家国情怀，为实现中华民族伟大复兴的中国梦贡献智慧和力量。

参考文献

[1]赵洵，赵劭坚. 怀念我们的好校长——王季愚同志[M]. 北京：王季愚同志纪念文集编辑组，1988.

[2]黑龙江大学校史编写组. 黑龙江大学校史[M]. 哈尔滨：黑龙江人民出版社，2001.

[3]赵劭坚，傅善卿，李良佑. 平凡人生：王季愚传略[M]. 上海：上海书店出版社，2006.

[4]戴炜栋. 爱心的回响——缅怀人民教育家王季愚[M]. 上海：上海外语教育出版社，1997.

从王季愚办刊实践谈软实力语境下高校学术期刊的责任和使命

黑龙江教育杂志社　杨波①

一、引言

高校学术期刊历经百年，一直以展示研究成果、交流学术思想为主要功能，随着现代大学的成长和学科体系建构的不断发展，高校学术期刊与学科的关系日益紧密，在学科建设中发挥着不可替代的作用，成为展示高校教学水平和科研水平的重要窗口。2015 年，教育部和国家新闻出版广电总局联合下发的《关于进一步加强和改进高校出版工作的意见》（以下简称《意见》），进一步明确了高校出版工作的功能定位。《意见》强调要充分发挥高校出版工作在人才培养、科学研究、社会服务和文化传承创新中的重要作用，着眼于国家发展战略，从民族振兴、国家强盛的大局出发，致力于提升高校软实力和国家软实力是新时代高校学术期刊的责任和使命。

王季愚是新中国外语教育事业的奠基人，是忠于人民的红色教育家。在办学治校过程中，王季愚提出"学术建校"思想，指导并创办了《俄语教学与研究》等一系列的学术期刊，这是新中国教育战线的一次突破。实践证明，这些刊物的创办有力地推动了学校教学水平和科研水平的提高，培养了一批满足国家建设需要的俄语中坚力量。王季愚在办学、办刊的实践中不

① 杨波（1975—　），女，黑龙江勃利人，黑龙江教育杂志社副社长，文学硕士，主要从事编辑出版、教学管理研究。本文为黑龙江大学"王季愚教育思想研究"专项"王季愚创新刊物办学载体的思想与实践及其启示"（2020）的阶段性成果。

仅处理好学术期刊与教学、科研的关系，还强调政治导向在办学、办刊中的重要性，她的正确思路和超前理念对当前高校学术期刊建设仍然具有重要的理论意义和实践价值。

二、高校学术期刊要聚焦提升国家软实力和高校软实力建设

高校学术期刊要为国家发展战略服务，在提升国家软实力和高校软实力上有所作为。"软实力"这一概念是20世纪90年代初，美国人约瑟夫·奈提出的，他认为"软实力"是包括一个国家对他国产生的文化吸引力、本国的政治价值观和具有合法性的和道德威信的外交政策在内的国家的文化力量。软实力实际上是一个国家的文化实力，它是一国综合国力的重要组成部分。高校软实力即高校的生态竞争力，包括大学精神、办学特色、管理水平、学术能力、校园文化等多种因素，是高校实力和核心竞争力的综合体现。

文化越来越成为一个民族凝聚力和创造力的重要源泉，文化软实力建设是党和国家的一项重要战略部署。高校是文化创造、传承和引领的关键阵地，高校软实力建设不仅关乎高校的生存与发展，更关乎国家经济的发展与强盛，在提升国家文化软实力的进程中具有重要的作用。作为人才培养和文化传承、创新的重要文献载体，高校学术期刊在提高高校软实力和国家软实力方面亦承担着不可推卸的责任和使命。高校学术期刊在展示、传播学术成果的同时，应该注意宣传、推广我国优秀文化和社会主义核心价值观，塑造我国良好的国际形象，从而提升我国家的主导力和对世界政治的影响力。

三、软实力语境下高校学术期刊的责任和使命

（一）把好舆论导向，承担政治使命

高校学术期刊和报纸一样，都是党和政府的舆论阵地，是社会公器，是

国家主流价值观的重要承载者和弘扬者,它理所当然地要为社会主义现代化建设服务。政治使命是高校学术期刊的天然使命,服务于国家战略是它的出发点和最后归宿。办好高校学术期刊必须围绕党的中心工作,围绕全国人民的共同奋斗目标,回答理论问题,解决实际问题,澄情认识问题。高校学术期刊应该科学论证党的方针政策,做好党的方针政策的理论阐释工作和宣传工作,为党的方针政策的调整做好理论准备,成为解决国家重大理论问题的思想库和智囊团,为培养社会主义建设者而服务。

王季愚办学生涯经历了中国的革命时期、建设时期、曲折发展时期、改革开放时期等不同的发展阶段,先后在延安外国语学校、哈尔滨外国语专门学校、哈尔滨外国语专科学校、哈尔滨外国语学院、黑龙江大学、上海外国语学院等院校从事教育工作,重视政治思想教育工作是她的工作原则。高校学生的思想政治工作被她喻为"把好青年学生的'方向盘'"。她曾提出,培养什么人的问题,是教育的根本问题,不同时代有不同的答案。我们共产党人就是要培养有理想的人、有道德的人、有知识的人、有文化的人、为人民服务的人。她经常对学生讲,要树立为人民服务的人生观,既要懂俄语,又要有共产主义理想。王季愚校长对教育的超前认识让人敬重和钦佩。

(二)支持学科建设,推动知识创新

高校学术期刊与学科发展是共生共荣的关系。学科的高质量发展促进了学术期刊的繁荣,学校特色专业或优势学科能提升期刊的学术影响力和社会美誉度。在新时代下,抓创新就是抓发展,谋创新就是谋未来,高质量的学术期刊可以引领和推动学科的理论创新,帮助学科赢得学术声誉,提升学科乃至学校的核心竞争力。早在20世纪50年代,王季愚就提出"学术建校"的办学思想。她认为,对高等学校来说,教学是基础,科研是提高,要把学校办成教学和科研两个中心,为当时外语院校提出了新的改革方向。王季愚特别注重科研阵地的搭建,很早就认识到学术期刊的价值,她认为高校期刊的任务就在于帮助全校教师深入学习,开展科学研究工作,积累学校的教学经验,以提高学校教师的教学水平。在哈尔滨外国语专科学校(以下简称"哈外专")时期,她就倡导并出版了内部刊物《教学工作通讯》,到之后正

式公开发行的《外专校刊》《俄语教学与研究》，再到现在的《外语学刊》。在上海外国语学院工作期间，她根据上外科研比较薄弱的情况，先后恢复学报《外国语》、创办《外语电化教学》和《阿拉伯世界》等学术刊物。学术期刊建设对学科发展意义重大，这些学术刊物后来在国内外外语教育界都有较大的影响，提升了学校的科研声誉和学术影响力，为推动外语学科的理论创新，为学校的进一步发展奠定了坚实的基础。

(三)培育科学精神，促进人才成长

国以才立，政以才治，业以才兴。培养胸怀天下、心系祖国的一专多能的人才队伍是高校软实力的核心，也是高校学术期刊义不容辞的责任和义务。学术期刊的学术成果依托于高水平的作者队伍。在学术成果展示、交流、传播的同时，学术期刊成为培养作者科学精神、学术能力的平台。

王季愚三十多年的办学实践的根本目标是为党和人民军队培养优秀的军政干部，为国家培养政治素养过硬、专业的合格人才。她鼓励学生独立思考，在青年教师发展与建设方面，她倡导教学工作与科研理论相结合，提倡青年教师根据自身特点和兴趣，侧重研究一门学问。在哈外专时期，她召开了首届全国俄语教学研讨会，开创俄语教学研讨之先河，开展科学研究和学术讨论，营造活跃的学术研究氛围，培育青年教师的科学精神，鼓励教师个性化发展。她主持出版了《俄语教学与研究》，为人才的成长提供平台支持，将青年教师俄语教学的科研成果广泛传播，在全国产生了深远的影响。她以外语、语言为工具，在党的教育和文化战线上做出了巨大的贡献。自1946年创办哈外专至1981年病逝的35年间，培养造就了数以万计的建设社会主义事业和从事外交外事工作急需的外语人才，在我国的近现代教育史上留下了独一无二的红色印记。

(四)传承中华文化，讲好中国故事

党的十九大报告指出，必须坚持马克思主义，培育和践行社会主义核心价值观，不断增强意识形态领域的主导权和话语权，更好地构筑中国精神、中国价值、中国力量，为人民提供精神指引。学术期刊因其精神和文化属性，当仁不让地承担起讲好中国故事的重要使命。高校学术期刊要努力构建能充分容纳和有效解释中国经验和道路的学术体系，为世界理解中国故事提供学理支撑。这就要求学术期刊提高站位，加强对中国发展道路的总结和提炼，增进国际社会对中国的理解和认识，为世界发展提供中国经验和中国智慧，从而引领和把握世界学术话语权，创造中国学术界的影响力。

早在1980年，王季愚就极富前瞻性地提出了"汉语作为外语教学的问题"，认为应该将其列入外语教育的发展规划里。在世界范围内推广汉语已经成为"文化走出去"的重要战略举措。截止到2019年12月，中国已在162个国家（地区）建立550所孔子学院和1 172个中小学孔子课堂。孔子学院自创办以来，在增进世界各国（地区）人民了解中国语言文化和推动国际中文教育发展方面发挥了重要作用，成为世界认识中国的一个重要窗口。孔子学院的成立和发展是对王季愚前瞻性教育思想的最好诠释。

今年正值笔者所在的黑龙江大学建校八十周年、王季愚校长逝世四十周年，回顾王季愚老校长的办学、办刊实践，重新审视和总结老一辈人民教育家留下的宝贵经验，对当前高校学术期刊建设具有深远的意义。在新时代背景下，秉承王季愚先生的教育理念、办刊理念，高校学术期刊应坚决践行学术期刊出版强国战略，助力高校软实力建设，促进国家软实力的提升，这是新时代高校学术期刊在实现中华民族伟大复兴道路上的重要责任和神圣使命。

参考文献

[1]黑龙江大学校史编写组. 黑龙江大学校史[M]. 哈尔滨：黑龙江人民出版社，2001.

[2]赵洵，赵劭坚. 怀念我们的好校长——王季愚同志[M]. 北京：王季愚同志纪念文集编辑组，1988.

[3]戴炜栋. 爱心的回响——缅怀人民教育家王季愚[M]. 上海：上海外语教育出版社，1997.

[4]姜锋. 坚守与创新——王季愚外语教育思想的启示[N]. 上海文汇报，2014-05-05.

王季愚期刊人素养的新时代启示

黑龙江教育杂志社　王一鸣[1]

王季愚是杰出的人民教育家、新中国外语教育的创立者。王季愚的一生与编辑出版工作有着不可割舍的缘分,她所做的编辑出版工作,在相关文章中多有提及,但并未有专门、集中的体现。本文从王季愚不同阶段的编辑出版经历着手,结合她的教育经历、工作经历等,分析其具备的期刊人素养,以期引发读者思考并从中汲取力量,使更多出版界同仁受益。

一、王季愚的编辑出版工作经历

(一)新中国成立前——为抗日救亡而办刊

王季愚在新中国成立前的编辑出版工作,有据可查的相关经历如下:

1936 年,译作《在人间》出版。

1936 年,加入上海作家协会,在上海多家杂志社参与多篇专栏的撰稿。

1938 年,参加党领导的上海妇女社,担任《上海妇女》编委。1941 年 10 月,抵达延安。在鲁迅艺术学院编译室从事外文翻译工作,直至解放。

在新中国成立前,王季愚的编辑出版工作中《上海妇女》的创办和编辑

① 王一鸣,(1981—　),女,黑龙江双城人,黑龙江教育杂志社《雪豆月读》主编,副编审,大学本科,研究方向:编辑出版。本文为黑龙江大学“王季愚教育思想研究”专项“王季愚创新刊物办学载体的思想与实践及其启示”(2020)的阶段性成果。本文曾发表于《黑龙江教育(理论与实践)》2021 年第 6 期。

最具代表性。《上海妇女》杂志是中国共产党领导下的进步女性刊物，主创人员是一群有号召力、有影响力的女性知识分子，创刊于上海沦为“孤岛”后和上海要求解放、自由的背景下，冲破了日本侵略者的镇压和汪精卫政府、重庆国民党政府的收买等重重阻碍。从 1938 年 4 月 20 日创刊号发行至 1940 年 2 月被迫停刊，共出版了 36 期，在联系妇女、团结妇女、发动妇女、推动妇女运动方面起到了很大作用。

王季愚是《上海妇女》的主要发起人、编委会成员，也是主要的撰稿人。在《上海妇女》上共发表了 30 多篇文章，其中包括多篇讴歌苏联革命女战士、生产能手先进事迹的翻译作品，如首次进入中国语境的《苏联内战中的女骑兵——E・顾兹涅佐瓦自传》《从煤矿到战场——苏联内战中的女机关枪手斐克鲁莎小传》《光荣的牺牲——苏联内战中的女英雄克赛妮亚小传》；《我的青春时代》《女教师》等重构了一组魅力四射的女英雄形象；《我们从黑海飞到白海》《在森林中》等关于苏联女飞行员的文章。此外，王季愚专门撰写的《1938 年的苏联妇女》和《苏联妇女与抗战》，号召我国妇女此刻应该赶快行动起来学习苏联妇女，用自己的血肉来争取抗日战争的胜利；在《蔡特金的一生》中，王季愚大声疾呼：“我们妇女，……赶快学习蔡特金一生不屈不挠的奋斗精神，……赶快团结起来，用自己的生命与血肉争取我们全民族的解放，以及我们妇女自身的解放。”这些文章对宋庆龄、蔡畅、邓颖超等人领导的中国现代妇女运动的深入推进有着深远的现实意义，不仅有“理论深度”，还有“实践温度”。

（二）新中国成立后——为学术建校而办刊

王季愚在新中国成立后的编辑出版工作相关经历如下：

1945 年 11 月—1964 年，担任学校校长，办学期间创办《俄语教学与研究》。

1955 年，出版“首届全国俄语教学学术研讨会”全部文件的中文本，《外专校刊》1955 年第 5 期。

1957 年，出版“全国俄语教学学术研讨会”学术论文集《哈尔滨外国语学院第一届俄语教学研究会议报告汇编》，发行全国。

1978 年 10 月，创办《外国语》（上海外国语学院）。

1979 年，成立上海外语教育出版社。

在哈尔滨外国语专科学校时期，王季愚倡导“教学工作与科研理论相结合”，主持出版了《俄语教学与研究》，绵延至今，在全国产生广泛影响；她支持编纂的《俄汉详解大辞典》，获得国家图书奖。

改革开放初期，王季愚恢复了上海外国语学院院长职务，她在注重教学的同时，同样大力强调科学研究，并切实推进学术建校思想，创办学术期刊《外国语》，成立外国语言研究所、外语教学资料中心和上海外语教育出版社等机构。

二、王季愚的期刊人素养

期刊的灵魂在于期刊的创办者和编辑人员（本文统称“期刊人”），期刊人的素养对刊物发展具有导向性意义。笔者通过梳理王季愚的编辑出版经历发现，她在不同阶段的编辑出版工作有着强烈的时代烙印，自身的教育经历与工作经历赋予了她期刊人素养，使她在所处的年代成为这一领域的前沿人物。

（一）办刊思想富有鲜明的时代特色

新中国成立前，王季愚的编辑出版工作主要围绕抗日救亡运动展开。1932 年 8 月，王季愚参加了左翼社会科学家联盟北平分盟”，在这个地下党领导的群众组织中，她看到了诸如《东方红旗》等革命刊物或党内刊物。可以说，王季愚创办革命刊物的工作，是从接触革命刊物开始的。在担任《上海妇女》编委期间，王季愚通过亲力亲为的翻译、写作和编辑工作，为革命时期的文化思想宣传工作注入了自己的力量。

新中国成立后，王季愚心系国家建设，肩负起为国家培养急需的外语人才的重任。她最早明确地提出了“学术建校”思想，鼓励、支持教师通过开展教学研究提高教学水平，主持创办学术期刊，为教师的科研成果提供展示的平台。后来的实践证明，这些刊物的创办，为学校的教学科研发展奠定了坚实的基础。

（二）学贯中西，既是杂家，又是专家

王季愚6岁进祠堂，12岁入私塾。1922年至1926年就读于安岳县立女子小学，喜欢作诗填词，有“女状元”之称。1926年至1930年入成都四川省立第一女子师范学校中学部，接触“五四”时期作品，写白话文。1930年后，进入国立北平大学法学院高中俄文班，兼学英文、日文，阅读大量外国文学作品，不久后升入法学院经济系深造。

书香门第的出身、正规而难得的教育经历，王季愚既吸收了国学的精华，又接触到不同文化背景的文学作品，拥有了开阔的视野和辨别各种文化流派的能力。最终，王季愚选择共产主义作为自己的信仰，成为学贯中西、文理兼顾的“杂家”，拥有革命者、作家、翻译家、教育家等多重身份。王季愚学习并熟练掌握外语，成为一名“专家”，以俄语为工具，为革命事业和教育事业服务超过半个世纪。

（三）高度的政治责任感和鲜明的党性。

出版业始终是意识形态工作的主要阵地。王季愚于1939年加入中国共产党，在这一特殊阵地的工作中，体现出了高度的政治责任感和鲜明的党性。其新中国成立前的编辑出版工作，不论是翻译苏联的先进思想成果、文化成果，还是创办革命刊物，用文学作品向广大先进女性宣传先进思想，这本身就是党的革命事业的一部分。新中国成立后，不论是学术建校思想的提出，还是学术期刊、出版机构的创办，都是她紧紧依靠党的领导，以党的方针政策为工作准则的体现。

（四）广泛而先进的社会活动

在北平大学就读期间，王季愚不仅收获了过硬的专业能力，也结识了众多有识之士，积极参加左翼学生组织，接触中国共产党和新思想。

在上海教书期间，王季愚组织妇女运动，翻译高尔基的《在人间》，加入作家协会，在多种报刊上发表文章和译作，介绍苏联现状、歌颂国际妇女运

动的英雄人物，她的入党介绍人是著名的经济学家孙治方。

王季愚是鲁迅的忠实追随者，创办《上海妇女》期间，她帮助青年与鲁迅、许广平联络，安排出版事宜。回到延安后，继续系统地学习马列主义，研究鲁迅文学，大量阅读包括19世纪批判现实主义在内的西方文艺作品和文艺理论的经典著作。

1940年，王季愚被日伪列入“黑名单”，在周恩来、邓颖超同志的亲切关心与安排下，从上海辗转抵达延安，并被分配到鲁迅艺术学院编译室工作。抗战胜利后，王季愚在哈外专办学期间，得到周恩来总理接见，内心受到极大鼓舞。

三、结语

朴实的想法、坚定的追求往往能成就伟大的事业。王季愚的编辑出版工作的目标是朴实而纯粹的，态度是脚踏实地的，效果是显而易见的。现今商业社会传统出版业应该兼顾社会效益和经济效益，追求质量。时代变迁、技术更新的速度让人焦灼，物质与情怀、传统与创新、服务读者还是服务用户的矛盾引人焦虑。部分期刊人离开阵地，从传统纸媒转型、改制，新媒体良莠不齐……期刊出版面临变革和创新。在这个背景下重温王季愚校长的编辑出版经历具有重要意义。

与王季愚校长所处的特殊年代相比，我们要看清这个时代的特点。新时代期刊人应不忘初心，明确自己身上肩负的责任，坚定地为党和国家守好舆论阵地。新时代期刊人当从老一辈期刊人身上汲取精神力量，利用时代赋予我们的武器和条件，发挥自己的聪明才智，为增强中华民族文化自信，为共同实现伟大的中国梦而努力奋斗！

参考文献

[1]上海外国语大学. 一位杰出的教育家——王季愚同志生平及其教育思想简述[J]. 外国语(上海外国语大学学报)，1996(3).

[2]费小平. 上外老校长王季愚同志的译介成就[J]. 东方翻译，2019

(6).

[3]朱振林.王季愚办学思想述要[J].黑龙江教育(高教研究与评估),2010(5).

[4]王力平.回忆我的母亲王季愚[J].外国语,1988(1).

[5]曾庆江,陈国泉.把握好舆论引导中的“三个地带”[J].新东方,2019(6).

做有理想、有追求、有责任、有担当的出版人

——以王季愚个人成长与编译出版思想实践为例

黑龙江教育杂志社　李莉[①]

近代中国，爱国知识分子强烈的使命意识驱使他们纷纷创办刊物、著书立说、翻译外国著作、宣传进步思想。如《新青年》，该杂志引领“五四”新文化运动，倡导民主与科学，成为宣传马列主义思想的阵地，在中国无产阶级革命发展史上具有举足轻重的地位。到了20世纪30年代初期，杂志发展状况空前，创刊数量之多，持续时间之长，远远超过了维新运动和五四运动等时期。

在这些革命前辈中，王季愚先生也是其中的一员。1936年，她翻译的高尔基名著《在人间》出版，同年她加入“上海左翼作家联盟”，于1938年担任《上海妇女》编委。抗战胜利后，她先后在东北民主联军总司令部附设外国语学校、哈尔滨外国语专门学校、哈尔滨外国语专科学校（简称“哈外专”）、哈尔滨外国语学院、黑龙江大学、上海外国语学院（简称“上外”）担任校（院）长、党委书记等职务。王季愚根据学校的特点办学，特别注重俄语教学的研究，倡导“学术建校”的思想，同时重视学术期刊建设。1951年，她创办《教务工作通讯》，1954年更名为《外专校刊》，1956年易名为《俄语教学与研

① 李莉（1979—），女，黑龙江哈尔滨人，黑龙江教育杂志社（教育与教学版）主编，副编审，从事中小学基础教育研究。本文为黑龙江大学“王季愚教育思想研究”“王季愚创新刊物办学载体的思想与实践及其启示”的阶段性成果。本文曾发表于《黑龙江教育（理论与实践版）》2021年第6期。

究》，现为《外语学刊》。在担任上海外国语学院院长期间，她组织成立了建校30年来第一个学术委员会，并为首任主任。在她的提议下，上外也恢复和出版了《外语界》《阿拉伯世界》等重要学术期刊。她编纂出版了被称为"中国俄语词典的经典之作"的《大俄汉词典》和《俄汉详解大词典》，这两部词典由王季愚策划、赵洵亲自领导，由两位校长的弟子李锡胤和潘国民具体执笔，在全国相关学者的努力下，历时40年完成。《俄汉详解大词典》最终获"国家图书奖"，被俄罗斯科学院通讯院士宋采夫称为"世纪之作"。

在多年的革命实践中，王季愚先生始终重视书刊在宣传革命、教化民众等方面的重要作用，在其担任学校重要领导职务后，注重打造提高专业能力与学术水平的学术性专业期刊，在编译出版实践中所形成的思想与精神成为其革命教育实践不可或缺的一部分，她以高瞻远瞩的眼光与精益求精的治学态度，体现了一名优秀共产党员与人民教育家在中国革命与发展道路上的追求与探索，其崇高的理想、高尚的人格、全心全意为人民服务的精神永远是新时代教育出版人学习的榜样。

一、以丰厚的学养与独立的个性，为追求革命理想厚积

1908年3月18日，王季愚出生于一个书香世家，其家庭中有不少成员参加过孙中山先生的同盟会，其父王粟先是清末秀才，曾设私学，授乡邻以孔孟之道，一生从事教育事业。王季愚自小在这样的家庭氛围中成长，受儒家文化熏陶。在女学之风初开的年代，1922年秋，父亲送王季愚到被称为"新学"的安岳县立女子小学读书。学校开设数学、英语、地理等西学科目，让王季愚接触到了崭新的世界。在父亲的影响与教导下，王季愚从小就深知女子也应当用功读书，长大后服务社会，这也成为王季愚以后人生道路中始终坚持的信条。

1926年夏，王季愚考入成都四川省立第一女子师范学校。当时正逢国内第一次大革命，四川省又是我国历来较早接受新思想的省份，在学校进步教师和北平读书的亲戚的影响下，王季愚也开始接触十月革命、"五四"新文化运动以及妇女解放等进步思想，这些新思想进一步打开了王季愚的精神

世界，让18岁的王季愚立志改造社会，树立了远大的理想。1929年8月底，王季愚进入堂姐王希哲（其父为清末反清志士、资产阶级民主革命者王孟南）就读的北师大补习班，当时王季愚就想去苏联，听说那里工农当权，妇女解放，还可以工作。

1930年，王季愚在如愿考入国立北平大学法学院的高中俄文班后，就在党的地下组织的领导下投身革命，参加左翼学生组织，积极宣传抗日救亡，利用学习俄文的优势，大量阅读俄文书刊；翻译苏联的革命短剧供进步文艺团体演出。同时，她也接触到了大量的西方文化和科学知识，萌发了"教育改革社会、科学救国"的思想。大学时期与她最亲近的同学大都是共产党员，同时又是新文化运动的旗手、鲁迅的忠实追随者。

九一八事变之后，东三省相继沦陷，日本侵略者加紧侵略中国，国内局势日益紧张的情况下，王季愚被迫辍学。在与同学商议后，决定一起南下。她先到重庆省立女子职业学校代课。1933年5月，王季愚来到上海，先后在正风中学、新生女中教书，参加地下党领导的上海职业妇女俱乐部、上海妇女界难民救济会等组织，投入到文化界的救亡运动中。在工作之余，她为商务印书馆整理古籍文献，同时继续进修俄文，翻译苏联的文学作品，靠着微薄的收入养活一家人。同时，王季愚还帮助一些刚从事文学翻译的女青年与鲁迅、许广平取得联系，安排翻译与出版等事宜。当时赵洵同志（新中国成立后任哈尔滨外国语学院教务主任、副校长）完成《静静的顿河》第二部后，就是委托王季愚联系到许广平，请鲁迅先生为书作序。鲁迅去世后，她受共产党委托与许广平联系。

王季愚接受的家庭教育与学校教育，加上自身的勤奋努力、参加广泛的社会活动，使她能用开阔的视野观察和分析中国社会，这也成为她后来从事革命、投身教育事业的宝贵精神财富。同时，广博的国学知识也为她以后翻译俄文名著打下了坚实的基础。

作为一名处在时代变革中的女性，王季愚心里有强烈的家国情怀，从小就秉持"天下兴亡，匹夫有责"的信念，有"为中华之崛起而读书"的胸怀。身为女性，王季愚有男儿般的抱负与远大理想，这也成为革命道路上支持她克服艰难困苦的精神力量。

二、以强烈的担当意识、爱国精神办新时代女性进步刊物

1938年春，中共地下党组织为适应形势需要，决定成立“上海妇女社”，出版《上海妇女》半月刊。作为上海“孤岛”时期前半阶段唯一的进步妇女刊物，《上海妇女》汇集了一个强有力的编委会，成员有朱文平、王季愚、陈维姜、关露、白薇等。杂志经常发表和分析国际、国内形势，指导妇女运动的文章，如《为什么要长期抗战》《二次欧战的原因及演进》《抗战建设与妇女解读》等，几乎每期都有关于苏联妇女情况的介绍以及日本、朝鲜妇女的不幸遭遇的译文。当时苏联妇女的幸福生活与帝国主义、殖民统治下妇女的悲惨遭遇形成鲜明的对比，开阔了“孤岛”中妇女的视野，认清了斗争方向。当时，杂志颇受妇女读者的欢迎，发行量达3000余册，因屡遭租界检查，在1940年2月出版了第4卷第4期后被迫停刊。此后，该杂志又改为《妇女知识丛书》。王季愚在杂志编委会中起着重要的作用，几乎包揽了介绍苏联译文的全部工作，从苏联的《红星》《域外》等杂志上翻译了相当数量的文章，并从多方面介绍国内战时妇女的生活。《上海妇女》创刊时，她发表了译作《催眠歌》，陆续又发表过《斯密尔诺瓦女士印象记——苏联国会女议员》《苏联内战中的女骑兵——E·顾兹涅佐瓦自传》《我们从黑海飞到白海》等介绍苏联国会女议员成长、反映苏联妇女参政议政的文章，介绍过苏联女飞行员的事迹，还亲自撰写了《1938年的苏联妇女》，评述苏联妇女在航空、医学上的成就以及政治地位的提高。同时，她还写过一些关于中国妇女问题的文章。

作为一名深受进步思想影响的女性，王季愚深知女性追求解放、接受新思想教育的重要意义。身为一名共产党员，她不遗余力地组织编译相关作品的工作，为当时的妇女打开了一扇审视世界、了解女性的窗户。透过王季愚一生走过的革命教育之路也可以看到，就像翻译作品中那些独立勇敢的女性一样，她一生不怕困苦，即使只身带着两个孩子，也一直保持着积极乐观与豁达的生活态度，即使在自身都非常困难的情况下，也不遗余力地帮扶

同事与朋友，成为影响他们一生的良师益友，并将自己的一生献给了党的教育事业。

三、以“教育兴国”的情怀，积极投入教育出版事业

五四运动之后，受当时社会、历史和文学等因素的影响，俄苏文化中蕴含的人道精神和历史使命感得到了中国左翼知识分子的强烈认同，其中优秀的音乐、绘画、舞蹈和文学作品曾风靡整个中国。在这些作品的影响下，几代中国人在精神上得到成长。20 世纪 20 年代以后，特别是“左联”成立后，中国的革命文学家和进步知识分子成为新文化运动中翻译的主力和领导者，如鲁迅、瞿秋白、耿济之、茅盾、郑振铎等。作为“左联”的成员，王季愚也积极投身翻译文学名著的行列。

受家庭环境的熏陶，加上多年的刻苦求学经历，王季愚不仅有很高的国学造诣，具备深厚的古文功底，还通晓英语、日语、俄语，俄文水平尤其出色。20 世纪 30 年代，她曾在上海给商务书局标点过《二十四史》，期间开始翻译高尔基的《在人间》，在该书的译后记中，王季愚提到，这本书是 1933 年春天动手译起的，中间为生活不安与许多意外所阻碍。1936 年，此书由夏衍亲自设计，经艾思奇推荐，由上海读书生活出版社正式出版，同年她加入地下党文委组织的上海作家协会。1947 年，重庆读书生活出版社又出版了王季愚的第三版《在人间》。此译本的文字优美而有意境，体现了王季愚先生深厚的文学素养与俄文功底，以娓娓道来的口吻描述了主人公的生活、工作、读书成长的经历，唤醒了被压迫的民众。

1940 年，被日伪列入黑名单的王季愚奉命离开上海，经香港、广东、广西，于 1941 年到达重庆八路军办事处。随后，在周恩来、邓颖超同志的细心安排下，于同年 10 月抵达延安。在延安，王季愚被分配到鲁迅艺术学院编译室工作，直到抗战胜利。

新中国成立后，在担任黑龙江大学党委书记、副校长期间，王季愚也曾组织并支持编写了种类齐全、高水平的俄语词典。从 1958 年开始，《俄汉详解大词典》在王季愚和赵洵两位校长的组织下开始编纂，这中间经历了许多

波折。刚开始这项工作并不被看好,但他们克服了各种困难坚持下来。周恩来总理高度重视词典的编纂工作,将编纂俄语大词典的任务指派给了黑龙江大学,后经两代人、全国各地哈外专、哈外院学子的通力合作,历时40年,《俄汉详解大词典》终于在1998年出版发行。《大俄汉词典》和《俄汉详解大词典》这两部词典的出版标志着它们在全国乃至世界俄语学术研究中的崇高地位,也折射出王季愚学术建校的光辉历程。

1976年,粉碎"四人帮"后,王季愚恢复了上海外国语学院院长职务。1977年,学校在全面整顿教学秩序的基础上,于1978年5月成立了学院第一届学术委员会,王季愚担任主任,同年10月,恢复学报,创办了《外国语》。作为主编,王季愚撰写了发刊词,文中发出了"振兴教育事业,创造灿烂文化"的号召。1979年,在教育部的支持下,学院成立了外国语言文学研究所、外语教学资料中心、上海外语教育出版社,为学校以后的科研发展打下了坚实的基础。

无论是翻译苏联名著《在人间》,还是主持编写《俄汉详解大词典》,王季愚始终都有着强烈的"教育兴国"情怀。她通过翻译名著所体现出的那种强烈的办好教育的愿望,起到了教育民众的作用,那是一个特定时代一个有理想的教育文化界人士的价值追求。同时,王季愚从国家教育发展的角度,以一个教育家高瞻远瞩的眼光来从事词典的编纂工作,不仅体现了她对一门外语学科建设的重要贡献,也成为国家教育文化事业发展的重要组成部分。她重视学术期刊建设与专业书籍出版,为高校以后的教学科研发展、提高教师的学术水平奠定了良好的基础,体现了一位教育家和学校领导者对学校发展的深谋远虑。

四、以高尚的人格魅力与学贯中西的学识魅力,培养翻译出版人才

从1946年主持东北民主联军总司令部附设外国语学校,到1964年任上海外国语学院院长,几十年来,王季愚为新中国培养了大批俄语翻译人才,

这些学生毕业后在国防、外交、经济、教育、文化等各个领域都取得了突出成就,为国家做出了贡献。

这些令人瞩目的成绩与王季愚开拓创新、实事求是的办学方向是分不开的。在哈外专期间,她把俄语实践教学作为主要的教学方式,注重培养学生的听、说、口译能力,后来这成为学校注重会话的教育特色。经过学校的培养,一大批俄语翻译人才脱颖而出,解决了当时党和国家的燃眉之急。当年部队各兵种和国家各部委都十分认可学校培养的学生,都认为毕业生政治觉悟高、会话能力强。在解放战争、抗美援朝战争、苏联援建的156项重点工程和新中国外交工作中,哈外专做出了不可磨灭的历史贡献。此外,王季愚与赵洵两位校长凭借自己在文学界与翻译界的威望,聘请俄苏文学翻译大师戈宝权和著名作家来校,给学员做文学和翻译方面的讲座。两位老校长也经常鼓励学生翻译文学作品,并亲自修改指正。

除此之外,在王季愚校长的领导下,哈外专以其独特务实的办学理念,培养了多位翻译出版界人才。如毕业于20世纪50年代初的钱育才,在1956年苏共二十大后参与了《论无产阶级专政的历史经验》等重要文章的翻译和核稿工作,还有《毛泽东选集》第四卷俄文版的出版工作。

被翻译界誉为"当代苏俄文学顶级翻译"的力冈也是王季愚的学生。他于1950年入学,承继了老校长刚毅的性格和不屈的意志,以深厚的文学功底和双语才华,翻译了托尔斯泰、普希金、屠格涅夫、莱蒙托夫、肖洛霍夫、高尔基等人的名著。力冈深受王季愚翻译风格的影响,受益于学校俄汉(外语和母语)并重的教育。力冈也重译过王季愚与赵洵两位老校长译过的《在人间》与《静静的顿河》,这既是对老校长的致敬,也是报答他们曾经的培养。从1979年到1996年,17年间,他完成了700多万字的译作,生动地诠释了何为担当意识与责任意识,是强烈的责任感使他在困难的环境下也不言败。

王士燮和陈殿兴也是王季愚培养出来的学生,分别是力冈的师弟与师哥,他们都是我国文学翻译界很有影响力的翻译者。20世纪50年代初,王士燮在考入哈外专学习俄语,毕业后留校任教,因酷爱文学翻译,离开教师和编纂俄语辞书的岗位,从事文学翻译。他不仅翻译出版了果戈理的《死魂灵》、阿·托尔斯泰的《苦难历程》和法捷耶夫的《青年近卫军》,还有普希金的《叶夫根尼·奥涅金》,这一版本的译本被译界认为无论是在理解深度上,还是在语言风格上都是我国已有译本中最好的,他翻译普希金的诗作被我国诗界的译者和读者推崇,这都得益于早年在哈外专的学习、俄语教师的经历以及对俄语的精深研究。1947 年,陈殿兴考入哈外专,后留校任教。他翻译的陀思妥耶夫斯基的《卡拉马佐夫兄弟》和现代作家柯切托夫的《茹尔宾一家》等也都被认为是上乘译作。陈殿兴早在哈外专学习时,深受老校长影响,开始翻译文学作品,这也为以后从事翻译工作打下了坚实的基础。

当然除了专职从事文学翻译的翻译家外,哈外专毕业的从事教学研究工作的学员也同样具备翻译俄苏文学作品的能力,从他们身上我们可以看到哈外专从事俄语教学的教师都有着深厚的双语积淀和良好的文学翻译素质。这与王季愚的言传身教是密不可分的,正是王季愚校长自身的高尚人格魅力与丰厚的学养影响并教育了她的学生,一批批毕业生成为国家的栋梁之材。

综上,虽然编译出版工作只是王季愚教育事业中很小的一部分,但其编辑出版思想以及她所取得的成就不容忽视。从最初在《上海妇女》编译苏联作品,到翻译高尔基的名著《在人间》,再到主持编纂《俄汉详解大词典》,王季愚身体力行,以自己的实践生动诠释了一名坚定的共产主义者、一名忠于党和人民的教育家在传播先进思想、开拓民众视野、为教育谋发展、提高科研水平等活动中所做的贡献。她所坚持的以德为先、注重学生全面发展、重视知行合一等基本教育理念,是我国发展教育事业、实现教育强国所必备的要素。

王季愚在编辑出版方面做出的突出贡献对目前实现教育现代化仍然具有重要意义,她为出版人做出了榜样。新时代的出版人要更加注重书刊的社会效益,在党的领导下,以及全面建设现代化强国的征程中,要有强烈的责任感与使命感。面对互联网与数字出版等全新的出版方式,出版物的种类更纷繁复杂,出版速度更加迅速,出版方式更加多样化。面对无边无际的信息海洋,新时代的出版人应该成为引领大众阅读的灯塔,用冷静的眼光,挖掘那些对国家未来影响深远,能够体现中国精神且更具文化内涵的内容,出版优秀的精神文化产品,引发人们的关注与思考,充盈人们的精神世界。

参考文献

[1]陈江,李治家.三十年代的“杂志年”——中国近现代期刊史札记之四[J].编辑之友,1991(3).

[2]章振邦.怀念王季愚同志[J].外国语,1996(4).

[3]戴炜栋.爱心的回响——缅怀人民教育家王季愚[M].上海:上海外语教育出版社,1997.

基于戏剧创作的王季愚教学思想传播与探索

黑龙江大学艺术学院　苏建华①

王季愚，我国著名的人民教育家，她将自己的一生投入到教育事业当中。在办学治校的过程中，她坚持办学规律，忠诚外语教育事业，为我国外语教学和人才培养积累了丰富的经验，她提出的教学思想在实践中得到印证，她的教育思想对新时代的教育者来说是宝贵的财富。

目前，研究王季愚教学思想的书籍，主要包括王季愚的传记《平凡人生——王季愚传略》《爱心的回响——缅怀人民教育家王季愚》《王季愚文集》，以及《黑龙江大学校史（1941—2001）》等。研究王季愚办学、治学思想的理论文章约有50余篇，主要集中在外语教学的思考，如《外语教学的回顾与展望》《王季愚：外语教育的先行者》《王季愚同志外语教育思想研究管见》《黑龙江省俄语人才培养"一条龙"办学体系探析——王季愚外语教育思想的现实意义研究》等。研究王季愚教育教学方法改革的，如《以先进的教育手段促进教育改革》《王季愚一流外语人才培养的思想与实践》等。研究王季愚师资队伍培养与学术建校的，如《王季愚师资队伍建设思想与实践》《王季愚、赵洵"学术建校"思想的首次实践——并纪念哈尔滨外国语学院首届学术研讨会43周年》等。王季愚将政治思想教育理论与实践相结合的研究，如《王季愚思想政治教育理论探微》《王季愚办学治校思想与实践的时代

① 苏建华（1979—　），女，黑龙江省大庆人，黑龙江大学艺术学院副教授，硕士生导师，研究方向：戏剧导演、表演、心理学研究。本文是黑龙江大学"王季愚教育思想研究"专项课题"基于戏剧创作的王季愚教学思想传播与探索"。

新论》《王季愚政治思想教育理论与实践的当代审视》等。王季愚创新办学理念的研究，如《王季愚创新办学思想研究》《坚守与创新——王季愚外语教育思想的启示》等。王季愚人格教育思想的研究，如《忆王季愚院长的三个美德》《王季愚人格教育思想考察》等。王季愚校长在不同时期教育思想的解读，如《王季愚办学思想述要》《王季愚哈外专、哈外院时期的教育思想解读》《一位杰出的教育家——王季愚同志生平及其教育思想简述》《对王季愚校长教育思想和实践的片断回忆》等方面的研究。研究人员主要集中在黑龙江大学（如蒋红雨、朱振林、滕仁、王秋、陈文远、王莹、李芳等）、上海外国语学院（如姜锋、吴友富、王雅君、戴炜栋、沈骑等），以及其他高校和教育管理机构的科研人员等。

王季愚不仅在外语教学实践、教学方法改革、师资队伍培养、学术建校、政治思想教育、人才培养等方面积累了丰富的办学经验，形成了重要的教学思想，她还十分注重艺术教育对学生的影响。

一、王季愚艺术教育思想的形成与应用

（一）王季愚艺术教育思想的形成

王季愚自幼喜读诗书，文学素养良好。在北平大学读书时，王季愚经常参加读书会的活动，除了学习俄文，同学之间还传阅一些苏联文艺作品和国内的左翼文艺作品，阅读了大量的书籍，既有托尔斯泰、鲁迅的作品，又有陈豹隐的《新经济学》，还有《经史百家杂抄》《唐诗三百首》等。1932 年，于伶、宋之的等人发起组织了“苞莉芭”剧团，用于排演进步话剧，宣传抗日救亡。剧团活动时，王季愚经常去帮忙，每逢选用俄文短剧剧本时，翻译工作总是由王季愚担任。1933 年 5 月，王季愚到了上海，经常翻译一些苏联的短篇文艺作品，写一些小说，向《大晚报》副刊投稿。1935 年，王季愚经白薇介绍，参加了上海青年妇女俱乐部。俱乐部里经常组织一些报告会、读书会、演讲会和文艺活动，公开宣传抗日，宣传妇女解放。1936 年 5 月，王季愚翻译的高尔基的长篇小说《在人间》由上海读书生活出版社出版。1936 年 6 月 7 日，

根据陈望道的建议，郭沫若、茅盾等人发起成立了中国文艺家协会，于伶、王季愚作为协会首批会员参加了成立大会，协会会员包括戏剧、音乐、电影等多方面人士。

1941 年 10 月，王季愚到达延安，组织部派人找她谈话，根据她的特长，将她分配到鲁迅艺术学院文学部编译处任编译员。鲁艺设有文学、戏剧、音乐、美术 4 个部。鲁艺的工作环境仿佛让王季愚回到了学生时代，她结合工作给自己制定了学习计划，开始系统地学习马克思列宁主义理论及思想方法，学习毛主席的论著，学习中共党史，学习哲学，同时结合翻译的教学资料，阅读了大量有关文艺理论方面的书籍，对不同时期、不同国家、不同民族的文艺思想进行比较研究。延安文艺座谈会以后，鲁艺的许多同志到前线、根据地、工农群众中开展学习和调研工作，根据许多新鲜、生动的事例陆续编演了《王贵与李香香》《兄妹开荒》《白毛女》《周子山》《血泪仇》等节目。可以说，王季愚在鲁艺期间，她的革命艺术素养得到了进一步的提高。

（二）王季愚艺术教育思想的应用

学校不仅要培养学生丰富扎实的文化功底，还要培养学生具备一定的审美能力、道德修养、创新意识、鉴赏能力，艺术教育是全面推动素质教育发展的重要条件。

王季愚离开延安来到东北以后，在担任东北民主联军总司令部附设外国语学校副校长及哈尔滨外国语专科学校校长期间，十分注重学生艺术教育方面的培养，促进学生德、智、体、美、劳的全面发展。她主张“用俄语教俄语”，“随时随地说俄语”，学生在日常学习生活中快速提高俄语应用能力。她不仅建议学生在校园里用俄语进行日常交流，还建议学生唱俄文歌曲，要求学生在用完早饭后，要在上课前 20 分钟到教室，布置一天的班级活动或学唱俄文歌曲，用艺术的方式轻松、愉悦地掌握俄语口语。另外，她还建议学生参与戏剧创作，提高文学艺术修养，加强表达力、表现力、想象力、创造力、逻辑思维能力的训练。哈外专时期每到周末，学校都举办文娱晚会，师生们自导自演中外话剧。那时候，学生们演出了《雷雨》《家庭问题》《升官图》《空城计》，俄文剧《卓娅》、《第四十一》等。1949 年，二级部学生还在铁路工厂、烟厂演出话剧《胜利列车》,反响良好。可以说表演俄语戏剧不仅能够丰富学生的校园文化生活,也能帮助学生尽快掌握俄语会话的有效方法。除此之外,学校还经常举行俄译中、中译俄的翻译大赛,举办俄语作文、俄语书法比赛、俄文歌友会和俄语、汉语演讲活动,组织同学积极参加校内外的公益劳动,用各种方法来调动学生学习俄语的积极性,锻炼学生的综合素质和能力,创造良好的俄语学习氛围。除了开展各种比赛,哈外专还成立学生会,学生会主席先后由李祖陪、高静、王超尘等担任,学生会设有合唱、舞蹈、话剧、中西乐队等,经常组织校内外的文化艺术交流活动。学校还专门聘请苏侨舞蹈教师教同学们跳舞,帮助学生了解异国文化。

可以说在建校初期,王季愚充分利用艺术教育来提高学生的综合素质,她的艺术教育思想在素质教育方面起到引领作用。她并没有用简单的方法单纯地抓教学,而是通过各种艺术形式丰富校园文化生活,帮助学生在轻松、愉悦的氛围中学习外语,让学生在实践中更好地应用外语。

二、基于戏剧创作的王季愚教学思想的传播意义

建校初期,王季愚先生采用朗诵俄文诗歌、音乐、舞蹈及戏剧创作的艺术形式丰富校园文化生活,创新教学方法,锻炼了学生的综合能力。如今,在中国共产党成立100周年、黑龙江大学建校80周年的重要时间节点上,用一部具有丰富艺术形式的话剧《姊妹树》回馈王季愚校长,将她的教育思想生动地表现出来,具有重要的意义。

(一)基于戏剧创作的王季愚教学思想的传播与推广,充分体现了习近平总书记提出的“不忘初心,牢记使命”的重要论述

回顾历史,黑龙江大学的前世今生是一部传奇。《姊妹树》是王季愚的心路历程,更是黑龙江大学的校史,延安红色精神、抗大精神的传播史,是黑大人在新时代对历史的言说以及对未来的展望。在习近平新时代中国特色社会主义思想指导下,更要强调立德树人的根本任务,强化阵地意识,突出

办学特色。跨越时间的长河,学校从延安到哈尔滨,从哈尔滨外国语专科学校白手起家到如今的省部共建综合性大学,沧海桑田,一同构建了校园命运共同体。用戏剧创作的方式进行王季愚教学思想的传播与推广,所传达的正是黑龙江大学的初心与使命,今日大学脚底下是真真正正的沃土,新中国的小树成为各行各业的栋梁之材,树在哪里,延安精神、奋斗精神就传到哪里,让延安革命精神的旗帜永远高高飘扬。

(二)师生演员及幕后工作人员通过创作该剧,对王季愚教学思想产生更深刻的认识和理解

王季愚先生有诸多身份,革命者、教育家、翻译家、校长……她同时也是女儿、妻子、母亲。作为母亲,她不仅是孩子的母亲,更是所有学生的"母亲"。她将全部的激情投入到办学之中,她利用俄语教学的自身特点,采用"三套马车"教学法促进俄语教学快速发展。她在原有的教学基础上,开发中学生年龄段的俄语预科学习班,增加研究生课程,开展独具特色的俄语周、俄语月活动,将教学日常化、生活化、实践化。她预见到教学科研要牢牢掌握在自己手里的真理,培养教员,挖掘新人。她身体力行,用实际行动回答新中国高等教育应该培养什么人、怎么培养人、为谁培养人的问题。扮演王季愚的演员,以及参与演出创作的所有演职人员正是通过此次戏剧的排演,对王季愚教学思想产生了更深刻的认识和理解。

(三)使广大观众感受王季愚的教学思想,并在实践中应用,具有一定的应用价值

在观演过程中,观众通过与角色共情,沉浸在剧中的人物角色中参与戏剧创作,深刻地感受事情、事件以及人物情感。这部剧的上演,不仅让广大观众看到了一个个形象鲜明的、血肉丰满的、充满革命教育情怀的人物形象,对王季愚校长及其教学思想也会有更深入的理解。不仅如此,观众可以通过观看生动的戏剧情节,了解王季愚教育思想的实际应用案例,对从事教育管理工作的人员,研究教学方法的科研人员,广大教育工作者起到启发引

领的作用,具有一定的应用价值。

(四)丰富研究方法,拓宽研究维度,具有一定的理论价值

目前,王季愚教育思想主要是以书籍、论文的形式进行推广和传播,还没有以戏剧这种艺术形式传播王季愚教学思想的。我们知道,戏剧艺术是一种综合艺术,它融文学、美术、表演、音乐、舞蹈等多种艺术表现形式于一体,由语言、动作、场景、道具等组成的表现手段,通过编剧、导演、演员的共同创造,把生活中的矛盾冲突,集中地再现于舞台之上,观众犹如亲眼看见或亲身经历戏剧中发生的事件一样,从而获得具体生动的艺术感受。可见,戏剧是通过演员在剧场中当众表演角色的生命情态、不同事件、人物思想,展现人类的情感与体验的一门艺术。这种艺术形式具有丰富的感染力和影响力,运用戏剧艺术将王季愚教学思想直观地、立体地、真切地展示出来,使受众在传统理论教化的基础上,增添听觉和视觉的体验,与剧中人物同呼吸、共命运,感同身受,观众能更深刻地理解王季愚教学思想的精髓,感受王季愚教学思想的魅力。以戏剧的方式传播王季愚教学思想,丰富了研究方法,拓宽了研究维度。

三、如何以戏剧的方式进行王季愚教学思想传播与推广

下面分别从导演构思、剧本创作、舞美设计、音乐音响制作、舞蹈创作、剧本排演等方面叙述以戏剧方式传播王季愚教学思想的过程。

(一)导演构思

《姊妹树》是一部史实剧,讲述王季愚校长尽心办学建校的历程。该剧在创作方面既要起到传播、推广王季愚教学思想的作用,又要再现黑龙江大学建校之初的红色基因,传承延安精神、抗大精神。因此,如何讲好故事,对这部剧的创作尤为重要。首先,在进行剧本创作时,要考虑将王季愚建设管

理学校不同阶段所提出的有针对性的教学思想在剧本的故事情节和人物对话中合理地展示出来；第二，要通过演员的表演，将角色从外在的形象到内在的性格特征立体生动地呈现出来；第三，要通过舞美设计造型给观众带来直观的体验，观众在剧场中能深切地体会到那个年代发生的事件；第四，要创作出震撼人心灵的、烘托情感的、为表演艺术服务的话剧音乐，使话剧作品更具有感染力。

（二）《姊妹树》排演版剧本的改编

剧本是戏剧演出的基础，决定戏剧的艺术性和思想性，它作为一种文学形式，除了具有供人阅读的基本功能，更重要的价值在于可演性。排演版《姊妹树》是根据话剧舞台的呈现规律，在原文学剧本的基础上进行改编的。改编后的剧本由序幕、第一至第三幕、尾声组成。序幕是以校友参观校史馆，通过讲解员对王季愚校长个人事迹的讲述，以回忆倒叙的形式展开剧情，中间的三幕主要是按照黑龙江大学建校之初的三个重要节点，即延安抗大时期、佳木斯东北民主联军总司令部附设外国语学校时期、哈外专时期为主要内容，尾声是黑龙江大学在沙曼屯建校初期，两位校长共同种下的“姊妹树”，将“十年树木，百年树人”的教育理念传承下去。

剧中建校之初的四个发展时期充分再现了王季愚的教学思想。第一幕，延安时期。中国人民抗日军政大学第三分校俄文队，该部分主要展现为崇高理想而英勇奋斗的抗大精神，以及坚定正确的政治方向、艰苦朴素的工作作风和灵活机动的战略战术的抗大教育方针。第二幕，佳木斯时期。此时学校更名为东北民主联军总司令部附设外国语学校，主要展现发扬抗大精神、艰苦奋斗、勤俭办学，强调外语实践教学的思想。第三幕，哈外专时期。学校迁回哈尔滨，先后更名为哈尔滨外国语专门学校、哈尔滨外国语专科学校，主要展现创新人才培养、政治思想教育理论与实践相结合、培养师资队伍、强化学术建校思想、人格教育教学的思想。尾声是黑龙江大学沙曼屯初建校时期，主要展现创新办学理念、教育教学方法改革的思想。

排演版剧本浓缩了演出场次，加强了矛盾冲突，突出了主题思想，渲染了艺术氛围，增强了戏剧感染力，将王季愚校长的教学思想在戏剧舞台更立体、更直观地展现出来。

(三)《姊妹树》排演版剧本的舞美设计

该剧的舞台布景主要根据学校发展的不同时期进行还原设计。序幕为黑龙江大学校史馆,本剧从这里开始,为入学新生讲述黑龙江大学的光辉建校历程。第一幕主要呈现延安窑洞、宝塔山、保育院等场景,来表现抗大学生热火朝天的学习操练场景,以及王季愚校长的生活工作场景。第二幕主要呈现佳木斯松花江、破旧校舍、东北民主联军总司令部附设外国语学校礼堂等场景,来表现在佳木斯建校的艰苦岁月。第三幕主要呈现哈外专时期王季愚校长办公室、王季愚校长家里、学校广场等场景,来表现学校在哈尔滨初期的办学情况。尾声主要呈现哈尔滨沙曼屯黑龙江大学主楼、学校广场、姊妹树等场景,来表现学校即将迎来新的发展阶段。

布景主要采用景板、LED 屏、天幕、纱幕、高台等,所有的背景图片、视频、沙画等背景资料,以及剧中的大、中、小型道具,不同时期、不同气候、不同人物的服装都经过大量的前期调研,进行还原设计与制作,目的在于给观众带来真实的带入感。舞台的灯光主要运用切割灯、染色灯、PAR 灯、追光灯等,进行面光、顶光、柱光、桥光、追光、定点光、逆光等表现手法的展现,通过不同色调和明暗的切换,对剧中特定的场景、时间、季节、情绪情感起到烘托作用。

(四)音乐、音响效果制作

话剧音乐、音响是话剧演出中所配置的具有揭示剧本主题思想,丰富人物形象,加强感染力,渲染剧情气氛和人物情绪,加强动作与节奏,推动戏剧情节发展所安排的一种艺术手段。话剧音乐既有适合演出风格、体裁的序曲、幕间曲和结束曲,又有在某些场景或动作中配置的音乐,用来加深思想内涵和加强演出时空的节奏、气氛,甚至能更好地创造时空的假定性和幻觉性。话剧音响也是表现话剧情境的一个非常重要的组成部分。例如,在该剧中为了表现王季愚在北国寒冷的风雪里,用激情点亮梦想,求真务实、开拓创新、艰苦奋斗,带领师生在断壁残垣、四壁透风的环境里进行艰苦建校的场景，在演出过程中多次加入北风呼啸的音效。还有外教孩子的啼哭声和联欢会中的枪声都是推动剧情发展、起到转折剧情、激化矛盾冲突的作用，表现人物在紧急状态下的应对。该剧音乐有 11 首，旁白及音效有 16 个，可以说音乐、音响在该剧的表现上起到很重要的作用。剧中的原创主题曲《我心如初》，“种下一棵树，莫忘来时路。岁月如歌唱不尽，我心如初”更是直接表达了这部校史剧的主题——不忘黑大人的初心，为国家培养更多的栋梁之材。

（五）舞蹈创作

话剧中的舞蹈，不同于舞剧，它既可以在戏中参与剧情发展，表现事件场景，也可以表现情绪情感，目的不同，设计的内容也不相同。该剧总共有四段原创舞蹈，即延安腰鼓舞、行军舞、波尔卡舞、喀秋莎舞。延安腰鼓舞蹈具有一定的地域特点，用于表现抗战胜利后延安人民欢天喜地的庆祝场面。行军舞是通过舞蹈艺术的形式表现王季愚随部队奔赴东北的过程，既能让观众看到行军的艰难，也能感受到王季愚的初心。波尔卡舞蹈用来表现学校在佳木斯虽然生活学习条件艰苦，但是王季愚依然让师生们感受到在东北民主联军总司令部附设外国语学校学习的幸福和快乐。喀秋莎舞是一段剧情中的伴舞，表现师生节日里联欢的热闹场面。将情境以舞蹈艺术化的形式来表现，不仅可以凸显主题思想，还可以提高艺术欣赏性，增加舞台表现力。

（六）剧本排演

前期剧本、舞美、音效等元素确定以后，最复杂、也最重要的工作就是剧本的排演过程。剧本排演主要分为以下几个阶段。

1. 组建团队

话剧的制作与其他艺术门类差别较大，他需要全方位的人员。话剧剧组一般分为导演组、演员组、舞美组、道具组、灯光组、服装组、音响组、宣传组等，这是一项需要团队合作才能呈现的艺术形式。所以，组建台前幕后的团队是话剧呈现出来的基础。鉴于负责不同工作的团队所从事的工作差异性较大、专业性较强，因此，增添了戏剧创作的难度。

2. 选择演员

幕后团队组建完成，开始招募剧中角色。该剧主要人物角色有王季愚、赵洵、王力凡、王力平、谢队长、叶正大、鲁刚、叶楚梅、舍列波娃、库兹涅佐夫、王雪梅、李凤林、王福祥、王超尘、李锡胤、艾刚阳、保育院长、张会计等。因该剧是一部还原史实的剧目，剧中人物大都真实存在，所以在招募演员以及角色分配方面都需要尽量贴近人物原型来选择。除对人物外形考虑以外，演员的可塑性也是一个主要衡量标准。剧中每一个角色都有其特殊的身份和历史背景，以及在不同的故事情节中需要完成的任务，需要表达准确的情绪情感，所以，角色的可塑性是帮助演员完成角色塑造的先决条件。

3. 排练及演出

一部话剧从排演到演出大致有以下几个环节，剧本分析、撰写人物小传、排演舞台调度、人物角色初排、台词及动作细排、各幕戏连排、演出场地彩排合成、正式演出等，这是将文学剧本呈现在舞台上的关键步骤。

剧本分析主要是确定剧本的主题思想，事件事实及段落的划分。在此剧的创作之中，更重要的是演员对本剧的主题思想，对王季愚教育思想进行深刻的理解和把握，以及在不同的事件和段落中如何体现王季愚教学思想。撰写人物小传是每一个演员都需要进行的工作，例如扮演王季愚、赵洵、李锡胤等人的演员需要将角色整个人生脉络进行梳理，才能更清楚地了解人物性格的形成，以及在剧本中事件发生的来龙去脉。舞台调度是演员在戏剧演出过程中的走位，舞台调度需要根据人物性格、剧情发展、舞台布景、灯光设置等进行安排。例如，第一幕剧情发生在延安，地形以黄土高原的丘陵、沟壑为主，演员在舞台上的走位就需要根据布景的搭建，以及剧情的需要进行上下调动。人物角色的初排，主要是确定角色台词基调、动作和行动线等。本剧主人公王季愚的年龄跨度在37～47岁，其身份职务一直在改变，再加上在不同的环境下面对的情境不同，因此，演员念台词的音色、音高、音量、节奏、语气等要进行相应的调整。演员的形体和动作也要符合人物的身份和气质。细排时间相对较长，包括一个眼神、一个动作、一句话的准确表达与表现，这是将每一个角色更精准呈现出来的艰难过程。从大量的文字记载和采访中,我们发现王季愚校长是一个性格特征十分鲜明的人。她对待学生像母亲一样,温和体贴,但遇到原则性问题,一丝不苟、严肃认真,眼神里透着刚毅和坚定。在细排阶段,注重细节的把握,才能将角色还原,更加真实。各幕戏的联排与彩排是演员与演员之间,演员与幕后工作人之间相互配合、千锤百炼的过程。

以戏剧的形式传播和推广王季愚教学思想是首次尝试,从前期调研,组建团队,到呈现在舞台上,离不开台前幕后众多人员的努力与付出。为了能够给观众呈现一场精彩的演出,让观众产生视觉上的真实体验,思想上的情感共鸣,使观众更深入地理解王季愚教学思想的精髓,台前幕后所有演职人员齐心合力,用延安精神、抗大精神、黑大精神不断激励和鼓舞自己,最终为黑龙江大学的师生们带来了一场动人的视听盛宴。这部剧的排演不仅起到传播王季愚教育思想的作用,更重要的是通过戏剧艺术的形式让王季愚教育思想深入人心。

建校之初,王季愚不忘初心,怀揣着革命理想和教育者的激情在中国东北办学校、兴教育。如今,黑大人不忘初心、挖掘校史、言说时代,将博学慎思、参天尽物融入到每一位黑大人的血液和灵魂之中。就像校园内的姊妹树带着老校长的期许,扎根泥土,向天生长,茂密成荫,传递芬芳。

参考文献

[1]戴炜栋. 爱心的回响——缅怀人民教育家王季愚[M]. 上海:上海外语教育出版社,1997.

[2]赵劭坚,傅善卿,李良佑. 平凡人生:王季愚传略[M]. 上海:上海书店出版社,2006.

[3]黑龙江大学校史编写组. 黑龙江大学校史(1941—2001)[M]. 哈尔滨:黑龙江人民出版社,2001.

[4]王力平. 回忆我的母亲王季愚[J]. 外国语,1988(1).

[5]王季愚. 王季愚文集[M]. 北京:商务印书馆,2019.

杰出的人民教育家，大学校长的楷模王季愚

——为纪念王季愚校长逝世四十周年暨王季愚教育思想研讨会而作

刘德基[1]

2011年,我在制作电视专题片《我心中的太阳——黑大红色经典》时,采访了不少老教授,他们是20世纪40年代末、50年代初哈尔滨外国语专门学校的毕业生,当年都已是80多岁的老人了。这是一个很容易对一切都淡漠以及淡忘一切的年龄,可令我惊讶的是,话题一旦提到老校长王季愚,他们竟然会那么激动不已,记忆是那么深刻,感情是那么真挚,语言是那么热烈。他们之所以无不对老校长感念至极,是因为老校长所具有的坚定的马克思主义信念、学贯中西的学识魅力、独立高尚的人格魅力,深深地打动、感化、激励了他们,并决定了他们一生所走的革命道路以及各自为党和人民做出的不凡贡献!

后来,我又读了老校长的众多同事、战友和弟子的回忆录,老校长丰富的革命经历和崇高的思想境界,使我从思想到感情都受到了极大的震撼。一个栩栩如生、感人至深的人民教育家的高大形象,就站立在我们面前!

---

① 刘德基(1943—),黑龙江哈尔滨人,1962年至1967年就读于黑龙江大学哲学系,1969年加入中国共产党。一生之中曾在两个单位工作:中共黑龙江省委政策研究室和黑龙江日报报业集团,各18年。现为黑龙江日报报业集团正厅级退休干部。

一、坚定的马克思主义信念

王季愚老校长坚定的马克思主义信念,贯穿于她的革命家和教育家的一生。她 1908 年出生于四川省安岳县一个开明的书香门第,学前读的是私塾,在县城读的正规小学(称新学),1926 年小学毕业后,考取了成都省立第一女子师范学校(简称女师)。后因父亲去世失去经济来源,但她不甘心失学,忍饥挨饿坚持读完。在女师就学期间,受吴玉章、恽代英、萧楚女的影响,她知晓了五四新文化运动和俄国十月社会主义革命。从女师毕业后,她没有求得家人同意,在族姐王希哲的资助下,只身前往北平寻找求学与救国之路,第二年便考取了中国俄语教学最早、师资水平一流的国立北平大学法学院俄文班。著名爱国学者、资深俄语翻译家张西曼,夸赞王季愚是俄文班卓有成就的学生。她曾毫不避讳地说:“我之所以选择俄文专业,目的是想去苏联,听说那里工农当权。”这表明她追求的不只是五四运动所倡导的民主与科学,还有马克思主义,她要探求革命道路!

1931 年 9 月 18 日,九一八事变爆发。国难当头,她又转学社会科学,于 1932 年入国立北平大学法学院经济系学习,其间加入左翼社会科学家联盟北平分盟,并在党的领导下参加了平津学生抗日救亡运动。1933 年,随着日寇加紧侵华,北平白色恐怖日趋严重,她与同学一起南下,5 月辗转至上海。她积极投身于文化界的救亡运动,以季子、西冷、季愚等笔名,从苏联《红星》杂志上翻译了大量文章,刊登在《上海妇女》杂志上。王季愚是编委,几乎包揽了介绍苏联的全部译文,并从多个角度介绍了战时上海妇女的生活。王季愚去苏联的夙愿虽然没有实现,但是她直接投身革命斗争,把对共产主义的向往变成了信仰。1936 年,她加入中国文艺家协会,1939 年 1 月被批准为中共正式党员,没有预备期,入党介绍人是经济学家孙冶方。1940 年 8 月,已被日伪列入黑名单的王季愚奉命撤离上海,经香港、桂林抵达重庆八路军办事处。1941 年 10 月到达延安后,她被分配到鲁迅艺术学院文学部编译室任编译员,每日阅读俄文书报刊,摘译可供党组织参阅的资料。抗战胜利后,她被编入第二干部大队开赴东北,1946 年 1 月到达东北局临时驻地海龙县(今梅河口),被任命为吉林省海龙县委宣传部长,6 月调至佳木斯的东北大学,先后任文学系副主任、教育学院副院长。

1946 年 11 月 7 日,中央决定将原来延安的中央军委编译局附设外国语学校在哈尔滨复校,改称东北民主联军总司令部附设外国语学校,东北民主联军参谋长刘亚楼兼任校长。12 月,因战局紧张学校临时迁至佳木斯,经张闻天推荐,东北局决定调王季愚到学校担任政治处主任兼党总支书记、代理副校长,主持学校工作。从此,王季愚结缘于党的外语教育事业直至去世。1948 年底,辽沈战役结束,东北全境解放。外国语学校改归东北局领导,更名为哈尔滨外国语专门学校,即"哈外专",并正式任命王季愚为校长。1956 年,哈外专升格为哈尔滨外国语学院,即"哈外院",王季愚任院长、党委书记。1949 年 8 月新中国成立前夕,在中苏全面合作的大背景下,国家到处都急需俄语翻译。王季愚没有辜负党的期望,从 1946 年底延安外国语学校在哈尔滨复校到哈外专、哈外院时期,用 12 年的时间培养了 6 000 多名俄语翻译,为解放战争胜利、新中国成立、抗美援朝战争胜利、空军海军及装甲兵部队创建、苏联援建的 156 个重点工程项目推进和新中国外交工作开展,做出了不可磨灭的历史贡献。

王季愚是以清末同文馆为开端的 140 多年中国近现代外语教育史上杰出的教育家。这 140 多年中不乏外语教育专家,特别是民国时期的著名爱国学者张西曼,曾经创办国立北京中俄大学,为推进俄语教育和宣传俄国十月革命做出了突出贡献。新中国成立后,资深外语教育家和翻译家姜椿芳于 1949 年 11 月受命创办上海俄文学校(上海外国语大学前身),成绩斐然。此外,还有延安外国语学校时期的浦化人、卢竞如等老一辈外语教育专家。但是,由于种种原因他们都未长期留在外语教育战线工作。长期从事外语教育工作且担任大学校长时间之长、对外语教育影响之深、直接培养的外语人才数量之众,王季愚是为数不多的一位。因此可以说,她是新中国外语教育事业的奠基人、杰出的人民教育家。

王季愚 1926 年离家求学,首次返乡已是 47 年后。据老校长的儿子王力平介绍,新中国成立后,他的母亲曾几次准备返乡探亲,终因工作繁忙而未能如愿。1973 年她首次返乡时,几位长辈因年老故去而不得相见,足见她一生以革命事业为重,把一切都献给了党的外语教育事业。著名作家草明说,王季愚"文革"后做了两次眼疾手术,视力严重下降,但仍坚持工作。结肠癌变,手术后不少人劝她离职休养,她总是笑着用浓重的四川口音推脱说"明年夏天吧"。明年复明年,直至癌细胞扩散夺走了她的生命。草明这才忽然明白:季愚明明是在用自己的生命把被"文革"夺走的时间换回来。在工作岗位上战斗到最后一息,是她最大的精神寄托!她的一生是完全彻底的革命家和教育家的一生!

王季愚老校长坚定的马克思主义信念,还体现在她以马克思主义的历史情怀,感召、团结和塑造了一批又一批进步青年,使他们成为坚定的革命者和共产主义战士。新中国成立前后,她所领导的外国语学校,是为党和国家培养军政翻译人才的。来这里学习的除了部队推荐的政审合格的战士以外,还有青年学生,他们中的一些人出身于地主、资本家等有钱人家庭,少数人还参加过国民党外围组织。如果苛求他们的出身及曾经走过的弯路,就等于拒绝他们向革命转变,葬送他们的政治生命。对此,王季愚老校长的做法有两条:一是相信年轻人是追求进步的,二是对于年轻人在追求进步和光明的道路上所走过的弯路不做苛求。有了这两条,非工农出身的学生就能放下思想包袱,满腔热忱地走上共产党指引的革命道路。对于多数旧学校培养出来的学生,虽有上进心却没有树立为人民服务的思想,而且对政治学习不感兴趣这一问题,王季愚的态度是不理会、不让步,让老师们坚持上政治课,但是她把重点放在了怎么上好政治课上。她告诉老师们要从正面教育入手,用革命的理论和事例教育和感动这些学生自愿接受改造。她带头找学生谈话,晓之以理,动之以情,有血有肉,没有一句让学生听不进去的话,为开展政治思想工作做出了示范与表率。她特别注重用马克思主义理论教育学生,并亲自担负社会发展史、新民主主义论、中共党史、马克思主义哲学、政治经济学等课程的授课任务。这说明她把这件事看得很重,需要亲自讲授,更说明了她对马克思主义理论及中外历史文化的饱学与通晓。由于她讲课深入浅出,生动有趣,引人入胜,没有官腔、八股和教条,而且国学经典、历史掌故信手拈来,所以每次在小礼堂上大课,都是座无虚席,广大师生学习政治理论的热情也被极大地激发了出来,大家都期待聆听她的每一节课、每一场报告。她还亲自听取和指导教师授课和备课,引导教师不要照本宣科,把课讲得干巴巴的,一定要理论联系实际,把书本上的东西讲活。哈外专的政治理论教育是成功的,在改造学生的世界观和人生观方面,切切实实地发挥了决定性作用。对此,20 世纪 50 年代的《光明日报》曾有长篇报道。

二、学贯中西的学识魅力

王季愚的国学与西学造诣颇深。她幼时聪颖嗜读,父亲请来家庭教师为她陪读国学经典。她一生与《春秋》《左传》《汉书》《史记》等经典古籍为伴,20 世纪 30 年代初还曾为中华书局标点过二十四史。她也是研究鲁迅的专家,在鲁迅艺术学院文学部专门从事鲁迅研究,对鲁迅及其著作有很精辟的见解,尤其倾心于鲁迅的杂文研究。有作家评价她是能够精辟、透彻讲解鲁迅杂文的少数人之一。1946 年她任东北大学文学系副主任时,曾亲自讲授鲁迅的杂文。有作家甚至说她渊博的文史知识、丰富的人生阅历、高品位的风度气质,使她那样地近于鲁迅。在北平和上海,她与鲁迅和许广平多有交往。她的老同学戴琴宣就回忆说自己曾经亲眼看见过鲁迅在北师大做《再论"第三种人"》讲演,当时,王季愚前前后后地保护着鲁迅的进出。王季愚还曾帮助一些刚刚开始从事文学翻译的进步青年与鲁迅和许广平取得联系,并请鲁迅给后来与自己在哈外专长期合作办学的赵洵所翻译的《静静的顿河》作序。鲁迅逝世后,王季愚一度受党组织的委托与许广平保持联系,许广平入狱后她又为之四处奔走。王季愚学习和精通俄、英、日三国语言,是为了深入了解西方文化并对东西方世界进行直接的比较。1933 年,在夏衍的建议下,王季愚开始翻译世界名著高尔基的《在人间》,译文朴实流畅,脍炙人口,深受读者喜爱。译作完成后,1936 年艾思奇向读书生活出版社(上海)推荐出版,夏衍亲自为之设计和书写封面,李公朴亲任发行人,并面向全国发行。1947 年,读书生活出版社(重庆)又出版发行了王季愚的《在人间》第三版。

1937 年 2 月,王季愚发表了一篇标志她较早地完成向马克思的辩证唯物主义和历史唯物主义立场转变,并开始自觉宣传马克思主义哲学的重要译文——高尔基1936年逝世后才公开发表的长篇论文《普希金论》(原文名《普式庚论》)。在这篇文章中,高尔基批判了文学史神化普希金的错误倾向,论述了普希金等俄国伟大文学家的成就不是从天上掉下来的,而是来自社会实践。高尔基的这篇论文1936年9月发表在苏联刊物《文学研究》上,随即被王季愚发现,译成中文并发表于中苏文化协会上海分会纪念普希金逝世100周年专刊上。她在译文的开篇,就希望中国的文学青年接受高尔基的历史唯物主义文学史观。王季愚的这篇重要译文,比于莹翻译的高尔基《普希金论》早了整整10年,它是近期一位老翻译工作者从当年的史料中新发现的,此前王季愚从未向人提及。这与她曾经婉拒多人建议她总结自己的教育思想一样,使人又一次感受到了她一贯谦虚谨慎、淡泊名利的高贵品质。

王季愚学贯中西的学识魅力,更多地体现在她担任大学校长后长达35年之久的外语教育工作中。她最先领导的东北民主联军总司令部附设外国语学校,是我党面向社会开办的第一所外国语学校,虽然它的前身是延安外国语学校,但是由于历史任务、社会环境、招生对象、教学方式等都发生了重大变化,所以不能照搬延安抗大的教育模式,更不能沿袭国统区和沦陷区旧的教育制度。王季愚所做的一切工作,都是无所遵循与借鉴的开拓性、创新性工作。她唯一可以遵循的就是在延安学到的党的实事求是思想路线。于是,她坚持一切从实际出发,成功地进行了三次跨越性改革。

第一次跨越性改革,是1946年11月延安外国语学校在哈尔滨复校并改称东北民主联军总司令部附设外国语学校后,采用实践教学法快速地培养了大批军政翻译人才,为党和国家解了燃眉之急。当时的学员少数是部队选送的政审合格的战士,多数是旧学校培养的大中学生,他们文化水平固然有高有低,却都不懂俄语,要在短时间内把他们培养成合格的外语人才谈何容易!王季愚老校长从实际情况出发,大胆采用直接教学法,以培养学生听、说、读、写的实践课为主,同时大量聘用居住在哈尔滨的苏侨任教,而且不只是主讲教师,其他如助教、打字员、图书管理员、舞蹈教师、美工和清扫员等也全部聘用苏侨,以创造最好的语言环境,最大限度地增加学生进行俄语会话实践的机会,使学生一至两年内基本具备翻译能力。这是一件很了不起的事情。1948 年夏季,首届 78 名学生经过一年半的学习全部合格,顺利毕业,这标志着在特殊历史时期以实践教学为主的速成教育,获得了成功。1948 年底,学校从东北及平津的几所大学招收了 400 名大学生来校学习。1950 年 5 月,王季愚老校长又进行了一次教育实验,创办了以初中生为对象的俄语预科班,同样是以实践教学为主,也获得了成功。从 1951 年暑期开始,学校参加东北、华北和华东三地的统一招生,录取对象为高中毕业生。实践证明,无论是大学生、高中生或初中生,实践教学都有利于快速提高他们的听、说、读、写能力,同时也铸就了哈外专毕业生会话能力强的教育特色。对于学校来说,这是重大的跨越性改革;对于党和国家来说,这是重大的历史贡献。

第二次跨越性改革,是从 1950 年底至 1954 年,实现了以苏侨为主导的实践教学向以中国教师为主导的实践教学与理论教学相结合的正规教育的转变。

1948 年底东北地区全境解放后四野南下,哈外专转属东北局和东北人民政府,学校也逐步从为部队培养外语人才向正规外语教育过渡,学制也由随进随出变为两年制或三年制,教学大纲和教学计划也开始根据国家发展需要而制定或修改、完善,这在当时是"进行时"的情况。还有一个"未来时"的情况,那就是王季愚老校长冷静地指出的,"以苏侨为主导的实践教学并非长久之计,他们迟早是要回国的,要发展正规教育,关键在于尽快培养自己的教师队伍"。她随即向东北人民政府教育部提交了建立研究室、开办研究生班教育的申请报告,并从 1950 年 11 月起,先后举办了 6 期研究生班,请苏联语言学专家授课,仅用 4 年时间就培养了 400 多名研究生,全部留校任教,打造了实践教学与理论教学全领域的教师队伍。当 1954 年大批苏侨陆续回国的时候,哈外专的教学工作没有受到任何影响,顺利地过渡到中国教师任教,从而为以后全面发展的正规教育打下了坚实基础。从 1954 年起,国家的俄语师资需求猛增,恰逢其时的是哈外专在南郊建设的新校舍竣工,一次就招收 1 700 名高中毕业生,全校在校生达到了 3 400 人,教师有 350 多名。王季愚老校长领导创办的哈外专是新中国首个开办研究生教育的外语学校，可以说开创了新中国研究生教育的先河。

第三次跨越性改革，始于1956年哈外院成立并确立教学工作与学术研究两个中心，为哈外院向外国语大学过渡奠定了坚实的理论和学术基础。

王季愚作为延安时期的老干部，自1946年领导外国语学校伊始，便知道这所学校从何而来、到何处去，明了自己所担负的历史责任之重大。

东北民主联军总司令部附设外国语学校、哈外专和哈外院最早的前身都是延安抗大第三分校，这是培养炮兵、装甲兵等特种兵指挥员和各类专业干部的特科学校，在12所抗大分校中唯有它始终在延安党中央和中央军委身边，是我党我军教育事业的骄子。1941年，党中央和中央军委在抗大第三分校成立了俄文队。1941年11月，三分校进行整编后改为军事学院。1942年5月，军事学院俄文大队改为中央军委俄文学校。1944年7月，党中央和中央军委决定将延安大学俄文系与中央军委俄文学校合并，改名为延安外国语学校，仍属中央军委领导，校址紧邻中央军委以及总参谋部和总政治部所在地王家坪。1944年秋，中央领导给延安外国语学校做报告，指出外国语学校不仅要培养外语翻译，还要培养外交人才，这个问题在办校思想上必须明确，在组织领导上要有所准备。抗战胜利后，1946年11月7日延安外国语学校在哈尔滨复校，改称东北民主联军总司令部附设外国语学校，仍属军队编制。张闻天推荐王季愚主持学校工作。她深知党中央和中央军委对这所学校期望之高，所以新中国成立前夕速成教育的成功、新中国成立初期正规教育的成功转型，甚至1956年哈外专升格为哈外院都不是她的最终目标，她的最终目标是建立中国自己的覆盖世界东西语系的外国语大学！因此，她力争把哈外专尽早升格为哈外院，还只是向外国语大学过渡的开始。这一年，学校隆重召开了有全国外语学校应邀参加的第一届俄语教学研究会议，并宣布哈外院由教学这一个中心调整为教学与科研两个中心，以确保俄语教学和学术研究始终保持较高水平，从而向外国语大学建设迈出了实质性步伐。为了提高学术水平，1956年哈外院聘请了11名语言学、文学、心理学、现代俄语研究等方面的苏联专家，开设了一个以副博士课程为内容的高级骨干班。王季愚老校长还亲自帮助一些优秀的研究生备考莫斯科大学，希望他们今后成为母校学术研究的骨干。

哈外院(包括后来的黑龙江大学)学术建校的两大成果。一是编纂出版了驰名全国的俄语教材,其中仅《俄语语法》三册,就为全国多所高校、外语学校和中学所采用,前后出了8版、26万多册。另有俄语实践课和语法课教学参考书及工具书45种、560万字、38万多册。二是编纂出版了享誉国内外的俄语辞书,其中影响最大的是1985年出版的《大俄汉词典》和1998年出版的《俄汉详解大词典》。这两部世界瞩目辞书的编纂工作,均始于20世纪50年代中期和60年代,这说明当时的哈外院已经具备了较高的学术水平。与此同时,1956年11月,哈外院聘请的英、德、法语教师20余人也陆续到校,1957年2月西语系正式成立,后来又开设了日语系。建设覆盖世界东西语系的外国语大学的筹备工作,正在加速进行。在哈尔滨南郊沙曼屯建设的新校区也即将竣工。

1958年,以哈外院为基础成立了黑龙江大学,刘成栋、王季愚首任校长、副校长。王季愚老校长一心一意地担负起规划和组建黑大各院系的重担,亲手组建了哲学、经济、历史、中文等文科各系和数学、物理、化学、生物等理科各系。60多年来,黑龙江大学继承和发扬延安外国语学校、哈外专和哈外院时期的光荣革命传统,锐意进取,不断创新,已成为祖国北方规模宏大、学科健全和学术水平较高的现代化综合性大学。王季愚老校长当年筹划建立外国语大学的时候,全国还只有外语学院,但是建立外国语大学是新中国社会主义建设和进行国际交流的客观需要,因此她认为有条件的外语学院可以超前建设外国语大学。1964年在被国务院任命为上海外国语学院院长后,她移地上海,为建设覆盖世界东西语系的中国的外国语大学做出了毕生努力和贡献。1981年,她临终前还在抱病审定建立外国语大学的论证报告。这份报告被外语教育界视为20世纪80年代外语教育改革的“出师表”,统一了外语教育界的认识,有力地推动了外国语大学的专业结构和教学内容改革。其后,北京外国语学院和上海外国语学院这两所原国家教委直属的重点大学,于20世纪90年代初相继建成了北京外国语大学和上海外国语大学。

王季愚老校长在对大的教育格局进行三次跨越性改革的同时,在一些具体的工作部署方面,也无不彰显着她的学识魅力。

例如,哈外专的政治理论和思想品德教育体系就是王季愚老校长亲手建立的。1952 年苏联马列主义理论专家来华讲学时曾说,学习马列主义联系学生思想,这实际上是“大炮打麻雀”。王季愚老校长并没有因苏联专家的反对而放弃理论联系实际改造学生思想的指导方针,而是把政治思想教育细化为马克思主义政治理论教育和思想品德教育两种不同类型的教育,并采取与其相对应的两种不同的教育方法。政治理论教育是纲,是统领,是马克思主义基本理论和中国革命基本问题的教育,目的是教育学生树立坚定正确的政治方向和为人民服务的人生宗旨。政治理论教育采取的教育方法是大胆怀疑,自由思想,展开争论,服从真理。唯有如此,学生政治立场的转变才是真实而又坚定的。思想品德教育的目的是,帮助学生正确处理国家、集体、家庭与个人的关系,克服个人主义、自以为是和自由散漫,严于律己、宽以待人,树立艰苦朴素的良好作风。开展思想品德教育的方法是,分清政治问题与思想问题、思想问题与实际困难的界限。只有这样,才能精准地找到问题所在,并通过周末生活检讨会的形式,给学生创造一个互帮互学、自我教育的机会,开展批评与自我批评,从而不断提高学生的思想道德水平。同时,老校长还建立了适应政治思想工作的组织机构和规章制度,全校的政治思想工作由她亲自分工主管,从而在领导体制上有了可靠保障。她所创造的一整套哈外专政治思想工作经验,在当时具有普遍借鉴意义,成为全国外语学校学习的榜样。

20 世纪 50 年代初,王季愚老校长还试验创办了少年预科班,招收的是十四五岁的初中毕业生。果然不出老校长所料,这些孩子对于俄语学习得很快也很好,而且他们当中出了不少名人,如外交部副部长、驻俄大使等。可见,老校长的这一外语教育试验是成功的,开了正规大学创办少年班的先河,比 20 世纪 80 年代中国大学正式开办少年班早了半个世纪。

王季愚作为中国较早翻译高尔基作品的大家,深谙母语(汉语)水平在俄语翻译中的决定性影响,所以早在东北民主联军总司令部附设外国语学校时期,就提出了俄语教学与母语(汉语)教学并重的双语教育方针。为此,她在学校设置了语文教研室,周艾若、李人纪等名家亲自担任语文教师。她还经常邀请著名散文家吴伯箫和俄苏文学翻译家戈宝权来校小住,给学生传授写作和翻译经验。后来她又设置了专业翻译课,组织和培养了一批专业翻译课教师队伍,一直持续至今。在王季愚老校长双语教学的培养下,她的学生力冈(原名王桂荣)成为全国译界公认的俄苏文学顶级翻译家,他继我国俄苏文学翻译大家鲁迅、曹靖华、戈宝权等前辈之后,将列夫·托尔斯泰、普希金、屠格涅夫、莱蒙托夫、肖洛霍夫和高尔基等人的世界名著几乎重新译了一遍。除了较早翻译高尔基作品的王季愚亲自推动的汉俄双语教育所淬炼的力冈,谁还有这样的胆量与实力?! 出版界总结力冈译文的特点是:用俄汉双语三思而后,一气呵成,落笔之后很少改动。他对俄语的精准理解和对汉语的娴熟运用,可见一斑!

三、独立高尚的人格魅力

王季愚在长达35年的高校领导生涯中,作为一校之长,每遇外界冲击她都沉着冷静,想尽一切办法,采取有力措施,尽量减少对学校和师生造成的影响、损失和困难,彰显了独立思考,一切从实际出发,绝不拿教育事业发展做交易的高尚的人格魅力。

1947年时,学校附属于东北民主联军总司令部(后为东北野战军司令部)。有人在传达上级精神时说,非劳苦大众出身的都要被清除出党,引起了来自国统区和沦陷区师生等的不安。王季愚老校长立即向野战军首长反映情况,上级很快下达了《对待知识分子的决定》,从而保护了非工农出身的干部、教师和学生工作和学习的积极性。

20世纪50年代初,王季愚老校长亲自去找上级,提出了“学校有什么问题就解决什么问题”的正确意见。

1957年,学校有200多名师生被错划为“右派”。王季愚老校长冒着风险,没有把他们开除离校,而是安排在校办农场“改造”。短短一年后他们都澄清问题并陆续回校,干部恢复工作,学生重新上课。

“大跃进”全民大炼钢铁的时候,学校总务处告急说,一些头脑发热的学生要搜查库房,把金属制品拿去“炼钢”。王季愚老校长连夜组织人,把许多有用的金属设备藏匿起来,招致了个别媒体的点名批评。面对压力,老校长冷静地安慰大家，说："我们是正规大学，等别人有了成熟经验再学习吧！试点并不是结论，我们也没有时间试点。"在她的坚决抵制下，学校没有受到太大的干扰。

王季愚高尚的人格魅力表现在：一生清贫、舍己为人；爱护同志、爱护青年；严于律己、宽以待人；大度大气、乐观率直。

王季愚在女师读书时，因父亲病故而生活极度艰辛。读俄文班的时候，她将族姐王希哲给自己的资助款用于接济参加地下党工作的同学和战友，自己却过着十分清贫的生活，有时还要当掉衣物。在上海期间，她和孩子们住亭子间，没有床只能睡地铺。大女儿因无钱看病而夭折，二女儿出生后第三天，她就不得不出去找工作。在延安时，她拖带两个孩子，炕上只有一床被子、一架纺车。她还兼着妈妈班班长，帮助其他妈妈背米背柴。空闲时，还要译点文稿送到大后方发表，赚点稿费给孩子们买些羊头熬汤，以增补营养。抗战胜利后，她把年仅 5 岁的儿子力平交给保育院，自己带着女儿力凡行军跋涉到东北。新中国成立前后，她在大城市担任大学校长，可是艰苦奋斗的本色不变，还经常慷慨解囊帮助生活困难的师生和员工，自己却长期省吃俭用。只有在招待来访的老战友、老朋友和学校师生的时候，她才在家里亲自上灶做一顿像样点的饭菜。"文革"期间，她每月只有几十元钱的生活费，却仍将两个不幸受到波及家庭的 9 个孤儿，接到家中抚养，视若亲生骨肉。有一张老校长逝世后这 9 个孩子与王力平一起扶灵的照片，令人泪目。1973 年，王季愚恢复了政治生活，她把国家补发的工资拿出 2 000 元交党费，余下部分专户储蓄，作为学校对外接待经费。1981 年她在上海病逝后，家里的私有财产除一个大木箱、一个竹制书架和一些陈旧的床上用品外，还有一个补了又补、疤痕重叠的脸盆。

王季愚老校长一生对自己近乎苛刻，但对同志却有手足之情，操心他们的吃住与冷暖、困难与负担。对于年轻人尤有母爱之心，倾听他们的心声，关心他们的成长。1947 年夏，学校从佳木斯迁回哈尔滨后，老校长在马家沟飞机场附近办农场，养猪、养牛、养鸡、养鸭，改善大家的伙食。此外，还在太阳岛租房、买船，供大家休闲娱乐；在帽儿山买房、建设休养所，让大家轮流去疗养；在东大直街校部的对面兴建两栋家属楼，解决教工的住宅问题。同时，还办了托儿所和幼儿园，并饲养了10头荷兰奶牛，每天给孩子们专供鲜奶。老校长以深情的母爱，呵护着教工的孩子们，让孩子们受到了可以说是当时最好的教育。她对教工的孩子关爱有加，对自己的孩子却要求严格。力平5岁就跟着延安保育院在战火中四处奔走，好不容易才回到了哈尔滨妈妈的身边，上级给了力平一个去干部子弟学校上学的名额，老校长却不同意，说自己的孩子应该同老百姓的孩子一起成长。

大多数人经常看到的是王季愚工作上指挥若定、气宇轩昂的一面，对同志、对学生和蔼大度、悉心呵护的一面，却不知道她同时默默地承受着来自家庭的沉重负担和个人的不幸遭遇。

王季愚独自一人带着6岁的女儿和当时只有5个月大的儿子辗转到达延安。抗战胜利后，她带着女儿来到东北，却不知道寄养在延安保育院的5岁的儿子在战火中是死是活。谁能想象得到老校长一面要忍受牵挂儿子的心理煎熬，一面还要不负党的期望领导好学校，这需要多么大的革命意志和毅力！而问题还不止于此，她由于全心全意地倾心于教育工作，倾心于全校师生及员工，忽略了或者准确地说没有时间细心照料女儿，女儿患病并于1973年被精神病患者暴力迫害致死。老校长有一张凭窗而立的照片，沉静的容颜完全掩饰不住她内心那撕心裂肺的痛苦，然而这就是本真的王季愚：她一生坚强得很，无论多大的苦难自己都能扛着不说，还用一生的宽容待人，包括给自己造成不幸的人，只要他人幸福，自己甘愿承受命运的安排！

平日里对于犯了一般错误的人，特别是年轻人，老校长更是重在教育。她总是采取充分理解的态度，让他们自己认识错误。有两个高年级的学生谈恋爱，女生怀孕了，恳求学校不要开除他们。老校长认为他们是青春期偶然不慎所致，不属于道德败坏，没有开除他们，也不搞层层批判。两个学生顿时被老校长理解和爱护年轻人的高尚人格所震撼，万分悔恨，永志不忘自己所犯的错误，而且把组织上的批评与教诲当成了一生努力学习和工作的动力。老校长轻易不肯给一个干部或学生随便留下一个污点，什么是政治问题，什么是思想问题，什么是具体问题，她都区分得非常清楚。由于她的意见，很多犯有一定错误的人得以解脱。她是在以自己的高尚人格教育和培养人，教育和培养的目的也是让其做一个有高尚人格的人。

王季愚，原名王尚清，1930年22岁的她到北平确定选学俄语时，改名王季愚。她在家里排行老三，故用“季”字；“愚”即大智若愚的愚。王季愚的“大智”，即是对马克思主义的信仰；“愚”者，就是为了信仰，可以舍弃一切个人得失。为了信仰，她确实没有给自己留下什么，反而付出了一切。且看战友、同志、朋友发自内心的赞美吧：“与季愚相交，如饮甘露，如沐春风，令人心旷神怡”；季愚“平生不识名与利，每有献身倍精神”；季愚“豪爽洒脱，雍容大度，胸襟坦荡”；季愚“不但善饮，也善笑，每逢讲到趣事，必大笑，笑得前仰后合，欢畅淋漓。有时走到路上讲得忘情时，也是开怀大笑，使行人为之驻足”；“听季愚一席谈，胜读十年书，听后精神亢奋，疾走如飞”……这种种发自内心的赞誉之词，都是在说我们的王季愚老校长——一个心底无私天地宽，高尚纯粹大写的人！

四、精英辈出的教育魅力

著名的大学校长，一定是门下精英辈出，桃李满天下，受到世人尊崇仰慕的教育家，王季愚老校长就是这样的人。

哈外专的很多毕业生就职于国防战线，特别是当年的空军部队里，有一多半的翻译来自哈外专。后来，他们大都成为空军部队的各级领导干部。

海军、装甲兵部队以及原国防科工委和二炮部队里，哈外专的毕业生也有很多，如原国防科工委科技委员会副主任叶正大中将、“长二捆”火箭总指挥于龙淮等。

外交战线来自哈外专的也不少，仅驻外大使就有几十人之多。中国前驻斯里兰卡大使兼驻马尔代夫大使张联，是新中国最早的驻外女大使之一。外交部原副部长齐怀远，是王季愚老校长1948年从沈阳招来的学生。中国前驻俄罗斯大使李凤林，是老校长1950年首创的俄语少年预科班中年龄最小的学生，他在担任大使期间为苏联解体后发展中俄友好关系做出了突出贡献。从少年预科班毕业的姜长滨，是我国著名的苏联问题专家。

在老校长的弟子当中，还有人后来成为党和国家的领导人。阎明复，曾任中共中央书记处书记、中央统战部部长、全国政协副主席。他1949年从哈外专毕业后被分配到北京工作。1957 年,中共中央办公厅成立了由阎明复、朱瑞真、赵仲元三人组成的翻译组,阎明复任组长。这三人都是哈外专的毕业生,为中央领导出访或接见外宾担任口头翻译。

哈外专 1950 年毕业生钱育才,从 1952 年到 1979 年一直在对外宣传部门从事俄语著作翻译工作。

老校长的好学生、被译界誉为俄苏文学顶级翻译家的力冈,“文革”时曾带着家小下放山区。逆境坎坷没有动摇他的生活信念和人生追求,他在 1979 年到 1996 年的 17 年时间里,完成了惊人的 700 多万字的译作。

力冈的师弟王士燮,在我国文学翻译界也是颇有影响的大家,代表译作为果戈理的《死魂灵》、阿·托尔斯泰的《苦难历程》和法捷耶夫的《青年近卫军》。他多年来潜心研究和翻译普希金的作品,译界评论认为他所翻译的普希金《叶夫根尼·奥涅金》,在理解深度和语言风格的传达上都是我国已有 7 种译本中最好的。他的大部分译作都是在 60 岁退休后完成的。可见,哈外专不少从事俄语相关工作的毕业生,都有着深厚的双语积淀和良好的文学翻译素养。

力冈的师兄陈殿兴参与翻译的《契诃夫短篇小说全集》以及他翻译的陀思妥耶夫斯基《卡拉马佐夫兄弟》和柯切托夫《茹尔宾一家》都是上乘译作。

“普希金奖章”获得者华劭,“普希金奖章”获得者、中国辞书学会辞书事业终身成就奖获得者李锡胤,中国辞书学会辞书事业终身成就奖获得者潘国民等哈外专毕业生,都堪称大师级的教学、翻译和学术大家。

王季愚老校长的教育魅力不限于外语范围,她还培养了诸如著名经济学家熊映梧、中国作协鲁迅文学院原教务长周艾若和中国科学院院士席泽宗等一批著名的社会科学家和自然科学家,这已经作为哈外专长期存在的一种文化现象而为人们所关注、流传和研究。

熊映梧是一位务实创新的著名经济学家。他到哈外专工作时刚满 20 岁,没上过名牌大学也未留过洋,可是他在担任三个班的政治助理员期间展露了才华,于是老校长提拔他担任六级部主任。六级部学员毕业后,老校长劝他转到经济学岗位,并两次送他到中央党校和中国人民大学学习《资本论》,还嘱咐他要经得起波折,一心一意做学问。熊映梧没有辜负老校长的期望,成为中国生产力经济学的奠基人之一,他主编的《生产力经济学原理》是中国第一部生产力理论专著,获得了中国经济学界最高奖——孙冶方经济科学奖。他撰写的《生产力经济概论》,是第一部由原国家教委审定的生产力经济学高校教材。他的论著《用发展观研究〈资本论〉》和《再谈用发展观研究〈资本论〉》,在国内外引起了强烈反响。

一个外国语学校出现了一批闻名全国的理论教育家这一文化现象,其实并不奇怪。这是因为王季愚老校长不只是教育家,更有坚定的革命信念、政治信念!这样的学校怎么可能只有流利的外语而没有理论思维?所培养的人才怎么可能只有知识而没有政治信念?这里的土壤必然催生着革命信念和知识之花同时开放。

后　记

2021 年，正值中国共产党百年华诞，黑龙江大学建校 80 周年，王季愚同志逝世 40 周年，经学校党委研究决定，特设立黑龙江大学“王季愚教育思想研究”专项，深入开展王季愚教育思想研究。在学校党委的部署下，在校办、校友办、社会科学处、马克思主义学院等部门的推动和统筹下，在黑龙江大学教育基金会的资助下，在我校教师及海内外校友的广泛参与下，“王季愚教育思想研究”专项的子课题纷纷顺利结题，现形成关于王季愚教育思想研究的论文集，共计学术论文三十篇。

该论文集由四编组成。第一编，思想政治教育，共五篇文章；第二编，办学治校，共八篇文章；第三编，教育教学，共九篇文章；第四编，教育撷英，共八篇文章。本书由马克思主义学院编辑、校改，由社会科学处统稿。本书在编辑、出版过程中得到了学校党委的悉心指导，得到了各有关职能部处的大力支持。

办好人民满意的教育，推动我国高等教育改革发展，需要吸收和借鉴前人的优秀教育成果。因此，对中国大学校长教育思想的个体研究意义重大，其艰辛的治校办学探索历程是当今高等教育改革发展的宝贵财富。王季愚同志关于高等教育的育人实践和办校理念的内容十分广博，本书的研究仅仅是一个开始，存在不足之处，欢迎广大校友和读者，特别是专家学者、教育工作者提出宝贵的意见和建议，对王季愚同志教育思想进行更深入的研究。

后 记